美国陷阱

LE PIÈGE AMÉRICAIN

[法] 弗雷德里克·皮耶鲁齐 （FRÉDÉRIC PIERUCCI）
[法] 马修·阿伦 （MATTHIEU ARON）　◎著
法　意◎译

中信出版集团｜北京

图书在版编目（CIP）数据

美国陷阱 /（法）弗雷德里克·皮耶鲁齐,（法）马
修·阿伦著；法意译 . -- 北京：中信出版社 , 2019.4（2025.6重印）
　　ISBN 978-7-5217-0241-5

Ⅰ.①美… Ⅱ.①弗… ②马… ③法… Ⅲ.①电气工
业—企业兼并—研究—法国②通用电气公司（美国）—企业
兼并—研究 Ⅳ.① F456.566 ② F471.266

中国版本图书馆 CIP 数据核字 (2019) 第 046211 号

美国陷阱

著　者：［法］弗雷德里克·皮耶鲁齐　［法］马修·阿伦
译　者：法意
出版发行：中信出版集团股份有限公司
　　　　　（北京市朝阳区东三环北路 27 号嘉铭中心　邮编　100020）
承 印 者：北京通州皇家印刷厂

开　本：787mm×1092mm　1/16　　印　张：23.25　　字　数：260 千字
版　次：2019 年 5 月第 5 版　　印　次：2025 年 6 月第 31 次印刷
京权图字：01-2019-1326
书　号：ISBN 978-7-5217-0241-5
定　价：68.00 元

谨以此书献给我的妻子和孩子们

出于对隐私的尊重，

本书对弗雷德里克·皮耶鲁齐的家人和亲友的名字都做了修改。

正值阿尔斯通消亡之际，我要向所有的前同事致敬，包括工人、工程师、技术员、商务人员、项目经理。几十年来，他们开发研制出了令我们的竞争对手羡慕不已的卓越产品，为确保法国能源独立做出了贡献。

但请不要误解，虽然本书曝光了阿尔斯通的许多灾难性决定，但是它的工作团队及其团结精神仍在我心中留下了美好的回忆，这里有我22年来工作和生活的点点滴滴。我想，我应该为它做点儿什么。

目 录

引　言

本书讲述了一个地下经济战的故事。

十几年来，美国在反腐败的伪装下，成功地瓦解了欧洲的许多大型跨国公司，特别是法国的跨国公司。美国司法部追诉这些跨国公司的高管，甚至会把他们送进监狱，强迫他们认罪，从而迫使他们的公司向美国支付巨额罚款。

自 2008 年以来，被美国罚款超过 1 亿美元的企业达到 26 家，其中 14 家是欧洲企业（5 家是法国企业），仅有 5 家是美国企业。

迄今为止，欧洲企业支付的罚款总额即将超过 60 亿美元，比同期美国企业支付的罚款总额高 3 倍。

其中，仅法国企业支付的罚款总额就达到近 20 亿美元，并有 6 名企业高管被美国司法部起诉。

我就是其中一员。

今天，我不再沉默。

1. 打击

突然，我变成了一只野兽。我穿上了橘色的连体服，身体被链条锁住，手脚被戴上镣铐。我几乎无法行走，也无法呼吸。我是一只被捆绑的野兽，也是一只掉进陷阱里的困兽。

昨晚，他们把我关进一间单人牢房。整个房间弥漫着一股浓烈的气味，我几乎要被熏晕了。房间没有窗户，只有一道极小的裂缝。透过裂缝往外看，我隐约看到一个阴暗的院子。我听到各种噪声、争吵声、尖叫声，以及不间断的狗吠声。这简直是一场噩梦。我已经 8 个小时没有喝过水，又饿又渴。自从在飞机上听到那条简单的广播后，我的生活便发生了剧变。

先来说说那条机上广播。

国泰航空的空姐用甜美的嗓音和地道的英式口音播报了一条听起来无关痛痒的消息。空姐的声音虽然温柔，但却宣告了一场灾难的降临："皮耶鲁齐先生，请您下飞机前先到机组人员这里来。"

这时，我乘坐的这架波音 777 刚刚降落在纽约肯尼迪国际机场的跑道上。

我在黎明时分离开新加坡，在中国香港中转后，经过长达 24 小时的飞行，现在已筋疲力尽。

这是 2013 年 4 月 14 日晚上 8 点整。驾驶员对飞行计划掌控得十分完美，分秒不差。这条广播在飞机到达机场时响起。

难道当时我丝毫没有起疑？虽说已经习惯了各种长途飞行，但是因为时差，我头昏脑涨。45 岁的我，先后在阿尔及尔、曼彻斯特、香港、北京、温莎（美国康涅狄格州）、巴黎、苏黎世等地任职，现在坐镇新加坡。20 年来，我在全球飞来飞去，为我的公司奔波。我听过好几次这种广播，它要么是提醒我官方约会的时间被调整了，要么是帮我找回了在一次中转时丢失的手机。

因此，我没多想便来到了机组领班的面前。然而，这位年轻的空姐却满脸尴尬。机舱门已经打开，她胆怯而不自然地向我指了指门口等着我的一群人——一个女人、两三个穿制服的人，以及两个穿便服的人。那个女人礼貌地跟我核实了我的身份，命令我下飞机。几乎在我说出姓名的同时，其中一个穿制服的人就抓住了我的一条胳膊，并将它按在我的后腰上，然后他迅速地把我的另一条胳膊扭到我的背后，给我戴上手铐："弗雷德里克·皮耶鲁齐，你被逮捕了。"

我非常震惊，来不及做出反应，只能束手就擒。后来我总是问自己：如果我没有下飞机，那会发生什么？如果我拒绝下飞机呢？若是在我连一只脚都没踏上美国国土的情况下，他们是否还能这样轻易逮捕我？我一声不吭地就服从了。其实当时我不知道，我这样做是帮了他们大忙。因为从理论上来讲，我们还在国际区域——机舱出口的舷梯上也属于国际区域。

眼下，我被戴上手铐。片刻之后，我回过神来，要求他们做出解释。穿便服的两人说，他们是美国联邦调查局的探员："我们接到命令，在机舱出口逮捕您，把您押送到曼哈顿美国联邦调查局总部。那里会有检察官向您说明缘由。"

显然，他们也不了解更多的情况。在当时的情况下，除了这几句话，我也不可能有更多奢求，因此，只能跟着他们，在两个身穿制服的执法人员的看管下，像个歹徒一样，双手被铐在背后穿过机场。周围乘客的目光让我觉得如芒在背。走了几米后，我意识到，为了保持平衡，我不得不小碎步地前行。我身高 1.83 米，体重将近 100 千克，这让我看起来非常滑稽。与其说是滑稽，不如说是梦幻。我仿佛穿越到了一部电影中，在扮演国际货币基金组织前总裁多米尼克·斯特劳斯－卡恩的角色。两年前，他就像我一样被戴上镣铐，在美国联邦调查局的押解下，痛苦地走在纽约街头……然而此时，我的惊吓大于忧虑。当时我一直确信，这是一个错误或者误会。他们只是错把我当作了别人，经过查证后，案件就会真相大白，一切仍会照常进行（近年来，肯尼迪机场发生的这类误会与日俱增）。

我的"警卫"直接把我带进了一个小房间。我很了解这种地方，在这里，美国当局会对可疑的外国人的护照进行仔细检查。2003年，伊拉克战争期间，鉴于法国的立场——时任总统雅克·希拉克拒绝参与美军的行动——我们一群法国商人不得不在肯尼迪机场等候很长时间，直到美国官员同意让我们入境。

今天，检查的速度加快了。两名查验人员花了几分钟时间检查我的身份证件，然后将我带出机场，坐上一辆没有警用标志的警车。我终于明白了眼前的现实：显然，我就是他们等待的人，我是他们要的"实实在在的客户"。这并非像在某些荒诞故事中，某人被误认为是某个强大的恐怖分子或者在逃罪犯。至少这一点是明确的。但是为什么呢？他们想从我身上得到什么？我又做了什么？

我无须花太多时间反思我的经历。就个人生活而言，我绝对无可指责。另外就是我在阿尔斯通的工作。即便这种粗暴的逮捕可能与我的职业有关，但我也觉得可能性不大。我在脑海中将公司近期的项目飞快地过了一遍。自从10个月前我担任锅炉部的全球负责人以来，我在新加坡职务范围内的所有业务中，没有任何可疑之处。至少从这个角度来看，我是放心的。

但我也知道，阿尔斯通经常因腐败行为而接受调查，美国当局几年前就开始了一项调查。当时，阿尔斯通因涉嫌为取得多个合同而行贿，其中包括印度尼西亚一家发电厂的合同。我曾参与这个项目，阿尔斯通确实聘请了中间人来确保拿下这个市场。但是，这些事情是在2003年和2004年发生的，印度尼西亚的合同是2005年签字生效的。当初合同谈判似如烟往事，已经过去10年了！这太久远了。重要的是，我已经在内部审计时澄清了自己。这是我们的惯例。那是在2010年或2011年，具体日期我记不清了。但是我可以确信——汽车正在驶向曼哈顿，我越来越焦虑，开始费力地在脑海中搜寻往事——阿尔斯通聘请的两位律师曾短暂地对我进行了一次询问，大概持续了1个小时。他们认为我遵循集团的所有程序规定，没有任何错误，无须任何惩戒。2012年，我得到了一次不错的晋升，升任为现在的锅炉部负责人，该部门在全球有4 000多名雇员，年营业额为14亿欧元。此外，2011年以来，阿尔斯通的首席执行官柏珂龙一直打算与中国上海电气集团建立一家50:50控股的合资企业，将两家公司的锅炉业务合二为一，他选择我来领导这家未来世界级的大企业，总部将设在新加坡。

全球总裁！全球总裁现在却被带进一辆汽车，忍受着双臂的酸痛。金属手铐逐渐割伤了我的手腕。谁能想到，我仅仅因为在2003—2005年的印度尼西亚项目中扮演了一个无足轻重的角色，就遭到如此待遇。我又不是阿尔·卡彭 [①]！就连他的手下都算不上！我在内心深处翻来覆去地琢磨着各种解释，想象着各种可能导致此次被捕的情节。调查人员把车停在了路边。

---

① 阿尔·卡彭是美国历史上著名的黑手党首领。——译者注

美国联邦调查局的两位探员罗恩和罗斯——我后来才知道他们的名字——觉得我"人还可以"。我还算走运。

"皮耶鲁齐先生，您很冷静，既没有喊叫，也没有挣扎。您也很有礼貌，和您这样的人打交道还是不多的。我们打算给您一些奖赏。"

很简单，他们取下了我的手铐，把我已经僵硬的双臂贴在膝盖上，然后把我的双手铐在了前面。这看上去没什么，但经历过这种不适的人都知道：与双手被反绑在背后相比，这种姿势舒服多了。今晚交通还算通畅，我们花了不到 40 分钟就到了曼哈顿的美国联邦调查局总部门口，汽车驶进了地下停车场。下车后，我们面前出现了第一部电梯。探员命令我走进去，但却要进去后背对着电梯按钮，他们对此进行了特别说明，而且一副极为认真的神态。我看着他们，有点儿摸不着头脑。1999—2006 年，我在美国工作了 7 年，会说一口流利的英语。但现在我的疑问是：我真的要走进这部电梯吗？

"这是一项安全规定，皮耶鲁齐先生，"罗恩解释说，"您没有权利看我们按了哪个按钮。在美国联邦调查局总部，我们不会让您知道您被带到了哪个楼层，或者在哪个办公室接受审讯。"

我被带到一个神秘的楼层。通过几扇装甲门后，我们进入一间简陋的办公室。这是一个空荡荡的房间，中央放着一张桌子和三把椅子。墙上伸出一根长长的铁杠，警卫用手铐把我铐在上面。他们让我独自待了一会儿。突然，门打开了，一位探员走了进来。

"早上好，皮耶鲁齐先生。我叫塞思·布卢姆。我负责美国联邦调查局对阿尔斯通腐败案的调查，特别是印度尼西亚的塔拉罕项目。我现在能说的只有这些，几分钟后，负责调查的检察官会亲自来审问您。"

说完后，布卢姆平静而有礼貌地离开了房间。

2. 检察官

　　事情就是这样的。在车里时，我还不愿相信这一切。那些早已是陈年旧事，和当下的利害毫无关系。但是现在，我却不得不面对现实。印度尼西亚的那个魔鬼案子——苏门答腊岛的塔拉罕发电站项目——又找到我头上了。2003 年，这个发电站项目开始招标的时候，我还未到新加坡任职。当时是印度尼西亚项目招标初期，我们和丸红株式会社组成联合体，参与投标竞争。当时，阿尔斯通陷入了严重的财务困境，甚至濒临破产。这笔合同尽管看上去利润不高（1.18 亿美元中只有 6 000 万属于阿尔斯通），但却具有很强的象征意义。印度尼西亚苏门答腊岛上的这座发电厂，虽说在世界上微不足道，但是它却能够提振公司的声望。

　　在美国联邦调查局的审讯室里，布卢姆向我透露了抓捕我的理由。我在等候检察官做进一步解释时，思绪回到了 2003 年，当时我们为拿下塔拉罕项目付出了太多心血。我无须感到羞耻：

在这个时代，在某些国家，行贿早已是司空见惯的事，尽管表面上不被允许。而且我知道，阿尔斯通曾经求助于两个中间人。当然，他们不是我找的，但是我承认，我知道他们的存在。

我刚回忆起那段时光，门就打开了，在布卢姆的陪同下，一个男人走了进来。他看起来有35岁，又瘦又小，毫不掩饰自己的傲慢，我感觉他简直就像个暴发户。他用机关枪似的语速开始夸夸其谈：

"皮耶鲁齐先生，我是大卫·诺维克，康涅狄格州的联邦检察官，负责阿尔斯通，也就是您所在公司的案子。因行贿一事，我们已经向贵公司提起诉讼，而您正是因为此事接受质询。这次讯问由我负责。您被指控参与了在塔拉罕发电站项目中向一位印度尼西亚议员行贿。这属于向外国公职人员行贿，在美国《反海外腐败法》[①]的管辖范围之内。3年以来，我们一直在调查阿尔斯通在许多国家的行为。按美国法律规定，当时贵公司早已收到相关通知，却仍然违背承诺，自2010年起拒绝与美国司法部展开合作。阿尔斯通没有遵守任何一条承诺，一条都没有！"

他看上去很愤怒。我很想回答他："我既不是阿尔斯通的首席执行官，也不是阿尔斯通的法务总监。诚然，我是一位管理者，但我既不是董事会成员，也不是执委会成员。我……"但那位检察官没给我留一点儿继续想的时间。

"皮耶鲁齐先生，我强烈建议您不要给您的公司打电话。我

---

① 《反海外腐败法》（FCPA）是美国联邦法律之一，于1977年制定，旨在禁止向外国公职人员行贿。

们希望您能为我们效力……"

刹那间，我的大脑全乱了。这位司法官员在要求我做什么呢？

"我们希望您能为我们效力……来对付阿尔斯通及其管理层。我们很清楚您在阿尔斯通的位置，也清楚您在塔拉罕项目中的位置。我们非常清楚，在和印度尼西亚的交易中，虽然您扮演的不是决策性角色，但是您了解一切。我们想要的，就是起诉阿尔斯通的最高领导层，尤其是阿尔斯通的首席执行官柏珂龙先生。因此，我们要求您不要告知他们您正在被质询。这就意味着您不能与他们取得联系，您要放弃聘用律师。您明白了吗？"

不，我不明白。但也可以说，我意识到他们正在开条件，正在策划一场交易。诺维克是在暗示我做他安插在我们公司内部的线人……此时的我还完全没有把时差倒过来，我已经24小时没有睡觉，还一直戴着手铐，铐在这根铁杠上，任由他们摆布。我到底需要明白什么？他一直含含糊糊，只是翻来覆去地命令我："千万不能告诉任何人！"但这对我来说根本就不可能。

正当他努力地让我保持沉默的时候，我仿佛又看到自己坐在阿尔斯通为高层管理人员举办的培训会上。那是我被捕前不久的事——生活有时就是这样讽刺，其中的内涵只有参与过的人才会懂。培训会的主题是关于我们这一行的法律风险。法务专家交给我们一张名片大小的纸片，上面写着一些电话号码——一旦我们被捕，就拨打这些电话。其中就有凯斯·卡尔的电话，他是我们集团的现任法务总监。法务专家在会上叮嘱我们，要随身带着这张小纸片。另外，如果我们不幸要面对法官或者警察，那也永远不要违反培训会上三令五申的两条原则：第一，什么都不要说；第二，给阿尔斯通的法务总监打电话，他会立即指派一名律师来到这位不幸的员工身边。这两条原则我牢牢记住了，而且我不会掉到那个检察官给我设的陷阱里去——那时我无论如何都坚信这一点。作为一名优秀的"战士"，我丝毫没有考虑这会让我付出怎样的代价，就执行起培训会上法务专家叮嘱我们的准则。我不能不通知我们的法务人员。

我向检察官解释：

"请您听清楚，我从未被逮捕过，我也不明白你们想要什么。所以，我要求你们允许我通知我的公司，以及法国领事馆。"

检察官神情坚定，朝一位探员打了个手势，此人把黑莓手机还给了我，手机在我被捕的时候就被没收了。我立刻试着联系集团法务总监卡尔。巴黎此时是凌晨5点，电话无人接听。但是，我最终联系上了蒂姆·库兰，他是阿尔斯通锅炉分部在美国的主管。我和他原本约定第二天在康涅狄格州的温莎见面。我向他简单陈述了一下情况。他非常吃惊：

"这事出在你身上，实在不可思议，简直荒唐。我们会立刻把你从那里解救出来的。我马上给总部打电话。"

库兰的话让我安心了一些。检察官出去后，两个探员开始搜身，并且对我手提箱内的物品登记造册。我仍有一次拨打电话的权利，因此犹豫着要不要给我的妻子克拉拉打个电话，但我放弃了这个念头。何必让她担心呢？那一刻我依然坚信，这不过是一场几个小时的纠纷，很快我就会恢复自由。诺维克表现得再怎么面目可憎也无济于事；他再怎么振振有词，说阿尔斯通正遭受着长达 3 年的反行贿调查，说集团对美国司法部的命令置之不理，说集团对各种质询充耳不闻，说集团装傻充愣……通通无济于事。这些我都不信。更准确地说，我也不想去信。我的信念足以刻碑为证：我毫无保留地相信，阿尔斯通会以最快的速度把我从这场危机中解救出来。我知道我可以相信我们的首席执行官。

在来纽约前的几个星期，我还和柏珂龙共进晚餐。他邀请我和几位在亚洲工作的集团领导，一起去新加坡参加一场盛大的招待会。招待会的地点是个传奇之地——滨海湾金沙娱乐城，这是新加坡最热门的酒店。这座酒店闻名遐迩。那是一座令人一见倾心的建筑，在 57 层有一个宏伟的露台，延展到海面之上，如同舰船上突出的船舷。集团法务总监卡尔也在场。这倒没什么新奇的。数年来，阿尔斯通在亚洲发展了大部分的能源业务，以至于柏珂龙正计划把集团总部的一部分搬迁到新加坡。2012年底，集团刚刚多租了一层楼，用来容纳来自巴黎的一部分员工，柏珂龙也频繁地来新加坡。于是集团里谣言四起，说首席执行官正在考虑将阿尔斯通的税务注册地址迁至此地（这是完全合法的）。确实，新加坡的税收政策非常吸引人（最高 20%，还没有算上税收减免），而且阿尔斯通新加坡分公司的负责人沃特·凡·韦尔士在 2013 年初开始考察这座城市，以求为柏珂龙找一处"行宫"。他造访了很多别墅。

老实说，我对这些都不感兴趣。我算不上柏珂龙的亲信，尽管我们之间早已习惯了以"你"相称，但还是礼貌有加。来纽约前的一周，我还陪他去了一趟印度，会见信实工业集团的领导。信实工业集团是印度最大的私营联合大企业，归安巴尼家族所有。柏珂龙是个商人，也是个举世无双的谈判高手。他毫不犹豫地只身一人跑遍全世界，只为能够当面接触他的合伙人。有时他毫不妥协，甚至近乎粗鄙，但他也会通过花言巧语来讨好和吸引客户。在工作现场也能直接发号施令，不留情面。

在滨海湾金沙娱乐城的那场罕见的晚宴上，集团法务总监卡尔——柏珂龙的众多忠实拥趸之一，曾是我所在的能源部的法务主管，与我相识多年——走到我身边，敬了一杯酒后，他悄悄地说：

"弗雷德，你还记得塔拉罕的那场交易和美国人的调查吗？为了那次调查，我们也搞了个内部自查。"

"啊，那肯定记得。怎么了？"

"没什么。你肯定没什么好怕的。一场内部调查早就把你澄清了。不过有些员工有点儿麻烦。"

我当时一下子没反应过来，尽管我感觉到有些奇怪，他竟然在鸡尾酒会上跟我提起这件事，我们以前从未谈过此事，即使是2010—2011年我在接受内部审计的时候也没有。

但现在，坐在美国联邦调查局的办公室里，这场对话再次浮现在我脑海中，很可能是因为我正在拨卡尔的电话号码。

终于，第二次尝试成功了。卡尔终于接电话了。对话很短，但我记着每一个字。

"我不明白，我不明白……这简直不可思议，"卡尔不停地重复着，听上去和我一样震惊，"我们和美国司法部正在洽谈一项协议，已经接近尾声。这事发生在你身上，太不可思议了。"

"可能吧，但是这位检察官看上去可不像是知道有这么一项协议。或许他不相信这事儿能成……这位检察官不停地跟我说，我之所以在这里，是因为阿尔斯通3年来一直不合作，他们已经失去了耐心。还有，几个星期前你向我保证，说我什么都不用怕。那他们为什么还抓我？"

"所以我跟你说，我也不明白。我们明明已经快要达成协议了，我几个小时之后就要坐飞机过去了！他们今天还在华盛顿等着我跟美国司法部签协议呢！不过，刚刚发生了这么多事，我很犹豫要不要去美国。我先去跟我们的律师谈谈……但是你放心，尤其是要保持冷静。我和我们的法律顾问取得联系后，就会给你派个人过去。在此期间，你跟那个检察官什么都别说，跟美国联邦调查局的人也不要说。今晚有些迟了，但明天一早我们就会把你保释出来，之后我们再看看要采取什么策略。"

说完后，电话挂断了。对我来讲，毋庸置疑，次日凌晨我会得到他的消息，他不会丢弃我，他会站在我这边直到事情结束。我为之效力许久的公司不会对我弃之不理。只有疯子和偏执狂才会去设想相反的可能，哪怕只想几秒。但我既没有疯，也不是偏执狂。

卡尔鼓励我的话语还在耳畔回响，检察官就回到了审讯室。

"您不想跟我们对话？没关系。这是您的选择。"

"不，我准备澄清一下我在这笔生意中扮演的角色。在这笔生意里，我觉得我没什么可自责的。但是为此我需要一位律师陪在我身边，因为一方面，我不了解美国的司法运作方式；另一方面，我也不清楚我的权利。我相信任何一个外国人都会这样做。"

我的争辩在检察官诺维克那里不起作用。他毫不动摇，接着说：

"之后我会把您转交到曼哈顿的一所监狱里，您将在那里过夜。明天您将在康涅狄格州法院的一位法官面前出庭。开庭前您有权利面见您的辩护人。法官将判决是否对您继续实施拘留。如果您愿意，您有权利跟家人打电话告知此事。"

保持冷静——这是卡尔对我的忠告。沉着镇定——此外我也没有别的选择。我该不该给我妻子克拉拉打个电话？检察官似乎在鼓动我打电话，但他可能是在极力瓦解我的防线。我妻子肯定会担心到发疯的，她的恐慌会削弱我的抵抗力。这是个心理压力方面的经典理论。我后来了解到，警察称之为"情感感化法"。我快速思考着，心想最迟明天晚上我就会被释放。这个国家连因杀人被指控的辛普森都准许保释，对于我这个法国公民、外国企业管理者，用检察官的话说就是个被美国司法部盯上的、在塔拉罕项目里"没有决策权的小角色"，他们总不会继续关着我。所以算了，我不给妻子打电话了，我情愿出去后再跟她讲述我这段虎口逃生的经历。我有礼有节地拒绝了诺维克的建议，不过，我要求他向法国驻纽约领事馆方面通报此事。诺维克马上照办，用他的座机拨出了一个早已预存的电话号码。显然，这一切都在他的意料之中！周日晚上，午夜时分，时间这么晚，该给领事馆的哪个人打电话，他再清楚不过了。

他把电话筒递给我，接电话的很明显是个"值班的"。对方问明我的身份后，说他只能做个"记录"。之后诺维克又拿过话筒向领事馆方面表明，明天周一纽黑文法院的法官会听取我的辩诉。就这样，检察官这晚的工作结束了。

接下来，罗恩和罗斯又登场了。他们开始清理我的所有物品（电脑、手机、滚轮拉箱里面的衣物），再次通过那几扇装甲门，采集十指指纹，照相，他俩忙了足足半个钟头。由于我不能看按钮，我依然是返回电梯背对按钮。接着，我们上了一辆汽车，朝曼哈顿的监狱开去，两个地方距离非常近。

在入狱手续办理过程中，那两个探员跟我寸步不离。离开之前，罗恩悄悄地跟我说："晚安，皮耶鲁齐先生。跟您说下面这些话有些奇怪，但请您明白，明天早上您会非常高兴再见到我们的。"

我不知是否该从这些话语中领会到什么，是些许的恶意，还是友善的提示。我还从没踏进过监狱一步。在入口处，两个狱警命令我脱衣服。他们收走了我所有的东西：手表、婚戒、鞋子。我已经赤身裸体了！我彻底晕了，连英语都不会了……"Turn around, squat and cough."狱警命令我，口音难以听懂。

cough 就是咳嗽，嗯，懂了。但是 squat 是什么？我忘了这个词是什么意思了。

"Squat and cough，"狱警很恼火，"Squat and cough！"

看到我一脸错愕，他向我演示该怎么做。我应该蹲下，两腿分开，然后咳嗽。我按照吩咐去做，狱警坐在我的身后，他要确认我肛门里没有东西掉出来！"Squat and cough."我记住这套流程了。我不得不屈服于这套让我感到羞耻的流程，在我入狱的这段时间，我重复了十几遍。那晚，我感觉美国的监狱让我仿佛陷入了精神病人一样神志恍惚的"第二状态"。狱警要求我套上一件橘色的连体服，直挺站立着，双手铐在背后，我就这样忍受了两个小时。监狱里居然没有英文入狱手册！西班牙文的、中文的都有，但没有英文的……拿到相关的表格并填好后，我被带到一间单人牢房。其实，后来我才知道，我当时是"进洞"了，这里是用来隔离最危险的犯人的。当时已经接近凌晨 3 点，一个狱警把我推进了牢房，我顿时陷入一片昏暗。这里说不上是黑暗，更确切地说是……灰暗。一只小氖灯发出凄冷的微光，狱警关上了门。这时我才意识到，我的手一直都铐在身后。那一刻我第一次感到害怕，心里一阵恐慌。他们打算让我这样被铐上一夜！突然，我听到了一阵短促的声音。牢门上有一个小翻门打开了，狱警吼叫着命令我倒着往后退。我照着做，倒着走到他跟前，他通过小翻门解开了我的手铐。这可真不容易。

罗斯和罗恩说得对。入狱后的第一宿是非常可怕的。牢房里充满恶臭的气味，狭窄的空间令人窒息……我什么都看不见，但我听得见，四周围绕着咒骂声和可怕的叫喊声。看来整层楼的人都在互相厮打、自相残杀。自从被关押后，我粒米未进，滴水未沾，无法入眠。不过，这次被关押应该只是个插曲。于是，我尝试着用夜里这段时间回忆一下与 10 年前那份塔拉罕合同有关的事，并且要重新安排我的日程。因此，第一天上午在康涅狄格州的会面我就失约了。这倒无关大局，还可以弥补。我在头脑中一一浏览着日程表的每一页：这个会谈只需把它改到上午的晚些时候，那个会议可以挪到下午早些时候。谨慎行事的话，用不着48 小时，我可以在 24 小时内完成所有日程。我将在 3 天后到达新加坡，按预定日期于星期五返回家中。然后，周末我就能带上我的双胞胎女儿（7 岁的拉斐拉和加布里埃拉）去庆祝小伙伴的生日，再带我的龙凤胎儿女（15 岁的皮埃尔和蕾娅）去参加足球赛。现在看来，当时去想这些着实愚蠢。但在当时，这些想法让我轻松了许多。蒙眬之中，我居然睡了几分钟。

3. 第一次开庭

谁能相信，当清晨再次见到那两位美国联邦调查局探员时，我竟然很高兴。在脱得精光，又被人搜过身后，我戴着手铐被转移到距离纽约两个小时车程的纽黑文法院。一路上，我感到自己仿佛又回到了正常的生活。罗恩和罗斯给我带了咖啡和一些百吉饼。他俩都是 35 岁，相谈甚欢。罗恩有 3 个孩子，他身材魁梧健硕，酷爱潜水。罗斯有 1 个小女儿。他俩都很想畅游法国。最后我们一同聊了起来，好像熟人一样。

到法院后，罗恩和罗斯把车停在外面，等候指示。我们来早了，所以坐在车里等了 1 个小时，直到纽黑文法院的工作人员告诉羁押我的两位探员，庭审地由纽黑文改为布里奇波特——在另一个方向，开车要半个小时。于是我们又出发了。在把我交给法警之前，罗恩把车停下，罗斯把我的手机还给我。我明白他的意思：倘若在庭审中发生不测，这就是我最后跟某位亲友通话的机会。这里正值中午，而新加坡却是午夜。我选择打给阿尔斯通美国锅炉部门的主管库兰。我想向他通报昨天晚上我和卡尔的谈话内容。别忘了，卡尔白天的时候就应该抵达华盛顿了。我想，库兰肯定会和法务总监一起关注形势的变化。无论如何，我都会要求他这么做。

罗斯和罗恩跟一位法警交接后，我向他俩告别。然后，法警把我关进法院的一间小牢房里。法庭将会审查我的获释请求。庭审即将开始。因为获准提前和阿尔斯通委派的律师对话，我被带到一个小隔间，和来自戴·皮特尼律师事务所的莉兹·拉蒂夫进行首次会面。

莉兹是一位年龄在 35~40 岁的女士。交谈几句后，我就被她惊呆了：她在刑法方面的经验一片空白，对我的态度也十分冷淡，浑身上下散发着一种漫不经心的新手气息。不仅如此，她对阿尔斯通的业务也一无所知。最致命的是，我被控违犯了美国《反海外腐败法》，而对于这项控罪，她此前根本不了解。根据这部法律，无论任何人，无论国籍，只要涉嫌向外国公职人员行贿，只要该罪行和美国有一丝一缕的联系，美国司法部即可将他投入监狱。[①]莉兹跟我说明了几个情况：

"皮耶鲁齐先生，阿尔斯通的律师今天早上联系了我们律所，要求我们为您辩护，因为他们不能亲自负责。"

"为什么？他们来接手我的案子，岂不是更合情合理？"

---

① 参见第 22 章《反海外腐败法》。

"那是当然！不过你们之间存在着利益冲突……"

"我不懂。关于印度尼西亚的案子，阿尔斯通正在和美国司法部做交易。那把我也算作交易内容之一就行了，我觉得这是最起码的。我和阿尔斯通之间哪有什么利益冲突？"

"皮耶鲁齐先生，事情没这么简单。但请您放心，您的辩护费用，阿尔斯通同意支付。您很幸运！"

幸运？接下来我试着从莉兹口中了解有关我被控罪名的细节。在这个专为被告人和律师见面而设置的小隔间里，我们之间隔着一层铁丝网，谈话非常困难。她拿出几张纸，把它们紧贴在铁丝网上。不用说，我肯定看不清楚纸上的字。更意外的是，我发现她都没有读过起诉书。她轻率的态度把我惹火了。

"我到底为什么被指控，您总该看几眼吧？"

"贪污案，外加洗钱。"

洗钱？这个罪名一般都是给军火贩子和毒品贩子的！这么荒唐的指控，他们是怎么想出来的？

莉兹看到我的脸都气白了，赶紧试着安抚我：

"不管怎样，今天这些都不是事情的关键。我只要求他们释放您。我会提议用10万美元保释，这笔钱足够说动检察官。请您记住，大陪审团已经对您提出了指控，但一直到您被逮捕的那一刻，此事都在秘密进行。现在它不再是秘密，今天美国司法部肯定会向媒体通报。另外，请您明白，您不是阿尔斯通第一位被起诉的高管。之前您在美国工作的同事大卫·罗斯柴尔德已经被起诉，并且经过了庭审。他同意认罪，随即他争取到不超过5

年的监禁量刑。"

罗斯柴尔德服罪了？获刑不超过 5 年？这下，我的脸彻底吓白了。我突然意识到控罪的严重性，尤其是给我和我的亲朋好友的生活可能带来的灭顶之灾。但我还没来得及细想这些，就接到了执达官 ① 的传唤。庭审开始，主持庭审的是加芬克尔法官。她首先问我是否听得懂英语，接着就请我的辩护律师开始陈述。用了不到 1 分钟时间，莉兹按照计划辩护发言，称希望支付 10 万美元保释金并佩戴电子手铐，以换取我的有条件释放。接着轮到代表美国政府的检察官——诺维克，这位来美国联邦调查局总部探视过我的人开始陈述。诺维克简直要杀人，他坚决反对把我释放，并狂怒地陈述了理由。厚颜无耻的他完全推翻了此前在美国联邦调查局办公室里对我说过的那番话，他用肯定的语气说：

"皮耶鲁齐先生在阿尔斯通的管理层中身居要职。他涉及的这笔行贿交易问题极其严重。该公司向印度尼西亚的一名议员行贿，以求其提供方便。我方已经立案，指控文件确凿有力。大量的证据和证人证实，皮耶鲁齐先生参与了一起违犯美国《反海外腐败法》的犯罪活动。"

事情再清楚不过了。在我们第一次谈话的时候，我拒绝了他的要求，诺维克现在要让我为此付出代价。紧接着，他从我的个人处境方面进行攻击：

---

① 执达官是一种司法辅助人员，是设在法院专门从事送达法律文书和实施民事执行行为的公务人员。——译者注

"弗雷德里克·皮耶鲁齐在美国无亲无故。他在美国工作时，已获得绿卡（永久居住权）。然而，非常可疑的是，2012 年他又将绿卡退还给有关部门。我方已询问过当时接受皮耶鲁齐退回绿卡的员工。他告知我们，弗雷德里克·皮耶鲁齐当时行为古怪，令他十分惊讶。"

我简直要晕过去了。2012 年，那是我多次美国之行中的一次，不再需要绿卡的我借机把它还了回去。何况我那时马上要迁居新加坡，至少要在那里工作几年，所以何来可疑之处？但是诺维克继续说道：

"如果本庭将此人释放，其必定会出逃。法官大人，您非常清楚，法国不引渡其公民。此外，此人在已遭受指控、逮捕证已经下达的情况下，仍未向当局自首！"

这位检察官用心之险恶，令我震惊。美国司法部封锁了对我签发逮捕令的消息，就是怕我躲在法国逃避追究。我对此毫不知情，又何谈向当局自首？不过话说回来，如果我早知此事，那我很可能先向律师咨询，以确定是否可以前往美国出差。这一切简直可笑。尽管如此，加芬克尔法官看起来似乎被说服了。她说：

"本法官可以确信，当局呈交的起诉书很翔实。如想让本法官释放其委托人，辩护律师应起草一份更具说服力的缓刑意见书。拉蒂夫女士，本法官愿意给您一段时间准备新意见书。您认为何时能够完成？"

"法官大人，下午完成。"

"啊，这个时间不可能，因为不巧我一个小时后要离开，我已经与一名医生约好见面。我建议，咱们两日后再见。"

庭审即将结束，法官转过身问我：

"皮耶鲁齐先生，您要做何种辩护，认罪还是无罪？"

"无罪。"

整个过程，我只被问了一个问题，而且只回答了两个字。我这才明白：我仍须在监狱里待48个小时。被带回牢房之前，我被送回法院的那个小房间，双手仍被铐在身后，和我的律师聊了几分钟。我的案子目前看来十分令人担忧，我恳请她立即将情况告知卡尔。

两个小时之后，狱警把我从那个小房间带了出来，并把我用链子拴起来……我就像一只野兽。

的确，我已经成了一只野兽。没有比这更形象的词了。我戴着脚镣和手铐，上半身被一条大粗链子捆住。这条大链子与手铐和脚镣一起被一个大锁锁住，大锁垂在我的肚子上。之前我唯一一次瞥见像这副样子的人，还是电视报道的关塔那摩监狱里的犯人。因为被这堆链子捆住了双脚，我无法正常行走，狱警有时候逼着我双脚并拢蹦着前行。我们去找法院地下室停着的一辆微型囚车。这是一辆配有防弹玻璃的囚车，窗外覆盖着粗粗的铁丝网，很像特种部队使用的特种车辆。

车内还有两个犯人坐在我旁边：一个亚洲人和一个大块头黑人。我试着跟他们搭话："你们知道我们要去哪里吗？"但我听不懂他们的回答。他们讲的是监狱里的黑话，还用倒错词说，外加很多江湖黑话。我精疲力竭，不再问下去。我已经快两天没有合眼。我再也撑不下去了，变故一场接着一场，我快晕倒了。在这辆囚车里，在这个装着轮子的牢笼里，在这密不透气的小箱子里，我感觉自己像猎物一样被人揪住了脖子。我累坏了，睡着了。5 个小时后，我醒了。我们到了罗得岛州的怀亚特看守所。

4. 怀亚特看守所

怎样描述怀亚特看守所呢？无论从什么角度来看，这座看守所都只是一座普通的五层高的行政大楼，与周围的建筑物相比没什么特别的。但是，我们越走近它，就越会发现它是一座真正的碉堡、一具混凝土制成的石棺。建筑物正面没有窗户，取而代之的是15厘米宽、80厘米高的细小缝隙。这些缝隙让人觉得浑身冰凉，看着它们，我不禁想象，在里面看到阳光是多不容易。仿佛一旦走进去，什么都有可能发生。怀亚特看守所与世隔绝，它被双层围墙围住，四周布满铁丝网，每10米装有一个监控摄像头。进出的都是装甲车辆。怀亚特不是一般的看守所，而是一座戒备森严的羁押中心。

美国把监狱的安保分为4个等级。一级安保的监狱称为"营地"，通常是给那些因经济犯罪而被判刑的白领犯人准备的。这些拘留营有配套的健身房，通常还有网球场，没有几个狱警，监控措施非常少。二级安保的监狱则是供短期徒刑和非暴力罪犯使用的。再下来是看守所，被称为中等级别，划入第三级，但其实是拥有高度安保的监狱。怀亚特就属于这一类，汇集了来自康涅狄格州、马萨诸塞州、罗得岛州、缅因州和佛蒙特州的各路头号危险犯人。在等待受审期间，他们就被关押在这里。怀亚特并不隶属于美国联邦监狱管理局，美国联邦监狱管理局辖属的监狱关押的是已经被判决的犯人。而管理怀亚特的是一家私营公司，该公司处于美国联邦监狱管理局的监督之下。看守所平均收容600名囚犯，按照美国的惯例，根据不同的标准（是否属于帮派、年龄、危险性、种族等）将犯人分配到不同的牢房里。根据怀亚特管理部门的年度报告，2013年收容的囚犯中，39%的犯人是拉美裔，36%的犯人是非裔美国人，25%的犯人是白人。这份报告还强调，2013年有人揭发了犯人之间发生的几起性侵案，但是还没有查清楚。同时，两个犯人被发现死在这里。这些事件令人十分恐慌，以致受害人家属决定投诉。

这就是美国司法部决定关押我的地方：一个超级"安全"的看守所。但我既不是惯犯，也不是危险的犯人，所以美国司法部的这个选择违背了任何一条收监的逻辑，但是没有人跟我解释这是为什么。

2013年4月15日，我们的车队穿过大门，在第一个安全检查通道停下，铁栅栏打开后，我们继续向前，到达第二个安全检查通道。他们让我从装甲车里下来，说着我一个字都没听懂的监狱行话，车上那两个人也跟着一起下来了。这都无关紧要，我们还得继续往前走。由于一直被链子拴着，我一路蹦跳着，依次穿过三个装甲门，最终到达楼内的犯人交接室，这里负责管理犯人的出入。房间里有一个柜台，后面坐着负责犯人交接事宜的监狱总管；有一扇像我们在机场看到的那种电子安检门，用来检测犯人是否带有金属物；有两个用于搜身的小隔间；还有一把专门用来固定暴力犯人的椅子。狱警解开我们的镣铐，我们再次把自己脱光。自被捕以来，这已经是我第四次被搜身了。我从新加坡出发后，已经两天没有洗澡，身上难免会散发出一股难闻的味道，但奇怪的是，我竟一点儿也不感觉害臊。48 个小时已经足够让我把最基本的羞耻心抛诸脑后。一切都变得模糊起来，我飘啊飘，仿佛飘移到了另一个空间……

狱警递过来一个背包，我才猛然醒悟。在怀亚特看守所，新来的犯人的囚服是卡其色的，和所有美国联邦监狱一样，除非被关到黑牢里，那里的囚服是橘色的。我们还分到四条内裤、四双袜子、四件 T 恤、两条长裤、一双绳底帆布鞋、一双人字拖鞋。除了鞋子，其余的衣物都是旧的，被人穿过且有破损。狱警还递给我一张胸卡，上面有我的照片。照片是他们刚刚在一扇标明我身高的铁栅栏前面拍摄的，那场景就和电影《非常嫌疑犯》里的一样。胸卡上写着我的编号：21613。

现在要填写一张入狱调查表，其中包括一张联系人清单，要把他们的电话号码都写上。突然，我竟然想不起来任何一个我周围人的电话，甚至想不起来克拉拉在新加坡刚换的电话号码。我再也没有办法联系上我的律师了，恐惧感突然涌上心头。那个不专业的辩护律师莉兹也没给我留联系方式。我能电话联系上的唯一的美国"官员"就是布卢姆，那个在美国联邦调查局总部接待过我的探员，因为他当时很聪明地给我留了张名片。不管付出什么代价，我都应该和他联系，告诉他我的情况，让他知道我在哪儿。"坚决不行！"狱警很生气，他是个尖嘴猴腮的拉美裔。我执意如此。我试着跟他解释清楚情况，但这让他更生气。他把我和车上另外两个人一起关在一间牢房里。一个小时之后，他又回来了。不知道为什么，他改变主意了。他允许我打电话，但只能打一个，而且要长话短说。我祈祷布卢姆接电话，他果然接了，但我的好运也到此为止。他说他正在从纽约回华盛顿的火车上，还没来得及给我莉兹的联系方式，电话就断了。布卢姆给我的时间只够我跟他说清楚我的问题！因此，我要求狱警让我再打一次电话。

"这里不是宾馆，你这个蠢货！我说过只能打一次，不能打两次！滚开！"

我匆忙跟他解释，差点儿就去哀求他，但都没有用。

"只打一次！你要是再在这里废话，我就把你扔到黑牢里去！"狱警吼道。

我几乎忍无可忍。但是这个狱警说话的神情凶神恶煞，不容反驳，我只好作罢。

在离开那个"报到室"到达指定区域之前，每个犯人都被分配了一支牙刷、一小管牙膏、一块肥皂、一小瓶洗发液、两块毛巾、一张5厘米厚的塑料床垫、两条床单和一条栗色的毯子。我被关在D区，监狱里最破烂的监区之一。在怀亚特，监区都被安排在一个公共大厅周围，大厅四周被牢房环绕着。D 区有 20 多间牢房，每间牢房能容纳 4 名犯人。我和同坐一辆车来的那两个人一起住在 19 号牢房。我们三个要和睦相处，因为看守所里的规定是，在我们被关押的前 72 个小时里，我们不许走出牢房，除非是吃早饭、午饭和晚饭，时间分别是 7 点 50 分、12 点 20 分和 17 点 20 分。在被关押的第一站里，除去往返于食堂公共大厅的时间，我们三个都得在这 11 平方米的空间里，每天一起被关上将近 22 个小时。

牢房里配备了一张小铁桌子、一个洗手盆、一间厕所、两把固定在地上的凳子和两张双层床。牢房建造时是按照每间容纳两个人准备的，但是因为收监人数过多，现在只好每间牢房里住 4 个人。厕所没有装隔门，上厕所时唯一能够保护隐私的方法，就是等到吃饭的时候，狱警启动牢房门的自动开启模式。这样，狱友就可以在走廊外面等几分钟，给里面留一片暂时的清静……

那个亚洲人的铺位在我上面，那个大块头黑人的铺位则在我对面。幸运的是，我的狱友都很有教养。他们发现我对他们讲的事情一言不发，就放慢了语速，注意用词。他们分别叫赵和梅森。我们靠互相讲述自己的遭遇打发时间。赵的命运十分传奇，他是一名来自越南的政治难民，从马来西亚地狱般的临时难民营里逃出后，最终在 1991 年流亡到美国旧金山。他用微薄的积蓄开了一家饭馆，继而开了第二家，后来在餐饮业发了大财。

"我最后攒了 200 万美元！"他说道，"之后我便为所欲为，在赌场里狂赌。我把所有东西都输光了，为了挽回局面，我开始制造假信用卡。"

赵第一次被捕后，被判了两年监禁，在加利福尼亚州服刑。出来以后，他又堕落了，直到在赌桌上输了个天文数字——1 200万美元！他又一次因巨额诈骗罪被捕，现在可能要面临10年刑期。

梅森的个人经历则"传统"得多。他在康涅狄格州首府哈特福德的一个黑人社区长大。他的父亲是一个无名小卒，他的母亲是一个"瘾君子"。梅森加入黑帮的时候才14岁，在得克萨斯州开始沾染可卡因交易。他的第一段铁窗生涯长达6年，出去之后就成了"666"的一员，那是个专门面向黑人发展信徒的所谓"伊斯兰教分支机构"，对白人公开推行种族主义，甚至表示在监狱里都得实行戒律。后来他又被判了8年。但是在这两次服刑期间，他完成了两年之内使4个女人生了4个小孩的"壮举"。他向我们讲述那是4个"绝佳"女人的时候，神情十分自豪。

"第一个是监狱的女狱警，第二个是博物馆安全部的女职员，第三个是麦当劳的女服务生，第四个是哈特福德一个俱乐部里的脱衣舞娘。听好了，下面才是重点，"他兴奋地接着说，"没有一个人管我要抚养费！"

在怀亚特看守所的第一天，我的狱友还向我传授了监狱守则。当我在洗手盆上方俯下身去刷牙，往水盆里吐口水的时候，梅森开始对我大喊大叫，甚至骂我：

"你不许吐口水，你没权利这么做。要吐你到厕所里吐去。你不能在我们洗脸的地方吐口水！"

我很快就明白了，这些犯人在卫生问题上严格照章办事。

"你小便的时候也要注意，你得像女人一样坐着小便，"梅森教导我，"你懂吗？你不能尿得到处都是，你不能站着尿。如果你想放屁，也是一样，你得去厕所，并用水冲了，让水把臭味吸走。你听明白了吗？"

话到意到。他说的这些规则也有道理，我会一步步学习的。根据他们的经验，如果我们当中有一个人病了，那么传染的风险非常高。怀亚特看守所的医疗救助手段基本为零。我很快就明白了这一点，而且还是我自己交的"学费"。飞来纽约之前，我在参加最后一场网球赛的时候——似乎是很久以前的事情——我的右脚踝内外侧韧带严重撕裂，所以上飞机的时候，我几乎走不了路（所以可以想象，当我戴着镣铐不得不蹦着往前移动的时候是什么感受）。到达怀亚特看守所的时候，尽管我反复要求，但除了一片阿司匹林之外，我没有得到任何有效的治疗。

就算赵和梅森易于相处，但是刚开始的几个小时对我而言依旧度日如年。没有音乐，没有电视，没有本子，没有钢笔，没有书，我唯一能看的资料就是莉兹在法院给我的起诉书摘要。读着读着，我的思绪又回到了 21 世纪初，那时候，这个可恶的印度尼西亚的项目合同还在谈判之中。就是那一纸合同，给我惹来了这场被囚禁于 11 平方米房间的牢狱之灾。

5. 回忆

　　说起来讽刺的是，那段时间我正打算从公司离职。那年我31岁，在北京做阿尔斯通能源部门的中国区商务经理已经4年（1995—1999年）了，我希望重新规划自己的职业生涯。的确，自从加入阿尔斯通以来，我在事业上做得非常成功。然而，我只有一个中游水准的工程师学院文凭（普瓦提埃的法国国立高等机械与航空技术大学），我担心自己的职业生涯很快就要撞到"玻璃天花板"。我明白，想要在一家特大型企业里晋升，我还是缺点儿什么。所以我决定离开阿尔斯通，去欧洲工商管理学院攻读工商管理硕士，当时我已经被录取了。

　　1999年，我就这件事情和妻子克拉拉讨论了很久。在此之前，她同意放弃自己的工作，跟随我来到北京，她在1998年生下了我们的龙凤胎皮埃尔和蕾娅之后，还获得了神经生物学的博士学位，因此，她非常渴望能重新开始工作，希望我们尽快回法国定居。

现如今，回过头看，当初没有坚持这个决定让我追悔莫及。虽然不知道那个未来会带给我们什么，生活会不会更加幸福，但有一点我可以断定，那就是原本我是绝不可能被抓到这里，被关进怀亚特看守所的！

但是那个时候，阿尔斯通明白怎样做才能留住我。或许，公司认为我是一个拥有远大前程的员工。离开中国之后，我被授予在美国的一个重要职位：锅炉部全球市场营销经理。为了能彻底说服我，我的上级甚至多给了我一些自由时间（隔周的周五，外加一年之内的几个星期），去攻读纽约哥伦比亚大学的工商管理硕士课程。哥伦比亚大学是最令人向往的美国大学之一，也是著名的"常春藤联盟"成员。阿尔斯通还同意全额支付我的入学费，总计 10 万美元。这样的挽留条件没人能够拒绝。

于是，1999 年 9 月，我前往康涅狄格州温莎镇。又过了两个月，克拉拉和孩子们也赶去那里与我团聚。但自从我到了那里后，才发现实际情况比预期艰难得多。

2000 年初，阿尔斯通面临着严重的财务危机，公司濒临破产。1 年前，领导层同 ABB 集团结成联盟，那是一家瑞士与瑞典合资的对手公司。但很快，这场工业界的联合变得后患无穷。阿尔斯通掌控了 ABB 的燃气汽轮机技术，便以为自己简直是做成了一笔世纪交易，殊不知这笔订单的签署正是公司历史上最为灾难性的一次决策。当时，这个汽轮发电机技术根本没有发展成熟，而且发生了多起技术性故障。事后阿尔斯通只好向客户赔偿损失。阿尔斯通为此付出了超过 20 亿欧元的赔偿金，公司负债比高得惊人（增加了 2 000%）。当时，公司宣布其财务赤字创下 53 亿欧元的纪录，因此失去了银行的信任。

也是在这个时期，董事会决定辞退皮埃尔·比尔热，将掌管公司的大权交给了柏珂龙，以期他能力挽狂澜，带领公司走出困境。这个决策在公司内部深得人心。柏珂龙属于精英阶层，而且是精英中的精英。他是一位"X-Mines"①，跻身于一个"小型贵族圈"，这个团体由每一年巴黎综合理工大学和国立巴黎高等矿业学院前 20 名最优秀的学生组成，甚至可以说是共和政体下的寡头。200 年来他们控制着法国最重要的公司，影响着法国的经济走向。柏珂龙在普基集团完成职业生涯的第一段旅程之后，在 2001 年成为阿尔斯通的董事，2003 年 1 月 1 日成为总经理，并最终成为首席执行官。掌权后的几个月，他为了避免公司被法院宣布破产，全力挽救这家公司，甚至亲自站在巴黎的商事法庭上辩护，还要亲赴布鲁塞尔的欧盟委员会游说，更要说服法国政府援助阿尔斯通。阿尔斯通内部付出的代价就是企业业务和人员组织的重组——超过 200 名高管要被打发回家。在这场生死攸关的行动中，柏珂龙得到了一个人的鼎力相助，那就是尼古拉·萨科齐。这位法兰西共和国未来的总统，当时还是经济财政部长。他知道法国人民有多看重自己的大企业，他可不想像某些人一样袖手旁观，眼看着为数不多的法国跨国公司中的一家被"瓜分"。他成功地使这家公司重新部分国有化——法国政府回购了阿尔斯

---

① "X-Mines" 代表法国高等教育中一类特殊的精英群体。——译者注

通略超过 20% 的资产。尼古拉·萨科齐可以欢呼胜利了：他和柏珂龙联手拯救了阿尔斯通！

但对我而言，当时战斗的司令部在阿尔斯通总部和法国政府内部，我离那些地方足有几个光年之远。

一到美国，我就掉进了钩心斗角的龙潭虎穴。我领导的康涅狄格州温莎镇美国总部的工作班子，全都是 1999 年末合并过来的 ABB 的人。更有甚者，我发现自己要直接面对一位根本不把我放在眼里的公司高管，即盖里·巴尔齐科夫斯基。

早在 1 年前，也就是 1998 年，我们俩还是竞争对手。他为 ABB 效力，我则代表阿尔斯通的利益。我们曾经为了拿下中国当时最大的发电站合同而竞争，那份合同在当时堪称全世界锅炉厂商的头等大事。竞争到最后一刻，中方客户决定在 ABB 和阿尔斯通的报价之间取舍，最终我方大获全胜。因为这次失败，我的这位在温莎的同事失去了晋升锅炉部门全球负责人的机会，所以他对我怀恨在心。但是，那个职位最后给了 ABB 的一位前任管理者——汤姆·帕尤纳斯，而他正是盖里的连襟——还是我的新老板！

总部要求我们提供一份完整的全球签约中间人名单和相关合同复印件，于是我和盖里的关系更加无法挽回。要知道，2000 年 9 月，法国在批准并签署与经济合作与发展组织关于反腐败斗争的协议之前，利用中间人来获取国际市场项目是一个被容许的惯例。贿赂之举越是在法国领土上被禁止，就越是在国外被纵容。每一年，法国企业的高管都会跑到位于贝尔西的财政部，提交一份公司的"特别费用"清单。直白点说，即为了能在国际招标中中标，最常见的方式是经由中间人行贿。按照规定，这部分费用必须以正规程序列出，以便之后从企业缴税中扣除。这无非就是以一种极其实用的、受法国管控的方式，把违法的行为合法化。

但是，2000 年 9 月以后，情况变了。法国与其他采取行动的国家一样，承诺向国际腐败行为发起斗争。因此，阿尔斯通的领导层必须全盘了解 ABB 与其中间人签署的所有承诺合同，以使公司的行为符合法国最新法律。帕尤纳斯把这个棘手的任务安排给了我。我很快就拿到了阿尔斯通方面锅炉业务部门的名单和聘用合同。但是，那些前 ABB 集团（其中就有盖里领导的温莎美国总部）聘用的中间人，情况可就大不相同。虽说两家公司已经合并，但是这些部门并不合作，不愿披露它们的中间人关系网。不仅如此，在每个国家，ABB 所属的公司都像地方诸侯，完全独立于公司总部。尽管如此，我还是列出了一个初步名单。我的办公桌上堆满了合同，每份合同条款不同，有些内容甚至非常荒诞可笑。有些中间人经过艰苦的谈判获得了公司的承诺，甚至得到了按月划款条件，而且居然没有合同期限。他们获得了终身行贿的权力！

那段时间，为了展现高层加强程序合规性（符合规定和尊重法律道德）的决心，阿尔斯通的领导制定了新的准则。自那以后，公司开始实行严格的中间人审批流程。首先，如果想要保留一位中间人，则需要至少 13 个人签字。其次，每一份聘用合同都必须附有"项目清单"，清单上要强制性地列出中间人的佣金数额，以及付款条件（付款周期和付款进度）。这份清单必须经过3个人审阅和签字：第一位签字人是拟定该项目报价的部门高级副总裁，第二位签字人是负责阿尔斯通国际关系部的高级副总裁，第三位签字人是在项目所在地负责国际关系部的地区高级副总裁。

最后，所有超过5 000万美元额度的交易都必须直接报告给包括财务经理在内的风险委员会并获得批准，该委员会直接对集团首席执行官负责。对于锅炉业务而言，几乎没有额度低于5 000万美元的交易。

此外，集团内部成立了一家新公司——阿尔斯通普罗姆，总部设在瑞士，负责起草、谈判和最终签订几乎所有与中间人之间的合同。因此，这家公司由阿尔斯通的合规部总监领导，他本人还肩负着要求员工在公司里遵守法律和道德的责任。

不过，不要对这一切产生误解。阿尔斯通在2002—2003年实施的这套流程，只不过是用来粉饰真相的。公司内部从未真正想开展一场"净手运动"。真正终止腐败的唯一办法就是彻底停止使用中间人。然而公司最终的选择根本不是如此，相反，从表面上看，"项目清单""审核流程"严苛无比，但背地里聘用中间人的行为在柏珂龙的领导下仍然如火如荼地进行着。唯一的改变就是，贿赂行为更加隐蔽。

从表面上看，阿尔斯通确实是在一丝不苟地遵循所有规章制度，所有的合同里都列上了两则条款：一则详细阐述了现行的反腐败法，另一则提醒中间人必须遵守不行贿的承诺。法律专家把这两则条款看作一旦被起诉时的保全之策。然而，在这冠冕堂皇的面具下，阿尔斯通继续付给中间人酬劳，以求对相关的实权人物如工程顾问、专家和评标委员会成员施加影响。如果风险看上去过高，与其求助于中间人，集团更愿意购买当地分包商（如土木工程公司、安装公司等）的服务。这样，来自反腐败机构的限制就会小得多。而且阿尔斯通并不是个例：许多同样使用大型国际事务所作为中间人的跨国公司，都采用了类似的障眼法。

负责遵守规章制度的合规部门，自然对这些行为有所耳闻，企业的最高领导层也是如此。其原因自不必说，这些制度本来就是他们一手制定的。

6. 一通电话

在怀亚特看守所的第一晚，我异常烦躁，几乎没怎么睡觉。梅森打起鼾来就像火车开起来一样响。一到早餐时间，我们就像解放了一样。终于可以走出牢房了，尤其是终于能冲个澡了。我是第一个到达公共浴室的，脱光衣服开始洗澡，但很快就遭到一名犯人的训斥："这里不能光着身子洗澡！必须穿着短裤和拖鞋！这样才不会污染这个地方。"显然，这里的一切都需要我去学习，而且要尽快学。事实上，在怀亚特看守所的几乎都是惯犯和累犯，所有人好像都知道看守所里的规章制度和人情世故，只有我是个初来乍到的"菜鸟"。如果上不好这个"速成班"，我怕自己会成为大家嘲弄的对象。

我还必须想办法联系上那位行踪难觅的律师莉兹。我再次请求看管监区的狱警允许我给布卢姆打个电话。"这些话请您跟社工说，"他回答道，"她午饭过后就来。"起码我正在培养耐心——

铁窗生活中一项重要的品质。午饭时间一过，社工就到了。但是大家一拥而上，都急着想要和她说话。等来等去，再等来等去——监狱的第一要义就是"等"——终于，轮到我了。那位社工接待了我，之后令人感动的一幕发生了。在给布卢姆打电话倾诉我的无助与绝望时，尽管电话信号被干扰，但这位美国联邦调查局探员还是听明白了我向他提出的请求。更令我喜出望外的是，他又给怀亚特看守所打了个电话，要求狱警通过社工把莉兹的电话号码转交给我。表面上看，这位善良的布卢姆比我自己的律师都更加关心我的辩护！

但是在和莉兹取得联系之前，我必须克服一个新的困难。要想顺利使用公共大厅那4部壁挂式电话机中的1部，就要先走一遍极其烦琐的流程。作为一名"新人"，我必须通过社工向怀亚特看守所的狱警递交一张清单，列上我"在住"期间所有需要联系的人。这张单子必须经过正式审批，而且由看守所当局记录在册。第一个问题：除了莉兹的电话号码（社工刚刚给我的），别人的电话号码我一个都记不住了。第二个问题：想要打电话，就必须付钱！每个犯人都有一个食堂账户，可以用它支付电话费用，通话费用高得离谱。但是我的钱包和信用卡等都被没收了，保管在莉兹那里！这简直就是一出在康涅狄格州上演的卡夫卡式悲剧。社工意识到了这一点，于是"破格"准许我使用她办公室的直线电话打给我的律师莉兹。

我终于能给她打电话了。她知道了我被关在哪座看守所。

"但是您的看守所在什么位置啊？"她虚情假意地问我。

她甚至都不愿意花力气去查一查这座看守所的地址！到底是她原本就无知透顶，还是她对我的事漠不关心？接下来的谈话更是让我无法安心。

"好吧，皮耶鲁齐先生，消息都不太妙……我打算向法院交10万美元的保释金，但他们认为这远远不够。很明显，美国司法部还想继续扣留您，检察官会把要价抬高。告诉我，您的银行账户里有多少钱？"

我脑海中快速地计算着。

"所有钱都加在一起，可能有40万美元左右吧。"

"嗯……这些估计还是不太够。您搞不到更多钱了吗？"

"搞不到了。虽然我是高管，但是我不是有钱人。我在巴黎郊区有一套房子，是零首付贷款买的，也就这些。不过，发生这件事可不只是我一个人的事，阿尔斯通呢？我也算是因为它而入狱，我想集团会介入吧？"

"有可能……好吧，您听好，我争取到了明天上午再次开庭的机会，审理您的保释请求。所以很快我们就会有结果的。您别太担心，我们会想办法的。"

"但愿。把这个消息也告诉卡尔，他是阿尔斯通的法务总监。我希望他在华盛顿和美国司法部会面结束以后，能来怀亚特看看我。"

我们的谈话结束后，莉兹查了我的黑莓手机，将我的妻子克拉拉、我的妹妹和父母的电话号码告诉了我。我向她交代了我信用卡的密码，请她尽快在我的食堂账户里存入50美元，以备随时需要。按照我的习惯，尤其是在这千钧一发的关头，我总是努力让自己保持冷静思考。这是要归功于我受到的工程师教育，还是出于我对数学的兴趣呢？面对所有复杂局面，我都采用运算的方式处理。我先排列出加号、减号，再做加法和减法。

有一条好消息：我在这个地狱般的看守所里的苟且生活没有几个小时了。明天一早，即使需要我抵押房子做保释金，法官也会裁定将我释放。在这样一个连杀人案的嫌疑犯都能释放的国度，任何其他的裁决结果对我而言都是天方夜谭。还有一条不太好的消息：作为将我释放的交换条件，负责裁决我命运的那个法官可能会禁止我在等待最终审判期间离开美国领土。从家庭和工作角度来看，这样的情况自然远非理想，不过也不算是个灾难。2006年返回法国之前，我已经在康涅狄格州工作 7 年了，对美国分公司非常了解，所以就算是我身在美国而不在新加坡，至少几个月之内，我也应该能继续领导锅炉业务不出大的差错。当然，这需要我的公司能授予一个为我量身定制的职位。但是，因为公司的缘故，我遇到了这么多麻烦，公司应该会比较通情达理，这是我能期待的最起码的结果吧！

与之相反的是，对我们全家来说，这将会是一场噩梦。2012年 8 月，我带着克拉拉和 4 个孩子到新加坡定居。这次迁居亚洲，对全家人来说都受益。我们夫妻二人克服了很多困难，新加坡的生活象征着新的开始。我们赌对了。孩子们在那里过得很快乐，完全融入了当地的环境。他们非常喜欢就读的国际学校，已经交了许多朋友。我现在仿佛还能看到那一幕：我们抵达新加坡后的第一周，加布里埃拉举着自己的平板电脑穿过整座房子，为她爷爷举办了一场虚拟的新居之旅。她当时的神情是那样自豪、那样快乐，其他孩子也和她一样。从那时起，我和克拉拉在新加坡的生活也步入正轨。

对克拉拉而言，我已失联近 72 个小时。虽说我出差时的确很少和家人电话联系，但是时候把实情告诉她了。我和律师已经商量好，明天开庭之后就会告诉她一切。那时我将重获自由，对她的打击就不会那么强烈。但是我该怎样向她解释发生在我身上的一切呢？如果我被迫滞留美国几个月，等待判决结果，那接下来的生活我们该怎么安排？难道要再举家搬迁一次吗？凭着神经生物学博士学位和工作经验，克拉拉刚刚被新加坡的一家大型法资企业雇用，她很喜欢自己的新工作。也许我自己一个人在波士顿住上一段时间会更好。但是克拉拉能忍受这样的分居生活吗？孩子们呢？

躺在牢房的床上，我反复思量着。这些无解的问题萦绕在我的心头。我重读了一遍起诉书摘要，试图理顺塔拉罕项目中相关事件发生的时间顺序，但那实在是太久远了……开庭预计是在明天上午 11 点，考虑到提审需要的时间，狱警应该会在天亮之前就把我叫醒，大概从凌晨 4 点就开始。按理说，我应该睡一会儿，但是床那么窄——宽度不超过半米，塑料床垫又那么薄，我怕自己睡觉的时候会掉下去。狱友们向我展示了防摔妙计：用绳子把床垫、毯子和床单打个厚厚的结捆在一起。这个方法很奏效，但是我感到实在透不过气来。我感觉自己就像一块烤肉，被绳子捆得死死的，想合上眼休息一下都是奢望。我一动不动、一声不响地等待着。

7. 他们把我忘了

从踏进怀亚特看守所的那一刻起，狱警们就把我的东西全部没收了。没有婚戒，没有手表，我失去了时间概念。天快亮了，阳光轻柔地穿过那条小小的缝隙。每一分钟都拉得很长，而我仍然耐心地等待着。我侧耳细听每一丝声响，每一次都希望狱警是过来找我的，要把我带上法庭，但是一个人影都没有。现在至少是早上6点。他们是不是把我忘了？我敲了一下门，没有反应。我再敲，越敲越用力。终于，有一个狱警肯听我说话。但这一次，我从他脸上读出来的不是恶意，而是惊讶。他向我信誓旦旦地说，不光他自己没有，同事也都没有收到任何指令，说要把我从囚室带到纽黑文法院。但是他愿意再去确认一下。

他回来了，向我确认没有这样的指令，绝对没有，日程表上没有写要提审我。我备感沮丧，感觉像要疯掉一样。我拼命让自己不被妄想吞噬。会不会是律师对我撒了谎？是不是她跟检察官串通一气？毕竟我对她一无所知，是阿尔斯通指定了她。我怎样才能相信她？我从未感到如此被动。我再一次用力敲打着门。狱警把头探进牢房，但他的同情心已经被耗尽了。我据理力争地向他解释着，那种疯狂劲儿任何人看了都会觉得我精神不正常。狱警显得非常不耐烦。我告诉他，我必须和律师通个电话，这至关重要，这里肯定有个天大的误会，我必须出去，本来我应该被法官传讯，他将会把我释放。现在这一切都很荒唐，他应该帮助我！狱警转过身去，再次离开。1分钟后，他带着缓解我压力的一剂良方回来了——一本书。

这本书竟然是怀亚特看守所内部守则！这本50来页的书内容很多，其中规定在何种情况下，犯人才能向看守所管理人员提出抗议。我真想狂呼高喊，他们想怎么样？想把我逼疯吗？给我套上拘束服？慢慢地，我冷静下来。除了沉默和等待，我别无选择。过了很久……一直等到临近傍晚，我才和莉兹通上电话。

"怀亚特的狱警，"她对我说，"干了件大蠢事。他们把要提审您的事情彻底忘了！按照原定计划，庭审的确按时举行了，准备裁定您的有条件释放请求。但是法官发现您没出庭，所以决定把开庭延期到两天之后！"

挺住，深呼吸，直面现实。

"莉兹，事已至此，您一定要通知我的妻子。她肯定会担心的。"

"我马上去办。请您放心，皮耶鲁齐先生。另外，明天我会和我的老板一起去见您，还会带着起诉材料中的关键材料。我们需要一起看一遍。"

我被指控的具体内容到底是什么，我终于能一探究竟了。48小时之前莉兹交给我的那份起诉书摘要，我读了之后一无所获，上面留给我的问题比答案还要多！我们的通话结束了。我又被押送回牢房，孤身一人待在这里，前景一片渺茫。对我这样一个精力过剩的人来说，这样下去实在难以忍受。我无事可做，为了打发时间，我把怀亚特看守所内部守则读了一遍又一遍，上面事无巨细地详解了一番看守所生活。其中有一章题为"和外界的联系"，写了很多页。我终于明白为什么那位社工最后同意我使用她办公室的电话时美其名曰为"特例"，好像这是个了不起的特权一样。向外界打电话的具体流程似乎是由美国中情局制定的，其中规定：不仅打电话的犯人需要向看守所管理部门的领导上交一张电话号码清单，由他们来决定是否批准，而且那些被批准和犯人联系的人也要在网络平台上注册，先从在美国开设银行账户开始。对外国人而言，这可真是让人头疼。说实话，这套流程走下来，少说也要花两个星期，但看守所不会给予这两个星期的时间。

其他事情也一样！在这座看守所里，一切都需要付钱，甚至包括犯人日常生活的必需品，如香皂、牙膏、牙刷、淋浴时穿的凉鞋和喝水用的塑料杯子！在怀亚特看守所，塑料杯子可是个宝贝，因为在这里能喝到的饮用水只有一种：冰块。直到今天，我仍然想不通这是为什么。为了喝到水，你必须先离开牢房（当你有这个权利时），走向公共大厅，他们提供冰块（免费的），但冰块只有一箱；然后你把冰块放到塑料杯里，塑料杯需要提前向看守所餐厅付费订购。其他任何容器都不允许使用，何况也没有其他容器。当手中的塑料杯里装满了冰块，你就要到房间里仅有的一台开水机那里去，把杯子倒满水。如果没有冰块（经常没有），那就要等着再送一箱新的，每天配送一次。最幸福的事，莫过于你在口渴难耐的时候，终于带着一杯水回到了牢房。原因很简单，这样的融化活动一天中只能在几个特定时间进行。

我很快就发现，那间兼做食堂的公共大厅，是D区生活的核心区域，也是D区唯一的生活区域。饭菜——虽然不配称作"饭菜"——装在一个栗色的、分为4个小格子的塑料盘子里。第一个格子里放两片面包。第二个格子里放绿色蔬菜——但经常是空着的。第三个格子里放主菜—— 一种每天更换、颜色不同的糊糊。糊糊是用什么做的，这无法形容：不仅没有味道，而且没有气味。我们吃的是什么，无从知晓。最后一个格子里装的东西，理论上被称作甜点，但雷打不动的只有一种——糖煮苹果。怀亚特看守所是一座私营看守所，饭菜价格锱铢必较，总价不能超过1美元。所谓私营看守所，就是企业，就意味着它要赢利。这不仅不能让犯人花掉机构的一分钱，而且要让他们给管理看守所的人赚钱。看守所不放过任何一个赚钱的机会。看电视图像是免费的，但听电视声音就得付钱——需要在看守所商店购买收音机和耳机。花钱，永远都在花钱，在美国的看守所里，日子就是这么过的。

公共大厅的墙上挂着3台电视，每个角落里有一台。其中有一台是给黑人准备的，里面精选了《爱与嘻哈：迈阿密》这类令人倒胃口的真人秀，成天播放的是一群用硅胶隆胸的半裸美女。如果你是拉美裔，那就围在另一个屏幕前，那里只播放环球电视台的墨西哥肥皂剧，有时候也有足球赛。还有一台电视是属于白人的，滚动播放着篮球赛、美式橄榄球赛，或者武术格斗节目《勇者无疆》，除此之外每天早上一开始的时候会播放一个小时美国有线电视新闻网的新闻节目。当然，原则上讲，每个人都可以自由地坐在他想看的电视机前，但是那些"雅座"，也就是那些正对着屏幕的座位，要默认预留给"拥有"这台电视的种族群体，他们会理所应当地坐在那里。而且，如果在自己的族群之外看电视，那就不能要求换台。另外，掌管遥控器使用权的是狱警，因为囚犯经常争抢遥控器，而且有时候会很暴力。这间兼作食堂的公共大厅，同样处于3台监控摄像器的全天候监控之下。食堂里那4部壁挂式电话机前，排队等待的队伍永无尽头。通话没有任何隐私，每个人都能听见他人的对话（最长20分钟），更不必说每一次通电话都会被怀亚特看守所监听并录音，之后传给检察官和美国联邦调查局探员。最后要说的是紧挨着公共大厅的公共淋浴间，里面有两个淋浴头是坏的。犯人脚踩人字拖、穿着短裤走进浴室，不仅是为了卫生，也是为了防止性侵害。

欢迎来到怀亚特看守所！

8. 斯坦

"您好，我是斯坦·特沃迪，康涅狄格州前总检察长[①]。"

我的新律师这样介绍自己。他身材高大、头发花白，62岁，带着一抹好莱坞式的微笑，他还有多得数不清的荣誉头衔。这次就对了，阿尔斯通终于给我派来了一位学识渊博、专业而且精干的律师，一个能够应付挑战的人。斯坦为美国一些500强企业做过辩护，还出版过六七本法律专著，这为他赢得了美国"最佳律师"的荣誉。

"我先向您说明，"这是他的开场白，"我供职的戴·皮特尼律师事务所接受了巴顿·博格斯律师事务所的委托，而后者正在为阿尔斯通的行贿案做辩护。我方律所的酬金由贵公司全额支付。"

---

① 美国的总检察长与法国的检察长相当。

我细细咀嚼他的一字一句。坐在旁边的莉兹和他相比，简直如云泥之别，这时候她只有静默和敬仰的份儿。斯坦显露出一种由内而外散发的自信，他语气坚定，用词准确，错综复杂的局面并没有让他迷失方向。之后他继续说：

"您的公司保证支付您的辩护费用。但是如果您被判刑，阿尔斯通则会要求您偿还这笔费用。"

我没听错吧？我是在做梦吗？斯坦继续往下说。他表情沉着冷静，一旁的莉兹一直缄默不语。

"事实上，您极有可能要偿还这笔费用，前提是您决定应诉但是最后辩护失败，或者您决定终止应诉，同意认罪。"

哦，我听明白了。几秒之后我才反应过来，原来我是醒着的，用不着再掐一下自己。我愤怒地说：

"简直可耻，完全不能接受！我做的一切都是以阿尔斯通的名义进行的，我在工作中一直严格遵守一切内部流程。"

"不论您能不能接受，如果需要我们为您辩护，阿尔斯通要求我们必须提前向您说明这些条件！"

难以置信，他们居然如此厚颜无耻。但我又一次幻想着是我自己理解错了。

"您清楚您都跟我说了些什么吗？现在公司正在跟美国当局谈判，他们一定会承认罪名并且就罚款讨价还价。那么对我而言，如果我也走他们那条路，按照您的说法，我就会变成孤身一人，阿尔斯通就会把我丢下不管！这无法解释！"

"皮耶鲁齐先生，这件事情其实可以这么解释，如果您是在一家美国企业供职，那么您应该早就被开除了！"

他居然把我当成罪人一样训斥……不过，斯坦是唯一能把我带出怀亚特看守所的人，所以我放下姿态，压低声调。他拿出一份按照阿尔斯通的要求准备好的文件，递给我一支钢笔，要求我签字。我义正词严地拒绝了。

"我想先跟卡尔谈谈此事，他应该还在美国，让他来怀亚特看守所看我。"

斯坦保证他会向卡尔转达我的要求。尽管我拒绝在文件上签字，他依然继续和我对话。他终于要讲到我最关心的主题：我的保释问题。

"请您明白，皮耶鲁齐先生。自从您被捕以后，对方的要价一直在上涨。时至今日，我和莉兹认为，要想把您带出这里，需要支付的数额会非常大。"

我咽了一下口水，提出了我最关心的问题，也是唯一的问题——我每天都在思考这个问题，这个问题在美国非常重要。

"多少钱？"

"阿尔斯通方面同意支付150万美元，至于您这边，我们认为您提供40万美元保释金就足够了。此外，贵公司还同意租用一套公寓，并且支付两名负责监视您的看守的薪水，防止您逃回法国。"

"看守？24小时不间断地监视我的家人和我？"

"没错。这也是强加给国际货币基金组织前总裁卡恩的释放条件，在对他的犯罪案件进行预审期间，他一直都是以这样的状态待在纽约的。也请您不要抱有幻想，即使法官接受我们的出价，我们也需要一些时间筹足保释金，给您租一套公寓，还要雇用看守，因此，两三周之内您是无法离开这里的。如果一切顺利……"

说什么"如果一切顺利"！这家伙知不知道我在遭受什么样的罪？真是见鬼了，我可是在看守所里，而且是美国最破烂的一座看守所。"两三周"，他的口气好像是在解决一个简单的管理问题、一个微不足道的烦恼，或是一场始料未及的小风波一样。阿尔斯通的管理层呢？谁能相信他们就这样放任一位高管蹲在看守所里而毫无作为？他们肯定不会白白付佣金给斯坦的，斯坦肯定会处于严密的监视之下，就像看护火炉上的牛奶一样。他们给斯坦施压，他们……律师突然打断了我的思绪。"皮耶鲁齐先生，您得明白，我们和阿尔斯通之间没有任何直接的接触，这样做是被禁止的。我们不能和您的上司对话。美国司法部担心贵公司会向您施加压力。我们只能和巴顿·博格斯律所的同行交换意见，他们为贵公司的利益辩护，委托我们负责您的辩护。"

我脑海中浮现出的画面，就是我在不停地向下坠落。每次斯坦一张嘴，我脚下的地面就下沉一截。如果他和阿尔斯通一点联系都没有，那他如何为我辩护？我又怎么能弄到那些内部证据和资料来证明我的清白？又有哪个法官能查明，在给阿尔斯通惹来指控的那起行贿案中，我是真的扮演了什么角色，抑或是什么角色都没有扮演？我的律师一定是对形势的复杂程度判断不足。他这么沉醉于自己的律师文凭，但他真得补补课。

"斯坦，"我尽可能心平气和地说，"我被指控的罪名，就是知晓阿尔斯通为了拿下合同而利用中间人的行为。但是，决定雇用中间人的事情跟我没有关系。阿尔斯通有着严格制度化的内部流程，按照流程，需要更高层下达指令。"

"皮耶鲁齐先生，"他很快打断我，"现在讨论这些细节都为时尚早。当下重要的是，尽可能充分地准备您的保释请求。"

"但是，我在此事中只扮演了一个次要角色，我既不是客户，也不是那个找到中间人的人，更不是那个批准去招募中间人的人。如果您不向法官解释清楚这些，那您怎么能为我的案子做辩护呢？想要招募中间人，需要 13 个人签字，还需要 3 位最终签署人中的两个人签字，再直接呈交给阿尔斯通的首席执行官柏珂龙。我们公司必须把这些文件交给您，尤其是关于塔拉罕项目中雇用中间人的那些文件。从今天起，您就应该去讨要这些文件。"

就在我继续向斯坦解释公司的几位领导中起决定性作用的是哪一位，也就是在首席执行官柏珂龙直接领导下的那一位（他的直接下属）时，我发现他一个字也没记。他只是看着我，表情越来越无奈。我甚至感觉到，他简直把我当成了一个蠢货！

最后我闭上了嘴，样子非常尴尬。接下来大家沉默了很久，我们互相凝视着彼此，终于……我恍然大悟，律师把我当作蠢货情有可原。我怎么能有一丝一毫的妄想，认为阿尔斯通会把集团内部广泛采用的行贿系统的证据交给美国检方呢？当然，这些证据会证明我确实没有什么责任。但与之对应的是，这些证据会迫使集团——从集团的几位最高层领导开始算起——自我指控、自我揭发，承认集团实施的那些合规流程都不过是为了掩人耳目！

我简直傻透了，竟相信阿尔斯通会冒着这样的风险来营救我！从这个角度来看，很明显阿尔斯通什么都不会做。有哪个公司会以招认自己的罪过和承担刑事责任的自我牺牲方式，去营救一个管理人员？在此之前，我还从未以这种角度看待过这些事情。我太天真，或者说是太自负，我不想再用更差的词来形容自己。现在我必须承认，我的处境确实非常危险。而且从今以后，我就是孤军奋战。

我用苍白无力的声音再一次问斯坦：

"您查看过起诉书了吗？收到检察官的其他文书了吗？我最坏能被处以什么样的刑罚？"

"现阶段我们很难回答您的问题。我们和您一样，也只是读了起诉书的摘要。"

"但是那里面没有任何证据证明我有罪。"

"我也愿意同意您的这种观点。确实没有任何直接证据，您没有任何邮件提到可能发生的行贿事件。但是检察官会给我们送来150万份文件。"

"150万份文件？"

"是的。另外，他们说，他们手上有两个证人能证实您参与了这场犯罪……"

最后，为了能够获得律师的帮助，我在公司交给律师的那份文件上签了字。阿尔斯通强加给我的条件令人愤恨，但是我别无选择。

9. 克拉拉

我突然发现，与斯坦的傲慢和自负相比，莉兹那股漫不经心的"菜鸟"气息反而就像是蜜一样柔和，她身上还有点儿人情味。她在返回办公室时，建议（尽管这种行为通常是被禁止的）在怀亚特看守所的我和在新加坡的克拉拉通一次电话。我终于能和我妻子通话，能听到她的声音了。这一刻我既期待又忐忑。莉兹还特意向我说明，昨天晚上她已经跟我妻子讲了我被逮捕的事情，那时已经确定我的保释审判要延期48小时。

"因为有时差，我给远在新加坡的克拉拉打电话时，她刚刚到办公室……当然，这对她来说是个很大的打击。但是您希望我能以最快的速度告诉她。"

"她是什么反应？"

"刚开始她非常恐惧，以为您遭遇了事故或是心脏病发作了。今天早上她又给我打了几次电话，我向她说明了怎样才能进入怀亚特看守所管理部门授权的人员登记名单，这样她就能跟您通电话了，不过这需要一段时间。"

"不能加急办理吗？"

"不，绝对不可能。"

"那我们什么时候才能开始直接通话？"

"这要视情况而定，有时候要花上 3 天时间。但如果是外国人申请，那很可能时间要更久，可能要一个星期，也可能要两个星期，在此期间可能还会需要重新办理。但是我们无能为力，这就是程序，我们只能照章执行。"

美国人对自己的"程序"非常自负，我在康涅狄格州工作时就注意到了这个名词。美国人钟爱"程序"，他们在工作中很少表现出想象力，取而代之的是，他们耗费大量的时间和精力去遵守"程序"。多棒的制度啊！

我和斯坦、莉兹告了别。4 个小时后，我又能走出牢房拿起看守所的电话了。我拨通莉兹的手机，她很快就帮我转接到了克拉拉那里。

"喂，弗雷德！总算是……"

一听到她的声音，我就感受到了她的疲惫和慌乱，尽管她表现得充满热情。过去的 24 个小时里，尽管她曾经一次又一次地尝试、一遍又一遍地登录怀亚特看守所的网络平台，不断地给看守所打电话，但始终没能成功给我的账户汇款，因为她的银行卡未被识别！这让她非常绝望。不难想象这些天她的生活是什么样子，她还要若无其事地完成那些必须要处理的工作，而我的母亲刚刚到新加坡看望我们全家人，要住上两个星期，还有那4个孩子，克拉拉肯定对他们只字未提，不能让他们无谓地担心。在向她讲述了自己被捕的处境后，我试图尽力让她安心，甚至不惜编造出一个连我自己都不相信的故事：

"被捕后，我很快就和阿尔斯通锅炉分部美国的主管库兰和我们的法务总监卡尔通了电话，他们跟我解释说，阿尔斯通正在和美国司法部协商，而他们肯定会把我这起个人案件作为协商的一部分来对待。明天我就会被释放，事态也就会更明朗，但暂时我们还是需要保密。"

"保密已经不可能了，"克拉拉对我说，"《华尔街日报》发表了一篇文章，内容是关于你在肯尼迪国际机场被逮捕的消息。《世界报》也就这件事做了简短的报道。但是你别担心，没人注意这些。你母亲和父亲也没有看到这些消息，阿尔斯通那边也没有人联系我。"

"嗯，那就默默祈祷吧，之后别再有什么风声了，我可不想在一个无比沉重的氛围里重新开始工作！孩子们呢，都还好吗？"

"目前他们还毫不知情。昨天，加布里埃拉和拉斐拉为了迎接奶奶的到来，准备了一个节目，两个人都打扮成了公主，拉斐拉扮作睡美人，加布里埃拉扮作灰姑娘。蕾娅和皮埃尔演奏了吉他。你母亲特别高兴，我看还是什么都不要对她说为好。刚才我还跟她说，你到美国出差的时间可能要比预期长一些。"

"好，那暂且这样吧。"

"弗雷德……"

"嗯？"

"我在网上查了有关美国《反海外腐败法》的案件资料，这次事件确实非常严重。我发现，这部法律允许美国政府随意逮捕一个公司的任何一名员工，不论他在这个世界的哪个角落，不论什么时候。而且他们可以把这个人投入监狱，刑期会非常长。"

"你说得有点儿夸张吧？"

"没有，弗雷德。我不愿意让你不安，但是美国当局认为，哪怕只是和美国有一丝关联，比如在美国证券交易所上市、使用美元交易、使用美国的邮箱，都能成为美国采取行动的理由。这听起来有些疯狂，但这种事情经常发生。另外，阿尔斯通绝非法国第一家受到行贿指控的公司。我查了一下，这种事情在道达尔、阿尔卡特和德希尼布等公司都发生过。而且，还有 10 多家欧洲大公司也遭到了指控。"

"有像我这样的管理人员被指控吗？"

"有，好像阿尔卡特的案子里就有。而且，在一次针对西门子的调查中，美国联邦调查局也对这家德国公司的高层下了国际逮捕令。我觉得……"

我感到克拉拉在读过这些内容后非常担心，同时也很犹豫要不要全都告诉我，她一定不想让我再平添一丝一毫的不安。

"你觉得什么？"

"你是了解美国人的，当事情牵扯到他们的利益时，他们可不会来什么先礼后兵，还有……"

"继续说吧，我还是想让你告诉我真相。"

"好吧。就算他们允许保释，我也在想他们是不是还会强行要求你留在美国。"

我不知道该如何回答她。我该怎样安慰自己的妻子，说自己的生活可能正在发生剧变？我完全看不出，眼前这一切会怎样结束。对于我这种喜欢先搞清问题的原因再做决定的人来说，我眼前一片漆黑。但是克拉拉想得比我长远。

"弗雷德，如果需要的话，我们会尽快去美国找你。我们一辈子都在搬家，再搬一次……你别担心，如果有需要，我会带着孩子一起去。你很清楚，他们已经习惯了这种四海为家的生活。所以千万别担心这些。我会和你一直在一起。"

她的决心让我惊讶不已。克拉拉很有智慧，能迅速把自己置身于未来。但目前来看，那个未来，只能是那场预计明天开庭的听证会，那时将会第二次处理我的保释请求。在那之前，我的结局难料，只能听命于美国司法部，希望他们的"程序"能大发善心。

10. 第二次开庭

这一次，狱警没有忘记我。凌晨 4 点整，两名狱警冲进了我的牢房，把我弄醒。我又遭受了一轮搜身，之后被人用链子从头到脚拴了起来，就像第一次被押解到怀亚特看守所时那样。走出牢房后，他们把我塞进一辆装甲卡车，朝纽黑文法院驶去，车程 3 个小时。距离开庭还有几分钟，我获准和两位辩护律师——莉兹和斯坦会面。

再一次见到他们时，这两个人似乎都有些萎靡不振。他们告诉我，他们刚刚和检察官诺维克讨论了几分钟。

"他表现得很顽固，毫不妥协，"斯坦向我吐露实情，"他对我们准备支付的保释金金额不感兴趣，并下定决心向法庭请求将您继续收押。我想，他仍然对贵公司拒绝合作耿耿于怀，他们觉得，这些年来阿尔斯通根本没有把他们放在眼里。"

我感觉自己在不断坠落，好像永远都触不到底。因为此时此刻，我发现，从斯坦和我多次沟通的内容中得出的结论是，3年多前，美国司法部就启动了第一轮调查。也就是说，调查自2009年底就在进行了！但卡尔有意不告诉我这个时间点。这时，我也明白了为什么美国司法部要用如此的攻势对待我：他们要我为阿尔斯通两面三刀的行为付出沉重的代价。

事实上，美国人刚启动调查就通知了阿尔斯通，并要求阿尔斯通予以配合。美国司法部的常规做法是，向所有即将接受调查的企业提出建议：签署一份《推迟起诉协议》。为此，企业必须同意自证其罪，披露其所有行动，必要时还要揭发自己的雇员。企业还须承诺建立起一套内部反腐败机制，并且接受"督察"——一位连续3年向美国司法部做汇报的监督员——的存在。如果能遵守这些条件，那么法官就会和企业达成协议，结局通常是罚款。一般情况下，同意这些要求后不会再有管理人员被捕（尽管从理论上讲，这种协议并不会终结针对个人的起诉）。在阿尔斯通事发之前，另外两家法国企业——道达尔和德希尼布，正是按照这种方式分别于2013年和2010年支付了3.98亿美元和3.38亿美元的罚款。但是阿尔斯通，更准确地说是柏珂龙想奉陪到底。正如我之后发现的那样：阿尔斯通使美国司法部相信它会合作，但在现实操作中却阳奉阴违。当美国司法部发觉被愚弄时，检察官气得发疯，于是他们决定改变策略，由警告变为猛烈进攻。

这才是出其不意将我逮捕的"真正原因"！现在，美国司法部想要向阿尔斯通证明，谁才是更强势的那一方，以此逼迫阿尔斯通认罪。我中了这肮脏的圈套，成为柏珂龙阴谋的牺牲品，沦为美国司法部的"人质"。很快，我就能从诺维克口中证实这一切。当主持庭审的评审团主席琼·G.马格里斯法官请诺维克发言时，诺维克直截了当地揭开了他为何向阿尔斯通宣战的内幕。

"该公司在承诺合作后，多次滥用美国司法部的信任！阿尔斯通本应协助我方进行调查，但事实上却行动怠慢、避重就轻，其态度模棱两可。我还想提醒法官注意，经济合作与发展组织最近也提到了法国政府对此事的态度：在长达几年的时间里，尽管阿尔斯通这家跨国公司受到了包括瑞士、英国、意大利和美国在内的多个国家政府的行贿指控，但法国政府仍未对其采取任何行动。"

他毫不迟疑地继续说道：

"我方掌握了所有证据，其中大量文件披露了这些同谋是如何商讨收买印度尼西亚议员的。我方还掌握了银行出具的证明，还有证人，这些证人已经做好了出庭做证的准备。"

我心中再次产生了疑问：美国司法部是如何找到这些材料的？庭审开始之前，在我和斯坦、莉兹交谈的时候，他们就告诉了我这场斗争的底细。对我来说，这的确是沉重的一击。刚开始时我不相信他们，觉得人为操纵的痕迹太明显，就像是电影剧本。"不，"我告诉自己，"这样的故事只能在电影里看到。"但是我错了。现在来看，这的确是现实。为了取得指控阿尔斯通的证据，美国司法部运用了多种手段，其中之一就是依靠"卧底"，那是一名安插在公司核心部门、与调查人员全方位合作的眼线。多年来，他一直在上衣里藏着一支录音笔，录下和同事之间的大量对话。他就像一只鼹鼠，藏在公司内部，为美国联邦调查局所用。这名年近 65 岁的职员为何会同意充当这样的角色？美国联邦调查局和美国司法部给他施加了怎样的压力，才使他变成一名"叛徒"？是以长年监禁相要挟吗？我没有时间深思，诺维克检察官现在开始讨论我的案情。他的陈述直截了当，在他看来，阿尔斯通是他职业生涯里遇到的一家最庞大的腐败企业，而我正是其中的主谋之一。

"弗雷德里克·皮耶鲁齐是阿尔斯通的管理人员，级别很高。这些年来，阿尔斯通领导层一直对其委以重任。今日，阿尔斯通向您提议支付 150 万美元的保释金，以求将其释放。然而，该公司本身就涉嫌参与此次行贿事件。尽管并未被正式起诉，但该公司仍然是该事件的'共谋者'之一。因此，本检察官产生如下疑问：一位'共谋者'是否有资格成为保释条例中的担保人？此外，我们尚不确定此案未来的发展态势。倘若有一天，阿尔斯通和弗雷德里克·皮耶鲁齐的利益发生分歧，那时会发生什么？倘若皮耶鲁齐先生决定认罪，那又会发生什么？阿尔斯通会如何回应？到时由谁来担任保释金的担保人？请您不要忘记，佩戴电子手铐并不能提供十足的保障，弗雷德里克·皮耶鲁齐随时可以切断电源后逃跑。至于阿尔斯通承诺支付酬金给那些看守，一旦公司突然决定不再付钱，那又该做何处理？两年前，美国司法部曾批准在一名法国侨民——卡恩先生的公寓周围部署看守，但那和今天此案的情况完全不同。卡恩一案中，法官同意了判决主文，指控内容不可靠，指控卡恩的主要证人的证言失去了效力。但此案与之前的情形截然相反——案情确凿可靠。最后，请法官大人注意，法国不会引渡其公民。倘若将弗雷德里克·皮耶鲁齐释放，我们将永远不可能再找到他！此人心中十分清楚，留在美国，他将面临重刑——终身监禁。"

终身监禁？我转过身去看我的律师。斯坦把头扭到一边，莉兹同样没有勇气正视我的目光——她宁可把头埋在笔录里。我有可能被判终身监禁。终身监禁！我现在才45岁，而接下来的30~40年，我可能都要在牢狱中度过！我被关押在怀亚特看守所才5天就受不了了。我甚至怀疑自己还能不能在这场噩梦里再坚持几个小时。而今，我可能要困在这不见天日的地方，直至生命的最后一刻？这一切都是为什么？就因为我作为阿尔斯通的一名中层管理人员，10年前曾批准雇用一位不知姓甚名谁的中间人，而他有可能为了帮助公司拿下合同而行贿？但是，我既没有欺骗谁，又没有伤害谁，更没有接受一分钱的回扣。我没有得到任何好处。更何况，这一切都是严格遵守阿尔斯通内部流程进行的。终身监禁！这简直不可思议。绝对是敲诈。检察官想对我施压，想演戏来威胁恐吓我。这还不够，他坐下的时候，表情和我的两位律师截然相反，他双眼直视我，完全不像是在开玩笑或者虚张声势。但如果他说的是真的呢？那么我是真的有可能在监狱里终了此生吗？

我呆若木鸡，以至于在莉兹开始陈述要求释放我的文书时，我几乎都没怎么听进去。我隐隐约约能听到她的声音，就像是雾里看花，她在努力证明指控程序存在问题。据她说，我受到指控的事项已经失去了法律时效，超过了美国《反海外腐败法》的 5 年起诉时效。那些事是 2003—2004 年做的，而对我的控告则始于 2012 年 11 月。为什么她要纠缠这条法律依据？为什么不直接告诉法庭真相？直接向法庭说明我受到了毫无法律依据的不公正待遇，这难道很难吗？罗斯柴尔德承认了罪行就没有被关进监狱，而且要求其支付的保释金才 5 万美元，这和我为了被释放而被要求支付的保释金简直无法相比。此外，诺维克检察官把我当作他和柏珂龙较量过程中向柏珂龙施压的手段，这种行为能被接受吗？他毫不掩饰：我就是他手里的"人质"！在他和阿尔斯通下的这盘棋里，我就是他的小卒。难道这就是正义？

马格里斯法官退庭商议了一会儿。当她回到法庭时，我立刻明白，诉讼辩论结束了。

"对本法庭而言，本案非比寻常，"她开始唱高调，"本法庭通常受理的都是低收入家庭的请求，其保释金额不超过 1 500 美元，这往往就是他们一生的积蓄。而在本案中，辩方请求支付的保释金超过了 100 万美元，但在我看来，这并不够。除了阿尔斯通支付的 150 万美元和被告支付的 40 万美元之外，我希望还能有一位美国公民承诺将其房产作为保释金的一部分。如果你们能带着这份承诺来见我，那么我将同意重新审查你们的保释请求。"

很明显，马格里斯法官并不信任阿尔斯通，也不信任我。为了让她转变观念，她需要一份来自美国公民的保证。相反，诺维克检察官则轻而易举地说服了她。他大踏步地走出庭审大厅，腰板挺得像根木桩，脸上洋溢着扬扬自得的神情。

　　我彻底崩溃了。我难以抑制对这两位律师的愤怒。阿尔斯通提出的那笔天价保释金就是一个错误的策略，这个策略对我反而不利。我给予了他们充分的信任——除此之外我还能怎样做呢？但是我错了。斯坦这样一位经验丰富的律师，本身又是康涅狄格州前总检察长，怎么会看不出我和公司之间的利益冲突会带来的巨大风险，又怎么会预料不到诺维克和主审法官的反应？我开始严重怀疑：他到底是在为谁效力？庭审结束时我还发现，斯坦的一位在巴顿·博格斯律所的同行（负责为阿尔斯通辩护）作为观察员出席了庭审。他窥视着我的一举一动。我的公司可以放心：我什么都没说。然而，由此得到的信息却很明确：我处于被监视之中，被钳制在阿尔斯通和美国司法部之间，被一名并非由我挑选的律师控制着。

11. 监禁 125 年

我曾以为自己再也不会见到这些高墙了，但我不得不面对现实，我又回到了怀亚特看守所的那间牢房。我将在这里再被关几天甚至几周，直到能够提出新的保释申请——第三次申请。

在看守所里，每个小时都漫长得没有尽头。我一直没有听到阿尔斯通的消息。斯坦告诉我，法务总监卡尔确实来过华盛顿，与美国司法部进行过谈判。他刚好是在我被捕的 24 小时后抵达的，他却丝毫不担心美国联邦调查局，这让我感到惊讶不已，因为这位科班出身的律师 10 多年来一直担任公司内的要职，他了解公司的所有部门。2004 年，他成为电力部门的法务副主管，1年后被任命为诉讼主管，2011 年再度晋升，领导集团的法律事务。他熟悉公司的所有商业"做法"，比任何人都更清楚阿尔斯通是怎样招募中间人，并且是如何付钱给他们的。为什么调查人员没有逮捕他？他们能从他身上了解到的一定比从我身上了解到的内容多。为什么他们单单瞄上了我？这在我看来非常难以理解。

我还是希望卡尔能趁着在美国谈判的机会到怀亚特看守所探望我，但是他没有给我任何消息，我也无法与公司其他领导取得联系。商业界和工业界人士可不是天真的 3 岁小孩。我虽然清楚这一点，但是仍然感到深深的厌恶。转眼之间，我就成了公司里的害群之马。进入看守所以后，再也没有人与我来往，我就像是一个鼠疫患者，人们唯恐避之不及。从普通同事到领导层，我与他们朝夕相处 20 年，此刻能否给我一些同情？但是，埋怨他人又有何用？眼下还有很多更要紧的事。

这个星期，斯坦和莉兹再一次来看我。我们一起在我的美国朋友以及和我有工作往来的美国人中间，寻找愿意抵押房产帮我离开看守所的人。

"按照您提供给我的建议，"斯坦向我报告说，"我问过美国阿尔斯通锅炉部门主管库兰，也恳求过销售部门副总裁伊莱亚斯·戈登，但他俩都回绝了。他们给我的回答完全相同：为了取悦本案负责有条件释放的法官，您应该向阿尔斯通寻求帮助，而不是他们。"

"平心而论，我理解他们，"我向斯坦表明观点，"就算是我自己，也不一定会承担这样的风险。"

"您在美国有亲朋好友吗？"

"很少。我们已经离开美国 7 年了，在当地没有家人。虽然我和几个人还保持着联系，但是我们的关系没有那么亲密。不过，克拉拉和很多人都保持来往，而我们最大的希望就是她的一位挚友——琳达。我们等待着包括琳达在内的各方面的回复。另外，如果我们提议将我们在法国的房产作为担保呢？"

"不行，法官会驳回的，过去美国司法部就曾因为查封贵国境内的财产吃尽了苦头。"

我感觉自己仿佛又继续坠向一条深不见底、内壁光滑的隧道里，没有什么能把我接住。我隐隐约约想到一种解决方案，这种方案却随即消失不见。我早就知道斯坦会告诉我什么，只是他的说法太过直白。

"眼下您暂且留在看守所里，"他说道，"今天早上，我们在律所收到了关于您上诉日期的首份提议，日期是 2013 年 6 月 26日，也就是两个月之后。"

我依然试图在那条隧道的墙壁上找到一处把手：

"但如果阿尔斯通把我的案件纳入和美国司法部的协议之中，那么形势就会有所改变，对不对？"

"我担心很可能并不会改变，"斯坦反驳我说，"这是两起不同的诉讼。美国司法部可以起诉一名法人，也可以和它达成协议，但是这并不妨碍司法部对您个人提起诉讼。"

"我明白。但无论如何，他们依然有可能把我的案子纳入协议当中。"

"理论上来讲可以。但是一旦您被收监，这样做的困难就会更大，眼下您的情况就是这样。我相信阿尔斯通不会这样做，因为他们的律师会忙于说服对手，使应付罚款数额降到最低，尤其是要保护尚未被起诉的其他管理人员。"

"那我呢，我能和他们谈条件吗？"

"能，您可以认罪。"

"我的意思是协商罚款金额以将我释放。"

"不，您只能认罪，之后由法官来决定您是否被判入狱。"

"那如果我和罗斯柴尔德一样认罪，我将面临5年的监禁？"

眼看着就到隧道尽头了，这可真是一条长隧道啊，但总该在某处结束吧，会不会是在这里呢？完了，即便是个让人不太舒服的出路，按照斯坦的意思，这个出路对我来说也是行不通的。

"不幸的是，"他向我解释说，"您的情况比罗斯柴尔德的情况更为棘手。请您明白，美国联邦调查局最先调查了罗斯柴尔德，之后他便立即同意合作，因而获得了谈判的最有利条件。而您是第二个，所以对于他们的调查，您能提供的帮助可能非常有限，而且您当时没有立即同意诺维克检察官开出的条件。"

交易！条件！协商！自从我们开始讨论目前的情况，斯坦和莉兹对我就只讲协商，而不依据事实和证据进行判断。就像地毯商之间的交谈，不过这回不是地毯，而是我！好吧，既然他们想这样做，那就做吧。就像人们说的那样，现实一点吧，不奢求正义和真理了！跟他们协商吧！按照他们的思维方式去思考，努力去尝试。我深深地吸了一口气。

"好，斯坦，如果您愿意，那就让我们重新开始。我可能面临的刑罚是什么？诺维克威胁我说是终身监禁。我想他这样说是为了吓唬人，这话不是真的吧？"

"啊，"斯坦说，"从理论上讲，这和事实也相差不多。您因10项罪名而受到起诉。第一项罪名是您策划违犯美国《反海外腐败法》。简而言之，这项罪名是指您涉嫌伙同其他高管密谋贿赂一名印度尼西亚议员，目的是签下塔拉罕项目的合同，而该议员隶属于雅加达议会下属的能源委员会。这项罪名应判处5年监禁。然而，检察官们手中的证据表明，前后共有4笔款项相继支付给了这名议员的一位亲属。因此除了第一项密谋罪之外，您还因这4笔汇款受到指控，每一笔汇款都要被认作一项附加的控罪。这样，您可能会被判处5次5年监禁，总共25年。除此之外，您还有第二条主罪——密谋洗钱罪。一场以将黑钱洗白为目的的密谋。这项洗钱罪应被判处20年监禁，而考虑到已被证实的钱款总额，监禁年数还要再乘以5。因此，您将为洗钱罪面临100年的监禁，连同行贿罪的25年监禁。最终——而且是理论上的'最终'——我们可以得出，总监禁时间是125年。"

这已经不再是隧道，这简直就是深渊。我差点儿笑出声来，但我依然据理力争：

"斯坦，等一下，这简直太荒唐了。涉案的仅仅是一份中间人合同！基于同一件事，检察官怎么可能针对美国《反海外腐败法》和洗钱行为提出10项指控？"

"美国的司法体系就是这样运作的，皮耶鲁齐先生。我们和欧洲对洗钱的定义不同。在美国，只要有一笔金钱交易违法，美国司法部就会认定同样存在洗钱行为。"

"这太令人震惊了！我需要您提供更多关于美国《反海外腐

败法》及其判例的材料。"

斯坦僵住了，好像我对他进行了人身攻击一样。

"我认为现在不是讨论这个的时候，"他斩钉截铁地说，"我们最好先协商您的案子，对吧？"

万变不离其宗，谈条件，达成交易。我了解过，在文章中读到过，也从别人那里听说过：美国司法体系就是一个大市场。但只有亲身经历过这些，才能明白这句话的内涵。现在我很疑惑，是不是律师、法官和检察官都拴在同一条"商业链"上。斯坦在为谁效力？怎么会搞出这样一个让人感觉如世界末日般的计算表格？ 125 年的监禁！他难道也想通过恐吓使我屈服？我生气地问他：

"就像您说的，既然要协商，我就有必要更加深入地了解检察官指控我的内容。他呈交的证据是什么？与我相关的罪证又是什么？我被关在看守所里已经超过了一周，但您没有给我带来任何实质性的内容！"

这次轮到莉兹向我发火：

"对您进行控告的起诉书一共有 72 页，非常详细。让我们开始读吧！开始工作！"

12. 起诉书

针对我的这份起诉书标题简明扼要：美利坚合众国诉弗雷德里克·皮耶鲁齐。多么程式化的标题啊！仅仅是这个标题就已经让我反胃。起诉书共分 91 节，外加 40 多页附录，附录的主要内容是我在康涅狄格州温莎镇工作时收发的电子邮件副本，检察官引用了其中的 20 多封。其中第一封邮件要追溯到 11 年前，时间是 2002 年 2 月。21 世纪初，我还记得那时公司的员工正承受着巨大的压力。我们只有一项使命：将阿尔斯通从破产中拯救出来。所以我们被总部强力"动员"了一番，要求我们必须在所有的招标项目中全力以赴、拼搏到底！我们的口号就是"不看过程，只看结果"。正是在这种情况下，我们开始在印度尼西亚塔拉罕项目中投标，准备建造两台 100 兆瓦的锅炉，总金额为 1.18 亿美元。从阿尔斯通的规模来看，这是一笔非常小的生意，但在那段困难时期，这是我们能够拿下的为数不多的几笔生意之一。于是，这笔生意很快就具备了极高的战略意义，被总部划定为"最优先级"。

然而，我们仍有许多担忧，其中一点便是，这个项目位于印度尼西亚，当时当地的营商环境比较差，腐败问题严重。尽管1998年苏哈托政权倒台后，这一情况略有好转，但1998年之前在美国政府一手扶持的独裁者的"统治"下，公司将合同金额的15%甚至20%作为佣金，支付给与苏哈托家族有关系的中间人，这种行为再正常不过了。然而，众所周知的是，无论是否处于苏哈托时代，不行贿就不可能在雅加达谈成生意。

但是，我们清楚自己确有胜算。实际上，在苏哈托统治时代，印度尼西亚境内的项目主要都发包给了美国公司和日本公司。就锅炉领域而言，两大美国巨头垄断了整个市场：一家是巴威公司，另一家是燃烧工程公司——阿尔斯通刚刚通过ABB收购的美国子公司。

因此，在塔拉罕项目的招标竞争中，阿尔斯通处于有利地位。此外，印度尼西亚国家电力公司（其在印度尼西亚的地位相当于法国电力集团）已经选择了一种和我们公司的锅炉产品档次相匹配的技术：循环流化床技术，又称清洁煤炭技术。这一技术能使劣质煤在燃烧时，清除大部分污染物。而在这一尖端技术领域中，阿尔斯通正是世界两大领跑者之一，另一家竞争对手则是美国的福斯特惠勒公司。简而言之，竞标开局很好。接下来的进展是这样的。

2002年8月的一天，温莎的一位销售代表罗斯柴尔德联系我。

他请求我批准雇用一位中间人，以帮助我们签下合同。印度尼西亚是他们传统意义上的大份额市场，因此我想温莎的部门应该知道如何在这一敏感地区开展工作。8月28日，我通过邮件回复了他。如今我发现，这封邮件被逐字逐句地誊抄在检察官撰写的起诉书上（起诉书附录43）："请继续推进。另外，请将我可以正式批准的关键资料发给我。"对于邮件的内容，我记得非常清楚。而且我还能想起，在写完这封邮件后我仍心存疑虑，便在办公室给罗斯柴尔德打电话，询问我们准备雇用的这位中间人的信息，希望了解更多详细情况。罗斯柴尔德以一种再正常不过的口吻告诉我，这个中间人就是在印度尼西亚议会能源委员会任职的埃米尔·穆伊斯议员的儿子。当时，负责监管贿赂外国公职人员的美国《反海外腐败法》并未使我的美国同事感到太多顾虑，尽管这部法律自1977年起就在美国生效。之所以这样，是因为截至2002年，这部法律很少在美国境内执行（几年才执行一次）。因此，25年来，燃烧工程公司和美国境内发电领域内的任何其他竞争对手，没有一家公司因为这部法律担心过。

就我而言，当时尽管我对这些法律机制知之甚少，但我仍然觉得向一位议员的儿子支付佣金是一种卑劣的手段。因此，我立刻命令罗斯柴尔德中止雇用这位中间人。我明白自己必须谨慎行事，因为这位中间人是雷扎·莫纳夫挑选的。莫纳夫是一个关键人物，他领导着雅加达的锅炉部门，掌控着阿尔斯通在印度尼西亚的国际关系部。但是，罗斯柴尔德还是听从并且执行了我的命令。

此外，检察官还提到罗斯柴尔德随后发送的邮件（起诉书附录 44）："不要最终敲定任何事情。我跟皮耶鲁齐讲过此事，我们很担心这位政客。"我当时料定，就这样中止此次审批流程，很可能会为自己树敌，但我没想到会严重到如今这种程度。后来我才了解到，我的回绝阻止了几名利益相关者收受回扣，而正是他们使我日后付出了沉重的代价。

又过了几天，2002 年 9 月初，罗斯柴尔德告诉我说，莫纳夫又找到了一位名叫俾路斯·谢拉菲的新中间人。他是伊朗裔美国人，在华盛顿定居。但过去数年里，他半数时间都在印度尼西亚度过，经营自己的生意，据说他的个人通信录像黄页电话簿一样厚。我还了解到，在印度尼西亚的其他几个项目中，谢拉菲已经为 ABB 担任过中间人。这些事是罗斯柴尔德向我保证的。他将这位新任中间人描述成一个手段高明的说客，不会采取行贿手段。对此，我自然是满腹疑虑，但也很难对温莎的前 ABB 同事再次提出反对意见。不管怎么说，调查中间人是否清廉正直，原本就是巴黎总部合规部门的任务，我的职责仅仅是把中间人的费用纳入总销售额之中，其余的事情不归我负责。

又过了几个月，我们未来的中间人谢拉菲在阿尔斯通巴黎总部受到接见，和他一起受到接见的人是穆伊斯，那位在印度尼西亚议会负责能源事业的议员。借此机会，谢拉菲还被引见给劳伦斯·霍斯金斯（柏珂龙以下的第二级管理层）——阿尔斯通国际关系部亚洲分部高级副总裁。随后，谢拉菲还将会见合规部门的负责人。公司甚至还在考虑，有朝一日凭借他的帮助再签下印度尼西亚的第二份合同。总而言之，巴黎之行结束后，合规部门和霍斯金斯批准了雇用谢拉菲作为塔拉罕项目的中间人。我的上司们似乎对这位中间人给出的保证非常满意。我还有什么可怀疑的呢？

谢拉菲的任务非常简单：组织同客户、政客、财政专家以及顾问工程师之间的会谈，向他们夸赞本公司标书的卓越之处。简而言之，就是一名说客的常规工作。他的酬劳定为总销售额的3%，这也是这类服务的常规报酬比例。

接下来的几个月里，谢拉菲正式投入工作。在这个项目中，阿尔斯通和丸红株式会社组成联合体，比例各占50%（丸红株式会社也批准了雇用谢拉菲做中间人），共同与一家美国大企业竞争。刚开始时，一切似乎都进展得极为顺利。据了解，我们的标书定价最低，技术评估最优。很明显，我们占有绝对优势，这份合同已是囊中之物。然而我们也明白，战胜美国公司一直都很困难，尤其是在印度尼西亚这个很大程度上由美国支配的国家。因此，我同谢拉菲和莫纳夫一同拜会了美国驻雅加达大使馆，以求捍卫公司的利益，同时试图平息美国"巨人"的怒火。

对于下面的事，我不用找借口为自己开脱，因为2003年夏天，这条消息还不为人所知。但是出人意料的事情发生了，形势突然倒向对美国公司有利的一面。很明显，通过向关键人物行贿，或者只是承诺向其行贿，美方中间人"扭转"了印度尼西亚国家电力公司评估团队的意见。我们面临着丢标的危险，日方合伙人也做出了同样的判断。于是，丸红株式会社的总裁直接联系柏珂龙，向其表达对塔拉罕项目的担忧。在巴黎，合同谈判将会失败的预测引起舆论一片哗然。我很快收到了帕尤纳斯的命令，要求我火速赶往印度尼西亚，尽可能减少损失。总部也委派霍斯金斯亲赴现场。我背负着巨大压力，命令同事们尽一切努力扭转局面。在无数封邮件中，有一封邮件今天被检察官拿来指控我，此邮件将当时恐慌的气氛展露无遗（起诉书附录55）。2003年9月16日，我给威廉·彭波尼写道："周五我们一起讨论这件事的时候，您还对我说一切尽在掌控之中，可是现在我突然得知，我们公司变成了备选！明天发给我一份补救方案。我们绝对不能失去这个项目！"

2003年9月末，公司在雅加达婆罗浮屠酒店召开了一次危机公关会议。会上，丸红株式会社向我们证实（正如我之前强烈怀疑的那样），我们的美国对手已经承诺向评估委员会中的多名成员，以及印度尼西亚国家电力公司的领导支付贿金。阿尔斯通国际关系部也得出了相同的结论，并且同日本公司达成了协议，雇用一位新的中间人——一个叫阿兹曼的人。我不认识阿兹曼，也从未见过他，但是在另一份印度尼西亚的合同淡水河口二期项目中，国际关系部和他合作过。而我主要负责的工作就是确保雇用这位新中间人不会超出我们的预算。我们最终决定，将第一位中间人谢拉菲的报酬比例降低：他领取的佣金不超过销售额的1%，也就是大约60万美元；剩余的2%则许诺给阿兹曼。然而，这说起来容易做起来难，留给我们行动的时间已经不多了。霍斯金斯立即请示巴黎总部，总部在24小时内便给他开了绿灯。2003年9月，阿兹曼登上舞台，很快便大获全胜。2004年，我们最终成功拿下了这个项目。然而，雇用两名中间人，需要阿尔斯通的领导层开设两条平行的资金流通渠道：美国的温莎总部负责支付酬金给谢拉菲，阿尔斯通的瑞士子公司则负责支付酬金给阿兹曼。为了证明阿兹曼所获酬金正当合法，阿尔斯通瑞士子公司还要提供"伪造的服务证明"。协助开具这份文件的人，正是阿尔斯通瑞士子公司合规部门的职员。

2004 年 5 月 24 日，塔拉罕合同最终签署前夕，印度尼西亚国家电力公司的总裁艾迪·维迪奥诺接受邀请来到巴黎，走上了阿尔斯通总部的红地毯。为了迎接这位总裁，柏珂龙召集了自己的所有幕僚。我与集团其他高层共同参加了招待仪式后的午餐会。集团上下都十分清楚，阿尔斯通为了取得这块未来的市场，都开出了什么条件。2004 年 6 月 26 日将最终签字。

我此后再也没有追踪过这件事的进展。我只知道，直到2009 年，谢拉菲才收到最后一部分酬劳。而我在 2006 年中期就被调回了法国。

如今，检察官指控我是这起行贿案件中的"共谋"之一。然而，正如我向斯坦和莉兹两位律师极力重申的那样：

"在这起事件中，我没有获得一点儿个人利益，没有获得一分钱'回扣'。更何况在起诉书中，检察官们也确认了这一点。如果他们有任何疑问，就会写在起诉书里。我只是完成了我的工作！完成了柏珂龙等上司当时下达给我的命令！所以为什么要把我关进监狱？而且为什么是我而不是其他人？"

"您说得对，"但是斯坦反驳我说，"但您很清楚您违犯了法律。或者说，您至少知道自己所处的位置是灰色地带，对吧？"

"当然，"我没有否认，"但是在 21 世纪初，我没有听说过在法国任何一家大型企业里担任和我类似职位的任何一个人因有过这种商业行为而受到谴责。"

两位美国律师一副事不关己的表情让我非常愤怒。很明显，事到如今，他们拒绝继续和我站在一起。他们不听我说话，或者说装作听不懂我说话。随后，斯坦向我传达了一条消息，击溃了我心中仅存的一点希望：

"还有最后一点需要您了解。除了邮件和对话内容，检察官手里还掌握着许多证词。"

"斯坦，这点我知道，是罗斯柴尔德的证词……"

"不只是他的，谢拉菲，也就是项目中的第一位中间人也说了很多，他肯定都交代了。美国联邦调查局在处理了一件逃税案之后，紧接着就审问了他。他为了躲避长达数年的监禁，与调查人员达成了合作。为了换取彻底的豁免权，他交代了塔拉罕一案的实情。因此，是他揭发了您和其他人。"

13. 一切都能适应，看守所也一样

被关押后，这是我第一次早起时不像以往那样疲惫——因为我终于能成功入睡了。我的两位狱友，信用卡造假犯赵和毒品贩梅森，都能证明我一整晚都在打呼噜！

"法国佬，你瞧，"他俩开心地说，"我们早就跟你说过，一个人最终什么都能适应，就算看守所也是一样！"

刚说完这句话，就传来了狱警拍打房门的声音，仿佛特意为了证明刚才他们说的话是错的——不，我没有适应看守所的生活，尤其是适应不了怀亚特看守所。狱警命令我们迅速离开牢房，站到走廊里去。看守所要进行例行检查。

几秒钟后，十几个佩戴头盔、携带武器，就像我们在电视连续剧中看到的特种兵一样的黑衣人冲进了牢房。陪同他们检查的是看守所所长，以及簇拥着所长的两位助手。所有物品都要检查一遍：床垫、毯子、床单、枕套。所有地方都要检查，就连最隐

蔽的角落也要被搜查，所有东西都被翻了个底朝天。随后，我们一个接一个地被赶进淋浴室，赤身裸体地接受搜身，之后才能返回牢房。紧接着，所有人都被逐一传唤，去和一位"辅导员"（相当于社工）单独谈话：

"皮耶鲁齐先生，"她以十分低沉的语调问我，"我知道您被关在这里的时间不长，但是，您是否察觉到哪里不正常？"

我禁不住神经质般地笑了。她是认真的吗？在怀亚特看守所，所有一切在我看来都不正常！现在狱警正在把牢房翻得底朝天，所以我想，此时此刻并不是向辅导员诉苦的时候，我最好还是保持沉默。她又机械地抛出了几个例行问题：

"您遭受过暴力对待吗？您目击过毒品或药品交易吗？您听到过什么传言吗？您见到过在押人员之间发生人身侵犯的行为吗？"

她是把我当成弱智了吗？她认为我这样一个法国人，一个白领轻罪犯人，置身于一群冷酷无情的重罪犯人中间，还敢打破监狱里的"缄默法则"吗？她是想让我早点儿死吗？这一次，无论如何我都得说，我什么都没看见。然而，我的沉默没有干扰她。她的问题已经问完，任务完成，于是她毫无表情地把我打发走了。下一个目的地：厕所。一名狱警递给我们每人一个小玻璃瓶，我们要向里面排尿，而且是在他的眼皮底下尿。这项测试是为了检查我们是否偷偷服用了毒品。检查结果是阴性！我回到了牢房。咔嚓，门又被关上了，之后一整天门都是这样关着。我们没法用洗手池，也没法用厕所，这实在是太糟糕了。在全面搜查牢房的时候，水源是被切断的，目的是防止犯人把毒品或者其他物品扔进下水道。夜里我们得知，今天例行检查后，有 3 名犯人被关进了小黑牢。

第二天，赵离开了我们。他被转移到加利福尼亚州的一所监狱，并将在那里服完剩余的刑期，这可不是个好消息。现在住在赵床位上的那个年轻的多米尼加人，几个小时里一直无精打采，躺在床垫上，眼睛睁得大大的，目光呆滞。他时不时大喊大叫地说疯话。很明显，他吸食的是高纯度可卡因，脑子已经坏了。这个 11 平方米的牢房里，气氛令人窒息。

幸运的是，克拉拉终于成功地从新加坡向我在看守所的食堂账户汇入了一笔钱，从此以后，我们就能通过电话讨论问题了。我也能向看守所的小卖部发出第一笔订单：牙刷、牙膏、剃须刀、剃须膏、棉签、几件换洗的衣服和内裤。

时间一天一天地过去，我唯一的收获就是服刑隔离期终于结束了。我能够走出牢房，能够去公共大厅，能够使用电话，能够和其他犯人见面，能够去探索怀亚特看守所这个微型社会，去探索这里林林总总的丑恶，还有那偶然一现的人性光辉。有一个叫克里斯的犯人是一名真正的黑帮分子，他的"成绩单"令人震惊：持械抢劫银行 20 余次，定罪也是 20 余次。他 57 岁的人生中，有 26 年是在铁窗内生活！他有两个孩子：儿子 26 岁，但和他从来没有见过面；女儿是他老婆来监狱探视他的时候怀上的。他还有 3 个孙子，但是他不知道他们的长相。他对美国的监狱系统烂熟于心——他已经待过 12 所联邦监狱了。他还有一个苦恼阴魂不散，那就是律师。

"法国佬，"他不停地跟我强调，"永远不要相信你的律师，大部分律师私底下都是为政府卖命的。尤其是永远不要向你的律师认罪，否则他就会强迫你和他做交易，如果你拒绝，他就会向检察官把你兜个底儿掉。还有，要当心其他犯人。犯人里有很多'告密者'，他们听到一点儿风吹草动就会立马去报告，因为这能够减轻他们的刑罚。"

克里斯随时随地都能看穿阴谋！他确信，斯坦身为前总检察长，不会是一位好律师，因为他善于理解美国司法部的意图，并且与之瓜葛太深。克里斯劝我更换辩护人，去找其他律师，比如他自己的律师。

"你不可能找到比他更好的律师了，他可做过'地狱天使'的辩护律师！"

最糟糕的是，我被带进了他的思路，一整天都在考虑是否接受克里斯的建议。在最后一瞬间意识清醒的时候，我决定改变主意。至少我是这样感觉的。日后发生的事情会证明，克里斯说的是对的。我怎么这么倒霉，所有事情的发展都急转直下！

我感到自己被所有人抛弃了，除了我的家人。然而，出乎意料的是，昨天下午我居然接受了一次最为古怪的探视。"皮耶鲁齐！律师探视！"一名狱警喊道。这场和律师的会面，或者说是和集团管理层代表的会面，是在怀亚特看守所的一处单独的房间进行的，这是一种"接触式探视"。与之相反的是"非接触式探视"，那里有一道玻璃幕墙，将对话的双方隔开。穿过13道装甲安全门后，再接受一次全裸搜身，我走进房间，有一位年轻女士等着我：

"我是被法国驻美国波士顿领事馆派来的。原本法国领事想亲自前来与您会面，但是他在最后一刻被其他行程耽搁了。"

这位 L 女士身材纤细，年龄在 40 岁左右，举止优雅。但作为探监者，她看上去非常不自在。很明显，她被这里的环境吓着了，不过换作别人也会这样，或许她天性多愁善感，她居然忘记了谈话的重点。她没有询问我的状况，也没有问能给我提供什么帮助，而是讲起她自己的人生：她最后一次旅居印度尼西亚、在哪里邂逅伟大的爱情、儿子的不幸，甚至还讲到她在一家时尚餐厅点的最后一道菜！我听着她讲故事，听得头昏脑涨，不知道自己是应该勃然大怒，还是一言不发，任凭她在这样的场合下不合时宜地喋喋不休。可是为什么她会来见我？在会面结束前的那一刻，我才清楚了她的来意。她转身准备离开的时候，突然恢复了她的职业面孔：

"皮耶鲁齐先生，最后一件事，请您不要再想着申请将您转送到法国监狱的事情了。在美国司法部宣布审判结束之前，他们是不会放您走的。事实上，美国司法部认为，法国在针对腐败行为的起诉上，实在过于宽松。"

这就是她此次探视的目的。我完全听懂了她的意思。看来我只能独自一人摆脱困境，法国不会采取任何行动。几周后，探视人换成了杰罗姆·亨利——法国驻美国波士顿的副领事。和他的同事 L 女士相反，他看上去无拘无束。这位外交官办事脚踏实地，为人和蔼可亲。在我被拘留的日子里，他曾多次前来看望我，并确保我和家人之间能够保持联系。在我服刑的整个时期，他是少有的几个有能力的声援者之一，尽管他能周旋的余地极为有限。

回到眼下，与 L 女士这段"超现实"的会面结束后，我又回到了牢房。穿过那扇唯一的、狭窄的、枪眼形状的"窗户"，映入眼帘的首先是一道铁栅栏，几米开外是一排铁丝网，再远处又是一道铁栅栏，更远处便是一座山丘，有一只旱獭像雕塑一样卧在山顶上。我静静地观察着它。不知是因为这只旱獭的出现，还是因为那天清晨监狱笼罩在蓝天下，狱警特别准许我走出牢房，开始第一次在庭院里散步。气温 15 摄氏度，天气凉爽，天空一望无际。这是美国东海岸的春日清晨，是我的最爱。我独自一人在院子里漫步，还做了几次投篮动作，差点儿以为自己已经重获自由了。然而，我的脑海中依然充斥着无数个问题：我的父亲现在在做什么？我的小女儿拉斐拉找到阻止她掉头发的良药了吗？我的母亲在新加坡做些什么？克拉拉和 4 个孩子的日子过得怎么样？克拉拉能填好那堆申报表吗？还有……

14. 家人才是唯一的依靠

克拉拉应对得很好，甚至可以说是非常好。她在新加坡，决定把所有担子都挑起来。一周以来，她想尽办法，寻找能抵押房产来为我做担保的美国公民。没有这一保证，就不会有任何一位法官准许我的保释申请。她还联系阿尔斯通，与火电部门的法务主管马蒂亚斯·施魏因费斯特进行了远程通话，而此人的上司正是过去7年里我的老板安德烈亚斯·卢施。施魏因费斯特将情况汇报给了阿尔斯通的法务总监卡尔。

"我很震惊，"克拉拉在电话里对我说，"刚开始时，施魏因费斯特表现得非常友好，向我解释说阿尔斯通一直都在支援你。但是，当我们开始讨论细节问题时，我才发现他之前说的全都是空话。"

"你的意思是说……跟我讲讲他都对你说了些什么，越详细越好。"

"好的。他说,关于抵押房产的事,阿尔斯通不会帮我们找人,因为美国司法部门不允许它这样做。检察官会认为阿尔斯通帮忙找人只是一种托词,实质上是对你的变相帮助。"

"这个,在这之前我就明白……"

"但更糟糕的还在后面。就算我们依靠自己的力量,最后找到了愿意承担风险为你做担保的美国人,你被保释之后也不能在阿尔斯通继续工作!"

"什么?不可能!他们无论如何都不会这样对我的!"

"不,弗雷德。施魏因费斯特说得非常肯定。因为阿尔斯通也正在接受美国司法部的调查,所以一定会禁止你和温莎的同事们见面。至少在接受调查期间,你们是不能见面的,甚至连我都不能联系他们。他们禁止我和阿尔斯通的任何一位负责人取得直接联系!"

我觉得自己挨了当头一棒,我未来的所有计划突然都落空了。之前,我一直设想着自己被保释以后——虽说还要被迫留在美国等待审判——依然可以重返位于温莎镇的阿尔斯通美国总部,继续在锅炉业务部门工作。但现在,听完克拉拉的这番话,我想一切都需要重新规划,而且要考虑的不只是我自己。没有阿尔斯通的帮助,我的家人怎么可能坚持下去?但是克拉拉早已预想到了我的这个问题。

"至少,只要你还没有认罪,阿尔斯通就会继续给你发薪水。但如果事态这样发展下去,那么你早晚要去劳资调解委员会起诉阿尔斯通。他们就这样将你弃之不理,简直太可耻了!我的确有点儿慌乱，但是你放心，我一直都和家里人保持联系。尤其是朱丽叶特，她帮了我很大的忙。此外，我还在网上找到了一些关于美国《反海外腐败法》的材料，其中有一份由资深律师撰写的报告值得一读，之后我会发给你。"

我深知妹妹朱丽叶特对我的支持有多么宝贵。她接受过专业的法律教育，而且她在一封信中向我透露，她已经把那份针对我的起诉书详细地分析了一遍（在我被捕的第二天，起诉书的几乎全部内容就被上传到了美国司法部的网站上）。

"亲爱的弗雷德，"朱丽叶特在信中写道，"当克拉拉将你被美国联邦调查局逮捕的消息告诉我时，我极为震惊，全身颤抖，不得不先在广场旁的台阶上坐下。我仿佛看到了克拉拉满含泪水的双眼。一进家门，我就用谷歌搜索你的名字，发现你已经成为'美利坚合众国诉弗雷德里克·皮耶鲁齐'案的起诉对象。我点击了美国司法部的公开文件，并打开了附件，令我感到更加震惊的是，全文居然长达70多页！这对法国人而言简直不可思议：还未等判决结果出来，美国司法部居然就将起诉内容公之于众！尤其是当我仔细读过起诉书之后，更是感觉匪夷所思。他们凭什么把你监禁起来？证据是什么？他们那种司法运作方式让我极为愤怒。更何况，就算起诉书上写的内容全部无误，按照法国或是欧洲的惯例，如果腐败行为已被证实，首先针对的也应该是企业本身，而非企业的雇员。除非腐败行为是雇员擅自所为，或者是为了中饱私囊。但很明显，你的案子不属于这两种情况。皮耶鲁齐，你一定不要气馁，你要坚持下去，我坚信很快他们就会将你释放。

我会向法国外交部上报此事，争取请他们前去处理你的危机。"

下面就让我们来谈谈法国外交部。我被捕的地方是纽约肯尼迪国际机场，那里发生的领事保护事宜归法国驻纽约领事馆管辖。我被转送到的怀亚特看守所位于罗得岛州，那里发生的领事保护事宜归法国驻波士顿领事馆管辖。而在朱丽叶特提醒他们之前，法国外交部的办事人员居然对我的行踪一无所知，甚至根本不知道我。

朱丽叶特将此事上报后，波士顿领事馆才派遣 L 女士前来探监。如果我妹妹知道我们两人的谈话内容，听到法国外交部派来的代表都对我说了些什么——简而言之，法国不会为此事动用任何力量——她一定会大吃一惊，连最后的幻想也会破灭。

在电话里，我还和孩子们进行了入狱以来的第一次通话。但是，我没有告诉他们我现在身处何地。皮埃尔告诉我，在最近一次数学测验中，他的成绩很不好，而我并没有责备他，这让他非常惊讶。

我和克拉拉还能将真相隐瞒多久？为了我的妻子和我的孩子，也为了我的内心能恢复平静，我必须想办法重获自由。如果在怀亚特看守所关押时间太久，我想我会崩溃。我再也无法忍受犯人之间那地狱般的吵骂声，再也不想听他们那些关于票子、车子、毒品和妓女的故事……

15. 从怀亚特看美国司法

我再也不愿见到这些犯人，再也不想听到他们的声音，但是，我必须学会如何在他们中间生存下去。我没有听从克里斯（那个并不疯狂的歹徒）提出的建议，而是决定去找两三个犯人，解释一下我被捕监禁的原因。必须承认，我确实与这里的环境格格不入。从外表上看，我实在不像毒贩，更不像抢劫犯。然而如果我继续保持沉默，最后他们就会把我当作"恋童癖"，那太恐怖了……但不管怎么说，我还是不信任这些"告密者"，所以我没有将我被捕的原因和盘托出，只是讲述了事件的梗概。听了我的经历后，狱友们一致认为，只要我不认罪，检察官就一定不会把我放出去；我必须和美国司法部进行交易，即使交易只能在黑暗中摸索进行。我不知道也无法弄清法官对我的指控是全部保留还是撤回一部分，即使交易条件极为不平等和不公平。但若不这样做，我就得放弃重获自由的梦想，做好在这里再耗上几个月甚至很多年的思想准备。

这是因为，在怀亚特看守所，司法流程并不像我们在电影里看到的那样。在美国电视剧和电影中，美国人为了鼓吹自己的司法体系，往往会拍摄这样的场景：万人瞩目的庭审现场，一位经验丰富的律师作为正义的化身为被告人辩护。我们早已被这种剧情洗脑，误以为即使是最为弱势的群体的案件，也会有人倾听，更会有人为之辩护。然而事实恰恰相反，因为与这个群体有关的犯罪案件，基本都不会走到庭审这一步。在90%的案件中，被告人会选择放弃申辩，原因非常简单：高昂的辩护费必须由被告人全额承担。只有那群最有钱的人——必须是真的非常有钱的人——才能负担得起律师事务所的费用。

事实上，身处美国的司法体系中，被告人会发现，自己面对的检察官只会朝有罪方向进行调查；而法国的预审法官则与之不同，他们会同时寻找有罪证据和无罪证据。查阅卷宗、对案件进行复核鉴定、寻找有利于被告的证词，进行这些步骤的费用在美国都必须由被告人支付。而在财务案件中，要查阅的卷宗往往多达几万份甚至十几万份，因此很少有被告人有能力（在持续几个月甚至几年的时间里）向专业辩护律师支付（高达几十万美元的）辩护费，也很少有人会去求助私家侦探开展复核鉴定。与被告人的情况恰恰相反，检察官拥有各种调查手段和人数庞大的资深律师队伍。原因在于，与法国相比，另一个公认的差别是，美国司法机关非常有钱。因此，在调查手段上，被告和原告从根本上就不对等。另外，如果被告人被羁押入狱，那么他与律师之间的沟通渠道将会非常有限。实际上，根本就不可能有人听到他的声音。一旦他被关进怀亚特这样一座高度警戒的看守所，情况更是糟糕。

不可否认，在联邦一级的犯罪案件中，检察官只有在取得大陪审团（一个由市民组成的团体，人数为 16~23 人，通过抽签确定人选）的批准后才能提起诉讼。从理论上讲，这个机构相当于一道防止不正当诉讼的门。然而，现实世界里的情况却完全相反。美国司法部的调查数据显示，2010 年呈交大陪审团的 162 351 起案件中，只有 11 起被大陪审团予以否决。即使被告人最终下定决心接受审判，审判他的法官的自由裁量权也比在法国小。美国有一套最低量刑制度，有一系列惩罚等级，标准格外严格，那就是《美国联邦量刑指南》（从字面上看，就是对量刑程度的要求，而我很快就要去了解这些），它对法官的工作进行了严格规定。

因此，被告人将受到检察官的任意摆布。检察官的权力超级强大，拥有一切能迫使被告人认罪的手段。检察官的战果如下：美国司法部的胜诉率高达 98.5%。也就是说，被美国司法部起诉的人中，98.5% 最终都被判有罪！

而且，为了达到目的，法官可以让犯人遭受煎熬，需要多久就让犯人熬多久。在怀亚特看守所，有些犯人等待那笔"交易"已经等了两年，甚至 5 年。最初，他们拒绝检察官给出的第一份提议，因为觉得监禁时间太长；之后，他们又拒绝了第二份提议；于是现在，他们等待着第三份提议，吉凶未卜。这种等待让人在心理上无法忍受，许多犯人在这个过程中身体崩溃、精神失常。在怀亚特看守所，一位跟我走得最近的狱友，绰号叫"运输机"。他从纽约黑手党那里收钱，用私人飞机把钱运到拉斯维加斯，将钱洗白。第一次，他收到的提议是监禁 27 年，他拒绝了。于是在被关押了 12 个月之后，检察官又向他提议监禁 14 年，他又拒绝了。再度被关 1 年之后，他终于在认罪书上签了字，检察官在起诉书上承诺，向法官建议的刑期不超过 7 年。最后，"运输机"被法官判了 5 年。但是这种年限缩短的情况少之又少。因为绝大多数情况下，法官都会遵照检察官的意见。但其他犯人就没有这么幸运，因为承担的压力太大，自杀的犯人比比皆是。一切都要看犯人的忍耐极限在哪里。

为了不输掉一场诉讼，检察官也会考虑许多和解方式。他们可以引导被告人与他们合作，检举揭发自己的同伙，即便没有任何物证。这种刑罚制度简直是扭曲人性，荒唐至极。每个人都想着出卖他人以求自保，比如那位信用卡造假犯就出卖了自己的妻子。他的妻子被判处 8 年监禁，他自己却逃过一劫，只被判了两年。当这种案件变得众人皆知时，当事人通常会被隔离关押，以防止憎恨那些背叛行为的犯人对其施以报复。

美国的律师已经适应了这种体制。他们当中多数人的职业生涯都是从做副检察官或者助理检察官开始的，直至进入大型律师事务所。其中绝大多数人在审判当中并不为人做辩护，因此算不上法国人理解的那种真正的辩护律师，他们充其量只能算是谈判专家，首要任务就是说服委托人同意认罪。然后，他们便与控方交易，争取尽可能轻的刑罚。于是这些"律师"在和检察官讨价还价时，便从那本著名的《美国联邦量刑指南》中"引经据典"。面对这么诡异的司法体系，我不得不学着去妥协。

16. 我的量刑指南

我必须让自己"装甲化"。只有给自己穿上刀枪不入的"铠甲",才能不被美国司法部这台凶险的机器碾碎。下一次我与美国司法部在"谈判桌"上相见时,要使自己尽可能地具有一些抵抗力。是的,从今以后,我就得用这种视角去看问题。每个人都在打自己的一手牌,都希望赢得牌局,但是如果遇到下述情形,如何能够保持赢牌的信心呢?莉兹在我被逮捕后就收走了我的工作设备(电话、电脑等)。她刚刚对我说,自从我们上次见面后,阿尔斯通就把我从员工信息系统名单中清除了,我再也收不到企业的邮件,平板电脑不能连接网络、登录邮箱,工作电话的付费套餐也被中止。企业切断和我的联系,在他们看来,这是必然的。无论我是无辜的还是有罪的,我都是他们要尽快摆脱的一个对象。

我只能等待,但等待简直要把我摧毁。就像突然间我已不在人世,就像我身体的一部分器官被取走。22 年兢兢业业的辛勤工作瞬间化为乌有。我必须尽快冷静下来，因为我必须做出一个十分重要的决定：是否和检察官谈判。他们约定5月5日和我会面，即我被关押3个星期后。他们肯定认为，我被"腌制"得差不多了，已经可以"食用"。斯坦给我陈述了这个过程中的关键要点。我把他的话一字一句地记在了一个A4打印纸大小的记事本上，这个本子记录了我被关进监狱后每天发生的大事小情，如食堂的菜单、狱警的呵斥，以及其他囚犯给我讲述的故事。当然，我也记下了被羁押以来审判过程的所有环节。以下是斯坦那天对我说的话：

"检察官可能会给您提出'辩诉交易'①。说白了，这是一次保密谈话，相当于预先谈判。他们会向您出示一些他们收集到的对您不利的证据，迫使您认罪。这样，就可以省去组织庭审的麻烦。当然，这也便于他们对阿尔斯通高层施加压力，好让他们也能尽快认罪，配合调查。阿尔斯通要为此支付一笔巨额罚款。"

"那我能得到什么好处呢？"

"如果您认罪，他们就能坐实其他几个被起诉的管理层成员的罪名，作为交换，您的刑期会减少一些。您现在被控有10项罪名，如果双方谈判顺利，您就可能只是被控1项简单的腐败同谋罪。您就会像罗斯柴尔德一样最多被判5年，当然这是在一切进展顺利，而且法官认可您认罪事实的情况下。"

"如果我拒绝呢？"

"我不建议您这么做。他们手上有两张'王牌'，即他们的两位

---

① reverse proffer，根据上下文意译为"辩诉交易"。——译者注

证人。第一位是谢拉菲，他已经对检察官和盘托出。他指控您对其向印度尼西亚议员行贿一事知情。第二位是罗斯柴尔德，他也表达了类似的内容。而谢拉菲和罗斯柴尔德都和检察官达成了协议。"

"说到这儿，您认为他们的证词有价值吗？"

"我认为这足以说服法官。如果您一定要打这个官司，您就是在用您的未来玩'俄罗斯轮盘赌'。"

"也许，但是这两位证人的手上并没有任何针对我的实质性证据。他们在起诉书中提到的那些邮件并没有直接指向我。如果真的打起官司来，我或许有一线生机。"

"问题就是那些邮件，检察官昨天给我们寄了您的全部卷宗，共有 11 张光盘，少说也有 150 万件物证。里面主要是阿尔斯通高层近 14 年的往来邮件，还有联邦调查局以'内部渗透'的方式录下的一些音频资料。检察官说在录音中没有听到您的声音，但我们不知道里面具体录下了什么。"

"那就需要律师好好分析一下！在我看来，这是当前律师首先要解决的事！"

斯坦突然变得很愤怒：

"我不知道您是否想象得到这意味着多大的工作量！简直是天文数字！150 万件！这至少需要耗时 3 年、耗资几百万美元才能做到。"

一张精心布置的罗网正在收口，这的确令人生畏。而且无论布局的人怎么做，他都会成为赢家。简而言之，如果想被释放，我就得认罪。否则，我就要做好准备，在审判前长时间被羁押在看守所。我的狱友说的没错，无论你的初衷是什么，检察官最终都会逼你坐到谈判桌前。

这种情况下我该怎么办？5 月 5 日就要到了。估量、计算、权衡利弊，各种思绪像旋转木马一样，在我脑海里一圈又一圈地飞速旋转着。

决定命运的一天来了，监狱条例使我重新回到现实中。我又一次如同服苦役一样，手脚戴着锁链，同另外 11 名嫌疑犯一起被塞进一辆押送车，送往纽黑文法院，检察官正在那里等着给我提出"辩诉交易"。

我进入法院，看到了斯坦和莉兹，他们身边还站着曾两次严厉拒绝我的保释请求的康涅狄格州检察官诺维克。在他身边，还有一位我从来没有见过，也祈祷永远不要和他打交道的检察官——丹尼尔·卡恩。他是美国司法部反腐办公室的联邦检察官，此次专程从华盛顿赶来。这位毕业于哈佛大学法学院，专攻美国反海外贪腐犯罪的检察官年轻有为、雄心勃勃、精明能干，以打击白领犯罪而著称。他甚至得过美国最佳副检察官奖。

在纽黑文法院大厅里，卡恩立即投入了工作，他在投影屏上展示了当前法院掌握的证据。主要有 4 件——我都是第一次看到的——2005—2009 年我们的中间人谢拉菲的一个银行账户的转账记录。里面有一笔是向那位印度尼西亚议员亲信的账户转入 28 万美元。在他看来，这就是贪腐的铁证，不管怎么说，只要我坚持打官司，谢拉菲就会出庭做证。鉴于谢拉菲和那位议员多年来的商务往来（谢拉菲说，他们甚至合伙在印度尼西亚投资了几家企业），这些转账记录对我来说没有什么奇怪之处。怎么能说它们与塔拉罕项目的合同一定有关联呢？就算它们和此事真的有关联，我也没有从谢拉菲或者别人那里听说过，更不知道这笔转账的具体金额。但是，我宁愿保持沉默，像哑巴一样一言不发。就像莉兹在开始前向我极力建议的那样：

"无论发生了什么，您都不要做出回应。即使他们尝试动摇您，您连眉头都不要皱一下。"

我严阵以待。卡恩说的每句话都让我感觉到，我像是一只被胶水粘住的可怜苍蝇，无论怎么挣扎，都会不可避免地越粘越紧。在卡恩和诺维克的报告中，我被定义为"链条中的一环"。对他们来说，重要的是要顺藤摸瓜，按照涉罪的不同级别，一直追踪到阿尔斯通首席执行官柏珂龙。我们的谈话不到半小时就结束了。两位法官没有向我提出任何问题，对他们来说，今天展示一下"肌肉"就够了。球在我这里，要由我来决定要不要踢出去，但我不能拖延很长时间。因为就像谈话开始前斯坦对我说的那样，时间就是我最大的敌人。

"还有一些他们没有对您说的事，"律师对我说，"但这些事会使您的处境雪上加霜。他们刚刚起诉了第三名阿尔斯通高管——彭波尼（退休多年后他的职位由罗斯柴尔德继任）。他们在打时间牌。"

"我实在不明白，斯坦。彭波尼被起诉对我的案子会有什么影响？"

"他们肯定会向他抛出一个协议。如果彭波尼在您之前认罪，并且向检察官提供一些新的信息，那对他们来说，您就没有利用价值了，您也就不能以这种方式和他们达成认罪协议。您最终会成为他们的弃子，他们会把您'遗忘'。您就只能在看守所里待到被审判，您只有两三天的时间，真的需要尽快做出决定。不能再拖了！"

"可是，我做出决定的依据是什么？他们真卑鄙。如果我认罪，阿尔斯通就不再为我支付律师费，将完全抛弃我；如果我不认罪，我可能就要被判蹲125年监狱。我要在两天内做出决定，是因为彭波尼有可能'窃取'我的位置。而导致目前这一状况的根源是，我无法阅览我的卷宗，因为太多了，足足有150万件，而您的事务所无法分析它们。您是不是在耍我？"

"我们无能为力，弗雷德里克。对有可能被判蹲125年监禁的您来说，不着眼于现在的情况是不切实际的。"

"但我到底会有什么样的风险？您坦白告诉我！一些犯人对我说的那个臭名昭著的《美国联邦量刑指南》到底是什么东西？"

莉兹轻轻地做了个手势，像在安抚一个任性的孩子。

"您得冷静下来，皮耶鲁齐先生，请您好好听。"

莉兹做的陈述是我听过的最荒谬的东西。

"我们做了一项研究，"她对我说，"首先，违犯美国《反海外腐败法》积12分。其次，要计算阿尔斯通在被指控的合同中获取的毛利金额，也就是600万美元，需要加上18分。最后，向印度尼西亚议员行贿，这可是条重罪，还要加上4分。另外，因为有多笔转账记录，根据美国司法部裁决就是多次贿赂行为，又要加上2分。总计36分。这还不算，如果您被检察官视为是这项'阴谋'的主谋，那还要加上4分，当然，事实不是这样，所以总共还是36分。"

"莉兹，您算了半天分数，最后想说明什么？对我来说，最重要的是要知道，我得在监狱里待多少年。"

"我马上就说到了！您这36分会被放到一个表格中，这个表格有两个输入法，横向是您被判刑的月数，纵向是与您违法犯罪相对应的分数。如果您硬要打官司，在量刑定罪时，法官会遵循这个计算表，通常您至少要被判188个月，甚至可能是235个月。"

"但是，莉兹，为什么美国司法部要这样计算呢？首先，为什么要把阿尔斯通获得的利润算到我的头上呢？钱又没进我兜里，而是进了企业，也就是股东们的腰包里。我从中连1美元都没得到，更没拿什么回扣。那么，对一个为了公司的利益勤勤恳恳工作的职员和一个从中攫取利润、中饱私囊的职员，他们的处置是完全一样的吗？"

"没错。美国司法部会认为该职员想要保住职位、想要晋升，抑或想要捞取福利，所以它推算该职员得到了好处。"

"但在这种情况下，应该将这些所谓的好处进行量化说明。"

"您听好了，讨论这个毫无意义。您总不能改变美国法律吧？积分原则就是这样，无可争议！"

"还有那些汇款呢？本来是一份中间人合同，即便给谢拉菲的佣金被分成了几次支付，这里的2分又怎么解释？"

话说到此，我看莉兹满脸通红，仿佛要气到爆炸。斯坦生硬地搭腔："美国《反海外腐败法》就是这么规定的，争论这个毫无意义。"我无言以对。

经过 3 个小时的车程，我被送回了怀亚特看守所，遭到如此的打击，我几乎失去了思考的能力。我犹如惊弓之鸟，在看守所唯一的公共空间——公共大厅里游荡。有些囚犯在下棋，其中一人下得很不错，攻势凌厉。赢棋后，他过来找我聊天，给我讲述他是如何因在家中藏匿了 500 千克大麻而被捕的。他 13 岁时，他的妓女母亲就离家出走了，他父亲把他遗弃在了树林里，我仿佛在听童话故事《小拇指》一样。后来他以偷盗为生，在慢慢摆脱困境后，却开始种植大麻……

我开始在脑海中把 500 千克大麻换算成积分，然后把积分折合成刑期。由于他之前就犯过罪，所以还得加上犯罪前科的分数。我停止计算，感到眩晕。"为了在监狱里生存下来，"我的狱友梅森不停地向我重复着，"你得闭上眼睛，然后深呼吸。"深呼吸，活下来，就这么简单。2013 年 5 月 5 日晚，我第一次在怀亚特看守所跟其他犯人一起在食堂看电视。电视里播放的是欧冠杯决赛的录像。出人意料的是，拜仁慕尼黑队以 3 比 0 爆冷战胜巴塞罗那队。

17. A 囚室

第二天,看守所负责人把我调到 A 囚室。一位身材矮小、秃顶、牙齿掉了一半、75 岁上下的小老头用法语对我说:"您好,先生!"基本不带口音的法语的标准发音让我简直不敢相信自己的耳朵。"早安,法国佬!"年逾古稀的他开心地和我搭着话,"我叫杰克,但这里所有人都叫我'那个老人',我都等你好久了!"

看到我惊讶的神情,杰克向我解释说,他和怀亚特看守所负责人"有点儿关系",他是我转到 A 囚室的主要原因。

"自从你来到这儿,我就跟他们申请把你调过来。至少和你在一起,我还能练练法语。"

杰克是我交往过的人中最有趣的之一。他曾是个大帮派的传奇人物——臭名昭著的黑帮"法国贩毒网"在马赛分支中的少数几个幸存者之一,是 20 世纪 30—70 年代美国黑社会可卡因的供货商。他从纽约的布朗克斯区开始他的帮派生涯,1966 年被判入狱 5 年, 1974 年又获罪被捕。随后他逃亡到法国马赛。1978 年, 法国缉毒刑警大队又一次中断了他的黑帮生涯。被引渡回美国后, 他在苦役监狱服刑 12 年。1997 年被释放之后, 他重操旧业, 倒卖海洛因, 因而又被捕入狱两次。他总共有 36 年的刑期, 其中有 4 年在法国服刑。最终他被送到了怀亚特看守所。有了这样的经历, 自然不用说, 高墙里面一定有人给他撑腰。事实上, 他认识所有人, 并且所有囚犯也都认识他, 甚至还很尊敬他。他是看守所真正的主人。除了丰富的前科以外, 他还算是个热情友善的人。他很喜欢法国, 身边总是有两个讲法语的人陪着。一位是希腊人, 名叫亚历克斯, 毕业于马赛商学院, 曾就职于法国巴黎银行; 还有一位是希腊裔加拿大人, 绰号为"运输机"。这三个人都待我如座上宾。他们给我咖啡、糖、奶粉、收音机、一面用铝条做的镜子、一双新球鞋（我在小卖部订购的那双还没到）, 以及特别让我感到幸福的是, 一个上好的枕头和一张二手的床垫。

　　与我来时所在的 D 囚室不同, A 囚室没有单人牢房。A 囚室是一个由 56 个床位组成的大宿舍, 囚犯们每 4 人用一个小隔间, 每两个小隔间中间隔着一堵 1.3 米的矮墙。每个小隔间里有两张上下铺, 隔间面积不超过 9 平方米。除了拥挤外, 最让人难以忍受的是缺少自然光, 光线只能透过三扇罩着阻光膜的小气窗渗进来。我们靠着氖灯的光线生活, 那两盏氖灯中的一盏会彻夜常亮, 以便有斗殴情况时, 能够辨认出混乱制造者。那些像我一样睡在上铺的人必须习惯于被离头只有 50 厘米的灯照射着睡觉。我适应了 3 个晚上才成功睡着, 绝望疲惫的双眼只能盯着斑驳且多处剥落的黄色墙壁。A 囚室已经快 10 年没有被正儿八经地修缮过了。原因都是一样的：以赢利的名义尽可能地降低看守所的运营成本。

更加令人恐怖的是，不仅浴室是公共的，就连厕所也是公共的！5 个坐便器沿墙排开，彼此间只隔着一堵 1 米高的小矮墙，而前面什么遮挡都没有！

被监禁几周以后，犯人们才会按照分类，最终被分派到不同区域关押：除了按年龄或者按危险等级分区，还有"帮派"区、"劳动者"区等。A 囚室被认为是关押那些年龄超过 40 岁、基本不太爱惹是生非的犯人的区域。这儿有一个比较大的"拉美帮"（多米尼加人、牙买加人、墨西哥人），还有几个亚裔。比较奇怪的是，A 囚室还有 9 个希腊人及希腊裔美国人，我是唯一的法国人。我的大部分狱友都是被控谋杀、持械抢劫、贩毒或银行卡诈骗（以越南裔居多）。在这些经典老套的罪行和不法行为中，我的案件显得与众不同。在我来到 A 囚室前，没有任何一个囚犯听说过这个罪名。

据说，这个区域关押的犯人都比较平和。我可不愿去想象其他囚室是什么样子。在 A 囚室，宿舍里的争吵、偷盗、毒品和药品交易已经稀松平常。某个犯人为此被送到单人牢房关上几周或几个月禁闭的情况每周都会发生。避免麻烦的基本法则是，永远不要长时间盯着一个犯人看或者触碰一个犯人；不要拍肩膀，不要握手；在耐心排队等着领饭时，要注意不要蹭到任何人；任何一个小动作都可能被认为是身体侵犯行为。

散步的院子就在囚室旁边，虽然院子很小，只有半个篮球场那么大，但却是个和平的避风港。囚犯们彼此严格遵守一套心照不宣的规则：8~11点，做体操或者散步的人用院子；早上其余时间和下午，院子是徒手打壁球的犯人的天地；20~21点，散步的人又可以出来放风了。

在我被转到小隔间后，我的新狱友又教了我另一个使用公共空间的潜规则：吃饭时，犯人们必须坐在同一张桌子的同一个位置。在两餐中间，大家最终坐的位置可能会变，但会力保这个规则不变：每个小时都会有新活动，新犯人必须适应这个潜规则。这一点很令人费解，特别是在刚开始时。随后大家就都慢慢遵从这个潜规则了。

在我的新"公寓"里，我第一次收到孩子们的照片。克拉拉选了一些拍得最好的。他们开怀大笑的表情，让我心情很愉快。亚历克斯和"运输机"自从被收监后——分别有15个月和22个月——就再也没见到过他们的妻儿。他们坦诚地说，被捕前他们的夫妻关系很稳固，但是现在，问题越来越复杂。

昨天，我的妹妹朱丽叶特和妻子克拉拉通过电话对我说，我父亲已经收拾行李准备来美国探望我。我真不希望他经历这次劳顿奔波的旅行，想到只能通过隔断信号的玻璃墙用电话和他交流一个小时，我就黯然神伤。我不想让74岁高龄的他再受如此侮辱。我觉得自己会羞愧得无地自容。我只能这样安慰自己，同时为我的自私感到内疚。如果我是他，我当然会跳上飞机，到美国来援助狱中的儿子，缓解自己的担忧之情。我知道，我的事情让他难以冷静，但他必须保持克制，认真思考能为我做点儿什么。但如果父亲知道等待我的是什么，他就会理解的。

明天，我会做出一个重大决定：稀里糊涂地认罪。我会叫克拉拉来，向她解释我内心的纠结，因为这一切都会对她和孩子们产生巨大的影响。她唯一在乎的事情，就是我可以重获自由，无论对家庭和工作造成什么后果。自由是无价的。

我还有一夜的时间思考……我脑海中至少还有一个好消息：琳达，我们住在康涅狄格州温莎镇时认识的一个美国朋友，已经同意抵押她的房子以便让我获得自由。这是一个巨大的希望，但这就足够了吗？

18. 阿尔斯通抛弃了我

我在 A 囚室度过了难熬的第一晚。56 个人挤在一间屋子里，呼噜声震天动地，放屁声此起彼伏，还有偷偷摸摸或者毫无顾忌地手淫的、起身去厕所的，以及狱警的呵斥声……

早饭后，我打电话给斯坦。实际上，我还什么都没想好。一切取决于他将告知的我的刑期。

"弗雷德，我有一个好消息和一个不那么好的消息要和您说。"斯坦说。语调似乎意味深长。

"请您先说坏消息吧。"

"自您被逮捕以来，阿尔斯通似乎改变了策略。在此之前，阿尔斯通对美国司法部的调查持保留态度。但是现在，他们已经向美国司法部呈递了一些文件。检方收到了成千上万件物证，其中有 3 000 件都提到了您。我觉得……"

"觉得什么，斯坦？"

"我不知道……但是……我觉得阿尔斯通内部，可能有些人试图借此机会让您做除塔拉罕以外其他项目的替罪羊，以求自保。"

"但这能让他们得到什么好处呢？我不明白他们这么做的动机。如果把我逼急了，这事会反转，也会变得对他们不利吧。"

"请您听我说，弗雷德，警方对您的质询让他们觉得事态严重。他们明白，现在该去付款了，而且要支付一大笔罚款。但更令他们感到害怕的是，接下来会有其他人被指控，特别是柏珂龙和其他高层。因此他们的动机就是止损，牺牲已经进监狱的人。"

"但是他们不知道，如果他们真的这么做，我也可以揭发十几个高层！甚至是整个领导层。"

"我知道，弗雷德，如果阿尔斯通完全配合调查且支付罚金，美国司法部就会对贵公司高层网开一面。但我想跟您强调的是，这样做极其耗时，因为检察官会根据阿尔斯通提供的文件中有关您的内容讯问您。"

"这会花费很多时间吗？"

"这不是最重要的，在 3 000 件物证中，或许有那么几百件是重要物证。因此如果您同意，他们会向怀亚特看守所寄送物证光盘，您就可以在监狱的电脑上阅览查询，然后他们会在纽黑文法院根据这些证据讯问您。他们如果满意您的答复，就会放弃起诉。"

"否则呢？"

"没有否则！否则的话您就待在怀亚特看守所，继续等待案件推进。"

"能不能给我个放心的说法，我是否可以继续申请保释？有一位名叫琳达的美国朋友已经答应抵押她的房产为我做担保。"

"原则上可以。但我不敢确定阿尔斯通在这次转折后是否还会支付您保释期间的看守费用和房子租金。如果您自己出这笔钱，每周 7 天、每天 24 小时的安保费用就会特别高昂。更何况在没有查阅完所有证物之前，检察官也不会同意释放您。"

"您不是说还有个好消息吗？"

"是的，好消息就是，如果您同意阅读这些文件并回答他们的问题，他们就可以把您的刑期减到 6 个月。"

此刻，我听到这个数字应该感到高兴，这正是他们期待的效果。如果你坚持出庭应诉，他们便用多年的重刑期吓唬你，然后用一个少很多的刑期逼你认罪。如此这般，我也进入了这个任何人都不能逃脱的定律。

我们已经用电话交谈了 15 分钟，通话随时可能会被切断，因为每次谈话时间只有 20 分钟。我还有十几个问题想要询问斯坦：认罪的限制性规定、检方讯问的流程、对那 6 个月刑期的担保条件、可能会被撤销的那些控罪。但他催促我做出决定。

"您需要做出决定了。检察官肯定也给彭波尼开出了同样的条件，如果他也同意，您的刑期可就不止这 6 个月了，肯定会长得多，而且您可能会失去检方提出的任何条件，只剩下认罪服法一条路。"

我尝试问最后一个问题：

"关于 6 个月的刑期，法官能否听从检察官的请求，我能得到什么保证吗？"

"什么都没有，法官可以想怎么做就怎么做。但在绝大多数情况下，他们会听取检察官的意见，尤其是在康涅狄格州。"

"如果您确定检察官会向法官建议只是 6 个月的监禁，那我同意您的建议，斯坦。"

我应该长舒一口气。我最终做了这个决定。然而，还有成千上万的问题接踵而至。如果我认罪，那么阿尔斯通高层会做何反应？如果企业切断了我的经济来源，那么我的妻儿要如何生活？他们肯定无法留在新加坡，必须要回到法国。至于我，我是自由了，但要以交保释金的方式独自留在美国，无法工作，继续等待判决。倘若如此，或许离婚会更明智些。我把法国的房子留给克拉拉，至少她有望以此保护家庭。

19. 重回纽黑文法院

讯问进行得一点儿都不顺利，甚至可以说是糟透了。只需要看看检察官卡恩和诺维克愤怒的神情，就知道我的回答并不是他们期待的那样。他们中断了谈话，说要给我"一点儿时间好好思考一下"。我的律师斯坦借此机会向我提议把所有的名字都和盘托出，他严厉地斥责说：

"您是怎么了？为什么否认了？"

"我没有否认！我只是说明了真相，您难道没发现吗？是，阿尔斯通确实付给我们的中间人谢拉菲1%的佣金。但我从未听他提及对印度尼西亚议员穆伊斯有过任何形式的贿赂行为。另外，穆伊斯在项目招标中也没有任何实权。"

"但您或许怀疑他们付了点儿小钱，对不对？您知道的，是有这种可能性的。另外，谢拉菲都已经出庭做证了，而且他把一切都推给了阿尔斯通。所以请您别再绕圈子了，他们想听什么，就告诉他们什么。否则，我提醒您，这一切都会被叫停，您会立马回到看守所，6 个月的刑期也泡汤了！"

"但这就需要我说谎啊，斯坦，这太过分了。如果他们想要有人认罪服法，我完全做好了准备。是的，当阿尔斯通雇用了第二名中间人阿兹曼时，整个高层包括我本人都知道有人索贿。聘用阿兹曼的原因基本不用怀疑。然而，谢拉菲最初被雇用时，并不是为了去收什么小钱。他绝对不可能收过什么小钱。总之，他是这样对我说的。"

"是的，但是第二个中间人阿兹曼，检察官根本不在乎他！他们给您罗列的一系列罪名都建立在谢拉菲的证词上！而且现在，他们并不打算改变策略。"

"那我该怎么办？"

"嗯……请您听好我要和您说的。"

随后我的律师想出了出其不意的一招，他说服我变换一下措辞，使我既能避免说谎，又不至于葬送他和检察官的谈判成果——他让我"有意无视"一些事实。总而言之，就是采用鸵鸟策略。即使邮件不能直接或间接证明我被牵涉其中，即使我对最终付给谢拉菲的一部分佣金并不知情，我还是会因为不知情、没有了解情况而获罪！因为，我可以"有意无视"这些事。对于美国司法部，这样做的后果是一样的。

所以我把斯坦教给我的一套说辞烂熟于心，然后再回去重新面对检察官们，向他们从头到尾背诵一遍。除此之外我还能做什么呢？诺维克和卡恩似乎对我的转变感到高兴。

我后来才知道，为什么他们对第二个中间人阿兹曼不感兴趣，而对第一个中间人谢拉菲更为关注，虽然阿兹曼的贪腐行为比谢拉菲更严重——在合同生效后，或者说最晚 2006 年开始，以按月支付的形式，阿兹曼收受了总共 12 个月的付款，行为已经坐实（根据美国《反海外腐败法》要被判入狱 5 年）——但是阿尔斯通付给谢拉菲的最后一笔钱是在 2009 年，因此给阿兹曼付款的行为并不能算在 2012 年 11 月我被控告时的调查时效内。

结束了令人胆战心惊的一天，回到怀亚特看守所之后，我打电话给克拉拉。她和我妹妹朱丽叶特分工共同为我提供帮助。朱丽叶特和她通晓两种语言的丈夫，与我的律师们协调处理法律事宜，而我的妻子克拉拉则负责和阿尔斯通保持联系。或者说，她尝试着保持联系。因为此后的情况不用怀疑，对公司来说，我已经是一枚弃子、一匹害群之马。她得到了一些信息（或者说流言），让我觉得难以置信。公司法律部的人甚至不屑跟我通个气，就自行得出了结论。他们认为，无论我的初衷怎样，最终都会迫于压力认罪（他们深信不疑）。罗斯柴尔德和谢拉菲的双双指证已经让企业风雨飘摇，甚至有传闻说他俩已经成为"举报人"（确切说就是"预警者"），就像美国法律《多德－弗兰克法案》提及的那样，他们会因"背叛"行为受到嘉奖，可能会从阿尔斯通缴纳的罚金里抽取 10%～30% 作为他们的报酬，瑞银集团一个前雇员就因为指认企业的犯罪事实而获得了 1.04 亿美元的巨款。

所有围绕罗斯柴尔德的这些传言都是不准确的。据我所知，他不会收到美国司法部的酬金，因为司法部强迫他和他们合作，只是承诺给他减刑。但自从我被逮捕后，整个企业就笼罩在恐慌之中。同事们都在绞尽脑汁回忆以前各种会议时的情景。每个人都在想，某天的某个会议，是不是有只"鼹鼠"在场，他是不是带了录音话筒，特别是，自己是否说了什么此后可能会被追责的话。所有人都在担心美国联邦调查局探员会不请而至，突然出现在自己的办公室。很多老雇员甚至到企业法务处申请配备一名律师，以便轮到自己头上时备用。很多人都觉得自此以后总裁柏珂龙的地位岌岌可危，他本人随时有可能被起诉。在巴黎总部，战斗警报已经拉响。

我后来才听说，公司法务部在我被逮捕后给 50 多位前期被美国司法部调查讯问过的高层发送了一封邮件。这在阿尔斯通是一个非常反常的防御行为。

"众所周知，美国已经对我司几个疑似存在贪腐行为的海外项目开展了司法调查。公司内部自检表明，诸位被牵涉进这些案件中……如诸位有赴美出行的计划，美国当局有可能对诸位进行讯问，"邮件里写道，"请在因公赴美前和卡尔确认。"随后法务部向各位高层建议："如被讯问，各位应清楚您面对调查员时有权发言，亦可保持沉默。这完全取决于您自己，且美国政府无权强迫您接受会见。"然后，法务部又附上了一系列建议。

为什么阿尔斯通要等到我被逮捕之后才警示自己的雇员呢？公司明明早就知道他们是美国司法部瞄准的调查对象。为什么卡尔在我被逮捕之前还叫我什么都不用怕？我应该不在这份 50 人的名单里。这是后来与案件相关的人员向我确认的。为什么我会在这样的情况下被捕？为什么是我？长时间以来，我一直在问自己这个问题，如今仍然没有得到答案。我即将担任的职务（阿尔斯通和上海电气集团合资企业的总裁），会不会和这次遭遇有关呢？这个合资企业如果有幸问世，将会使集团成为发电领域的国际领先企业。在分析人士眼中，这个合作会使阿尔斯通电力和上海电气双方进一步扩大国际影响力，也会对我们的主要竞争对手通用电气造成不小的冲击。而这一点，美国人十分担忧！

我期待这个问题能尽快有个答案，不用说都可以想象得到，勒瓦卢瓦阿尔斯通总部和集团海外公司上上下下笼罩着怎样的疑虑和不安。如果说公司执行委员会开始玩儿起了击鼓传花的游戏，以保护暴露的高层领导，我是不会感到惊讶的。而对我来说，遗憾的是，木已成舟。

20. 证据

我得挺住，无论是心理上，还是身体上。我要注意自己的身体，并开始锻炼。至少我在这里是有时间的。我加入了一个由3名囚犯组成的锻炼小组。3天以来，我们每天早上在院子里做像体操一样的动作。我惊恐地发现，我甚至都不能连续做3个俯卧撑。但我没有放弃，我给自己做了一个日程规划。上午，锻炼身体保持健康；下午，在办公室查阅物证。所谓的办公室就是一间放着6台老旧电脑的小屋子。这些信息技术器材可供囚犯们查询他们的刑事卷宗，特别是检察官搜集到的物证。

门口的一名女狱警会把标好名字的律师信件发给我们。莉兹寄来了4张光盘。我可以通过电脑查询并做些记录，但却无权打印任何文件。光盘里收录了所谓的阿尔斯通提供的3 000份物证，但我怀疑检察官还增添了一些以其他方式搜集到的证据。其中很多物证上盖有瑞士警局的印戳（2010年，阿尔斯通被控在瑞士有贪腐行为而接受调查）。

这主要是一些我在 2002—2011 年收发或只是被抄送的邮件。时间最早的那些项目的有关细节已经很难记清。我在大脑中快速算了一笔账：我们每天在这个屋子里只能待一个小时，如果我要把检察官搜集到的 150 万件物证全部看完，就算一分钟能看一件，那么我需要 68 年才能看完全部文件，这真是又滑稽又卑鄙。在这个司法体系里，人们最基本的权利遭到了嘲弄。美国司法部的公职人员心知肚明，拖延时间对他们有利。所以他们故意用成吨的纸张将被告淹没。他们遵循着一个毫无人性的原则：剥夺待审犯人——除非是有钱人——一切能够为自己辩护的手段，以迫使他们最终认罪。不管怎样，每天我都在审阅这些光盘，尽管内心深处有一个阴沉的声音不断告诫我：这种近乎疯狂的查阅是徒劳无功的。谁知道呢？也许我撞了大运，能发现一个金块。或许这个关键物证能让我的原告哑口无言。不管怎样，这些光盘还是给了我些许目标，至少可以使我的智商水平得以维持。

仅仅过了几周，看守所就摧垮了我的精神。没有手表，没有电脑，没有飞机，没有会议，没有办公室，没有工作上的项目，什么都没有！从此，我生活中最令人激动的事基本可以概括为：我们是不是一个月能吃上三顿鸡腿，或者下周日看守所会不会给每个人发一小罐冰激凌！

A 囚室的环境日趋恶劣，言语争吵与身体挑衅越来越频繁。两天前，一个高大的黑人偷了我的镜子，看到这一幕的一个土耳其人马上过来站到我们中间。我劝他们冷静下来，他们却开始叫嚷着互骂。整个囚室的人都在围观这个场面。两人冲向淋浴头开始打斗，那是摄像头唯一的盲区，几个持械狱警立刻蹿出来防止他们把对方打死。斗殴双方随后被关进了单人囚室。最近单人囚室总是人满为患。我内心因这一争斗而感到自责不已。争斗是因我的镜子而起的，不是吗？在这里，暴力随时会落到你头上。过了一阵，我听说又关进来一个犯人，那是一个粗鲁的胖子，他和一个小老头儿住在同一隔间里。这个新关进来的犯人是个强奸惯犯。狱警肯定认为，他总该不会去攻击一个老人，或者他们之间可能没有什么共同话语。狱警只是满足于填满每一个空着的床位。晚上，大家听到了几声叫喊，都明白是怎么回事。早上起来，为时已晚——老人已经被送到医务室了。

一周前，我决定去参加弥撒。监区里所有的拉美人和希腊人都去了。我已经 4 年没进过教堂了，上一次还是参加我小外甥的领圣体的仪式。神父在对宽恕进行布道，要懂得宽恕别人和自己。我不信上帝，但耶稣的启示是普世的。我自忖或许有更深层的原因指引我来到他的围墙之内。出去的时候，我是否会活得更深刻、更平衡、更真实？明天我能否成为一个更好的父亲、更好的儿子、更好的兄弟、更好的丈夫，克拉拉已经为我经受了太多的磨难。

至少，在度过了充满不确定的一个月后，局面变得更加明朗。如果我能争取有条件释放，我就必须待在美国，而克拉拉要带着孩子们来和我团聚。她早都安排好了：从新加坡搬家，寻个差事，让孩子们注册入学，她甚至已经为我在波士顿找了一间公寓。她费了这么大力气做的一切，都变得毫无意义。由于我继续被监禁，所有计划都似竹篮打水一场空。4个孩子准备就读的新加坡国际学校名额很紧张，我们得在9月开学之前预先注册，并且在5月初交一笔数目不小的预付款。现在看来，全家至少这个学年都要待在亚洲，这可能对大家来说都方便些。

这周，我的朋友汤姆来看我。他是个法美混血儿，我1999年刚到美国时就认识他了。我在怀亚特的探视厅见到了他，我们要隔着巨大的屏蔽电子信号的玻璃墙用电话交流。由于很多来访者都是拖家带口一起来，小孩子很多，巨大的嘈杂声使人们很难听清彼此。但无论怎样，看到一张熟悉的脸让我感到很开心。他和克拉拉一直有联系，并约好等他探视完毕后就打电话告诉克拉拉我的健康和心理状况。我们有1个小时的交流时间，1分钟都不会多，到时间以后电话会自动被切断。所有通话都会被录音，因此我们交谈的内容很受限制。我请他让所有人放心。时间过得太快，我很快又回到了A囚室。汤姆是为数不多的几个来监狱看我的朋友之一。要知道，1999—2006年我和克拉拉在美国生活时结识的朋友，谁都不敢踏入怀亚特一步，唯恐被美国政府部门记录在案。对于这一点，我完全理解。几天之后，琳达也会来看望我。她为使我获得保释而抵押了自己的房子，这是一个非凡的义举，我对她感激不尽。

21. 检察官的"环球巡游"

　　这些检察官似乎已经不习惯离开我的日子。从 5 月中旬至 6 月初，卡恩和诺维克 3 次传我去纽黑文法院"过堂"。他们进行了一场"环球巡游"。在漫长的数小时之中，他们始终挥舞着 2002—2011 年阿尔斯通内部的往来邮件提问，内容都是关于公司在印度、沙特阿拉伯和波兰等地签订的或仅是期望签订的合同。他们的问题有的放矢："这些缩写是什么意思？为什么这位发件人称呼其业务伙伴为'朋友'？你有没有见过这些人？有的话，是什么时候？当时谁和你在一起？你有没有在这个项目上聘请过中间人？有的话，是哪些人？付了多少酬金？付款时间是什么时候？"

　　在给我看的那堆文件里，他们似乎对西柏特和巴哈这两个印度项目特别感兴趣。我想起来，2002—2005 年这些项目曾经在阿尔斯通各部门之间引发过多起冲突。冲突的一方是锅炉业务所隶属的能源环境部和负责汽轮机的汽轮系统能源部，另一方是国际关系部和全球能源销售部。主要的分歧在于中间人的选取，是前 ABB 的旧网络，还是阿尔斯通的老关系。这真是一场你死我活的大混战！对我而言，我从没见过也没有联系过最终确定的中间人。其实，阿尔斯通在报价时就已经注定失败，因为我们在西柏特项目中没有提出报价，而在巴哈项目中的报价却高得离谱。开标时，阿尔斯通就失去了这两个项目。这就是这段往事的结局，但是对美国司法部来说，事情还没有结束。他们在 2013 年重翻 2004—2005 年的旧账，这是为什么？

每一次被传唤问话，检察官都会用各种各样的问题对我进行一番轰炸。我尽可能努力地回答这些问题，但是将答复限定在自己的角色范围内。很多事件已经非常久远，我只想着一件事：结束这些没完没了的庭审，尽早恢复自由之身。检方参加的第四次也是最后一次庭审被安排在 6 月的第一个周末进行。正常情况下就是走个程序，卡恩和诺维克会让我把供词重述一遍。而我也终于能提交保释申请了，到时没有人能反对。更何况克拉拉已经筹到 40 万美元保释金，而且我们的朋友琳达还用她的房子做担保。莉兹认为这些足够了。如果日程没有变动，我很有希望在 6 月 15 日左右出狱。

狱友杰克看到我这个法国佬很快就要走了，感到非常惋惜。他让我答应他，一出狱就给他寄一张他最喜欢的女歌手妮科尔·克鲁瓦西耶的光盘。1976 年他曾在法国奥林匹亚音乐厅听过她演唱，而他当时在法国是越狱犯。他回忆起她现场演唱《跟我说说他吧》这首歌的时候还很激动。晚上，我像婴儿般安然入睡，在氖灯下梦到了巴黎。离最后一次接受"检方老爷"的庭审只剩24个小时。

我自认为的最后一场听证会开始了。阿尔斯通提交的所有文件都被复核了一遍。斯坦那边也一切准备就绪。我们进入了这场"喜剧"的尾声，开始详细地背诵着台词的每一个细节，当时的情景应该会取悦那对无敌双雄的主角——卡恩和诺维克，我的"杜邦和杜庞"，但他们远没有《丁丁历险记》中的杜邦和杜庞讨人喜欢。在最后一场庭审快要结束的时候，卡恩突然要求单独与我的律师谈话。

所有人都躲进隔壁的房间交谈。为什么将我排除在这场交谈之外？是不是因为我回答问题的方式把他们惹急了，就像我们第一次谈话时那样？是不是彭波尼一方又提供了其他信息？阿尔斯通是不是又提供了新的证据？他们是不是想给我安个新的"罪名"？他们的秘密会议开不完了。

我正思索着，门打开了。斯坦一个人回来了，坐在我对面：

"好吧，我来给您总结一下目前的情况。如果您坚持您的保释申请，他们将会拒绝。"

"他们又出了什么新招，斯坦？"

"我们还是面临同样的问题，他们想要杀鸡儆猴。谢拉菲是第一个被逮捕的，他获得了绝对豁免权。第二个被捕的是罗斯柴尔德，他能够进行认罪协商。但是，您很不幸，您是第三个被捕的，而且您在阿尔斯通里的职位更高。按照他们的逻辑，您应该付出更高的代价。无论您和他们达成什么样的认罪协议，不管怎样，他们还是希望您在监狱里待 6 个月，这样就可以避免您与外界接触的风险，特别是可以避免您与阿尔斯通接触！"

"这太荒谬了。他们在我之前先逮捕了罗斯柴尔德，只是因为他是美国公民，而且他住在美国。而我呢，我身在外国。"

"这一次，我完全同意您，皮耶鲁齐先生。但是我们被卡住了，别无选择。要么您接受 6 个月的监禁，要么我们继续明天的保释庭审，但是我们获得保释的机会非常渺茫。"

"听着，我想征询一下我的妻子克拉拉的意见。"

"很抱歉，皮耶鲁齐先生，这是不可能的。现在必须马上决定，我们要么继续庭审，要么放弃庭审。他们给了您 10 分钟时间做决定。"

我只有 10 分钟的时间。我再次使用了 D 区的老狱友梅森推荐的办法，不停地深呼吸。道理很简单。如果他们想让我在监狱再待 6 个月，那么不论我做什么或说什么，我都逃不掉。我已经被关了近两个月，还剩下 4 个月。我要么现在一口气服完刑，要么待法庭宣判后再服刑 4 个月。在后一种情况下，我很有可能被关进一个比怀亚特看守所条件好一些的地方。不过，还是早些了结为妙！我顺从了斯坦的意思，回到怀亚特看守所度过剩余的 4 个月，因为卡恩和诺维克也是这样决定的。他们对我的案子如此上心，令我百思不得其解。显然，希望我认罪的不仅仅是他们。不，一定还有其他我不知道的原因。我还需要一点时间来揭开谜底。

22.《反海外腐败法》

《反海外腐败法》这几个字一直萦绕在我的心间。它们给我带来了牢狱之灾（此后还须继续服刑 4 个月），而我对这部法律却知之甚少。斯坦和莉兹已经给了我一些信息，尽管我一再要求，他们也只给我发了一份非常笼统的文件。克拉拉好不容易才找到一份美国律所长达 800 页的研究文件，其中统计了所有因腐败而被指控的案件。自从拿到这份文件后，我就一直在仔细研究所有案例，并将它们和我的案子进行对比。在这几个月，我基本上就只做这一件事，几乎快成为一名真正的美国《反海外腐败法》专家。但是在 2013 年春天，我还没有达到专业程度，那时我才刚刚接受美国《反海外腐败法》的教育。

我发现，这项法律颁布于 1977 年著名的水门事件之后。在调查导致理查德·尼克松下台的政治丑闻的过程中，美国司法机关揭露了一个暗地资助和贿赂外国公职人员的庞大体系，涉及

400 家美国公司。负责调查的美国参议院委员会在调查报告中透露，美国大型军火公司洛克希德为了向他国出售战斗机，其董事会成员已经支付了数千万美元的贿款给意大利、联邦德国、荷兰、日本和沙特阿拉伯的政界人士与企业高管。此外，洛克希德还承认向荷兰女王朱丽安娜的丈夫贝恩哈德亲王支付了超过 100 万美元的贿款，以便销售他们与法国幻影 5 竞争的 F-104 战斗机。这一家丑外扬之后，作为应对，时任美国总统吉米·卡特通过立法规定，立即禁止美国公司向"外国公职人员"（包括公务员、政治领导人、受托管理公共事务的人）支付佣金。这项法律由两个机构负责执行：在刑事上，由美国司法部控告违犯这项法律的公司和个人；在民事上，由美国证券交易委员会起诉涉嫌篡改账本（进而误导投资者）来掩饰行贿的公司。美国证券交易委员会原则上只会干预在美国证券市场（纽约证券交易所、纳斯达克）上市的公司。

然而，《反海外腐败法》自从 20 世纪 70 年代末生效以来，就一直受到美国主要行业巨擘的质疑。他们认为这项法律可能会使他们在出口市场（如在能源、国防、电信、制药等领域）处于不利的地位，这或许并非完全没有道理。事实上，其他经济大国，特别是欧洲国家（法国、德国、英国、意大利等）尚未通过类似的法律。相反，这些国家的公司在许多腐败猖獗的国家继续求助于中间人服务。一些国家，比如法国政府甚至为公司制定了向财政部申报贿赂款项的制度，以便将这些款项从公司应纳税款额中扣除！这项制度在法国一直持续到 2000 年。不同的时代有不同的规则。美国政府没有打压自己企业的倾向，也不想惩罚美国的出口产业，并没有大力实施《反海外腐败法》。1977—2001 年，美国司法部只惩罚了 21 家公司，而且通常都是二线企业。这样算下来平均每年惩罚的公司还不到一家！

然而，美国雇主协会并不希望这项法律"进入睡眠状态"。美国的行业巨头很清楚他们能从这项法律中获得多少利益。为了达到目的，只需让他们在国际市场上的竞争对手卷入同一麻烦。1998 年，他们终于如愿以偿：美国国会修改了法律，使其具有域外效力。此后，美国《反海外腐败法》同样适用于外国公司。美国政府自认为有权追诉任何一家公司，只要它用美元计价签订合同，或者仅仅通过设在美国的服务器（如谷歌邮箱或微软邮箱）收发、存储（甚至只是过境）邮件，这些都被视为国际贸易工具。这项修正案就是美国人的一个把戏，他们把一项可能削弱自身企业的法律转变为干涉他国企业、发动经济战的神奇工具。美国司法部和证券交易委员会从 2000 年中期开始不断地试探这种域外法权的底线。例如，毫不犹豫地审判外国医生——因为他们被委托从事公共服务，就像审判"公职人员"一样，从而对国际制药公司提起诉讼。

企业因违犯美国《反海外腐败法》而支付的罚款总额在 2004 年仅为 1 000 万美元，到 2016 年则猛增至 27 亿美元。"9·11"事件后颁布的《美国爱国者法案》使这一大跃进成为可能。该法案赋予美国政府部门可以借助反恐的名义，大规模地监视外国企业及其员工的权利。在绝大多数情况下，这在公共采购合同公开招标的范围内是完全不适用的。显然，腐败的受益者首先是受贿的公务员或者政党，而不是达伊沙或基地组织。2013年"棱镜门"丑闻爆出，爱德华·斯诺登揭露了美国的秘密监控计划。世界各国这才意识到美国的主要数字企业（谷歌、脸书、微软、雅虎、美国在线和苹果等）也和美国情报机构分享信息。

这还不是全部。美国政府不仅用违规的手段获取情报，还在经济合作与发展组织内发动攻势，督促该组织成员也在国内或区域内进行反腐立法。法国在2000年5月通过经济合作与发展组织颁布《反腐败公约》（9月正式生效）。只是这些欧洲国家没有颁布域外法律的手段和野心，它们最终都掉进了陷阱。一旦某个国家加入经济合作与发展组织的《经合组织反贿赂公约》，它实际上就授权美国可以起诉该国的企业，而它却没办法使用法律手段报复美国企业！这些事情环环相扣，是一个居心叵测的大阴谋。很多人都被骗了。

我从未想过不应该反腐败，恰恰相反。比起落进受贿高官、有权势者或统治家族中有影响力成员的口袋里，这些巨额贿赂对贫穷国家和发展中国家的发展来说更加有用。是的，腐败是一种祸害。根据世界银行的统计，2001—2002年，有1万亿美元被用于贿赂，占同时期全球贸易总额的3%。当然，这笔钱本来可以而且应该被用于在很多国家建学校、医院、诊所或大学。当然，我们必须同这种恶行进行斗争，但是不应该搞错斗争对象。

首先，美国《反海外腐败法》在道德的掩饰下成为一种非同寻常的经济统治工具。况且，2000—2017年，腐败是否显著减少？我们对此严重怀疑。但有一件事是肯定的，这项法律对美国财政部来说是一件喜事、一座真正的金矿。在很长一段时间里，罚款总额都不是很高，但自2008年开始呈现爆炸式增长。其中，外国企业的贡献最大。1977—2014年，只有30%的调查（474项）是针对非美国公司的，但是它们支付的罚款占总额的67%。在26个超过1亿美元的罚单中，有21个涉及非美国公司。[1] 包括德国公司西门子（8亿美元）、戴姆勒（1.85亿美元），法国公司道达尔（3.98亿美元）、德希尼布（3.38亿美元）、阿尔卡特（1.38亿美元）、法国兴业银行（2.93亿美元），意大利公司斯纳姆普罗盖蒂（3.65亿美元），瑞士公司泛亚班拿（2.37亿美元），英国航空航天系统公司（4亿美元），日本公司松下（2.8亿美元）、日本日挥株式会社（2.88亿美元）。请记住，这张令人印象深刻的"狩猎表"就是仰仗于一项美国法律。

当然，美国公司也是被调查对象，但令我惊讶的是，在实施《反海外腐败法》的近40年里，美国司法部从来没有在石油业巨头（如埃克森或雪佛龙）或国防业巨头（如雷神、联合技术公司、通用动力）的交易中挑出什么毛病。我们该如何想象，为何这些美国巨擘无须支付巨额佣金，就能成功签订处于高度敏感领域的合同呢？我从事这个行业22年了，我不相信，这的确不可能。我们必须睁大双眼看清楚，美国司法部不是独立的，而是长期处

---

[1] 参见《附录》。

于美国强大的跨国公司的控制之下的。进一步深入研究后，我还意识到，绝大多数时候，美国司法部都是在美国的大型企业被他国法院起诉之后，才会对它们提起诉讼（万幸，这一幕还是发生了）。随后美国收回调查权，让它们"回家"受审，然后它们就可以为所欲为！

美国哈里伯顿公司的凯洛格·布朗·鲁特公司事件就是一个典型例子。20世纪90年代中期，凯洛格·布朗·鲁特公司是美国哈里伯顿公司的子公司，当时由未来的美国副总统理查德·切尼领导。该公司和法国德希尼布、日本日挥株式会社，以及丸红株式会社（即塔拉罕事件中的日本公司）联盟，为尼日利亚的伯尼岛油田提供装备。为了赢得这个价值20亿美元的合同，凯洛格·布朗·鲁特公司为卖方联合体找到一个伦敦律师，通过他向尼日利亚的官员支付1.88亿美元贿款。此案被公开后，被送到了法国一个预审法官的桌上。该法官在2004年5月收审了这个伦敦中间人。美国没有其他选择，只能启动调查。最终法国和美国达成一项协议：法国法官放弃追究哈里伯顿公司及其子公司凯洛格·布朗·鲁特公司的法律责任，因为美国政府对该案进行过调查。美国检察官随后发现，凯洛格·布朗·鲁特公司的董事已经收取了大量回扣，因此不可能不对他们提出指控。但相对于涉案金额，判决实在太轻了。最终，组织支付了1.88亿美元的贿款，领取了1 000万美元回扣的凯洛格·布朗·鲁特公司的首席执行官艾伯特·杰克·斯坦利却只被判了30个月的监禁。凯洛格·布朗·鲁特公司总共被罚5.79亿美元,而德希尼布却是3.38亿美元。

在一位法国法官揭露的案件中，一个法国公司被判处向美国政府而不是法国政府支付 3.38 亿美元的罚款！这就叫搬起石头砸自己的脚！而我在达成塔拉罕交易的时候只是一名小职员，出现在一份涉案金额比凯洛格·布朗·鲁特公司案小得多的项目中，没有拿一分钱的回扣，却有可能被判 15 年有期徒刑，因为柏珂龙从一开始就不想配合美国司法部的调查。这种完全不成比例的处罚是如何变得合理的？我看的资料越多，就越感到沮丧和厌恶。

同样，我发现在美国司法系统里，不仅仅是关于我的案子，所有案子都是一场交易。美国司法部一旦怀疑企业行贿，很快就会与涉案企业首席执行官取得联系，然后给他提供几种可能的情况：要么同意合作，并自证其罪，然后开始漫长的谈判（99%的案子都是这种情况）；要么选择反抗，走诉讼程序（在我研究的几百个案件中，只有两例是这种情况）；要么用拖延战术（就像阿尔斯通案），但要自担风险。

因此，所有公司都倾向于与美国司法部或证券交易委员会谈判，最终达成交易。此外，有谁听说过阿尔卡特、德希尼布或是道达尔先后签署过和解协议？

不幸的是，我的案子进展不是这样的。显然柏珂龙试图让美国司法部相信他进行了内部清理，但他其实是在玩火。于是拥有雄厚实力的"美国联邦调查局碾压机"开始启动了。美国政府其实将反腐败作为排在打击贩毒之后的国家第二优先任务。有超过600 名联邦官员在执行反腐败任务，其中有一个特殊小组——国际腐败组——专门负责调查外国公司。例如，美国联邦调查局会毫不迟疑地设计圈套（钓鱼执法）使公司上钩。这种行为在法国是被法律禁止的（除非是为了打击贩毒活动）。同样，2009 年，美国动用了几名卧底特工（其中一个是法国人保罗·拉图尔），让他们假扮成代表加蓬国防部长的中间人。然后，这些假中间人上门向 20 多家企业推销，用合同引诱其支付佣金。一切都被记录在案。美国人还会招募企业内部人员作为眼线。我这个案子就是这种情况，他们想让我做线人，帮忙搜集证据。美国联邦调查局已经做好准备，打击目标企业或瓦解棘手的公司。那些试图抵抗的公司都会遭遇不幸。

虽说如此，就算美国警察是一台杀人机器，但这不妨碍我继续研究。研究越深入，搜集的资料越多，我就越觉得我的情况十分特殊。柏珂龙的战略错误让我进了监狱，即便如此，我所受的处置也是前所未有的，不同于其他任何涉及美国《反海外腐败法》的案子。

23. 认罪协议

我对法国人克里斯蒂安·萨普斯奇安的案子特别感兴趣。他曾是阿尔卡特在拉美地区的副总裁助理。他的案子始于 2008 年，他的遭遇与我十分相似。在那个案子里，为了获取哥斯达黎加的一个合同，他们和法国电信公司在当地的子公司哥斯达黎加电力学院聘请了中间人。1998 年以前，阿尔卡特和阿尔斯通都属于同一个工业集团。我是从阿尔卡特电缆子公司被调到阿尔斯通的。为此，1990—1992 年，我在阿尔及利亚做了 16 个月的境外国家服务志愿者。一直到 1998 年两家公司分道扬镳之前，它们选择中间人的内部流程几乎都是一样的。与阿尔斯通一样，阿尔卡特支付给中间人的费用都是分期支付的。唯一的不同之处在于，在佛罗里达被逮捕的萨普斯奇安监守自盗，收了 30 万美元的回扣。这与我的案子有天壤之别。

但是，我在详细研究他的刑事案卷的时候，发现他被判处的刑罚比我轻得多：他在承认自己赚了不义之财的情况下，却只被判了 10 年有期徒刑，而我却可能面临 125 年的监禁。我问过斯坦这个问题，"博学"的他给我的解释是，虽然法律在联邦一级的实施标准是一样的，但是在康涅狄格州和佛罗里达州，也就是我和萨普斯奇安分别被起诉的地方，法律实施标准可能存在着细微的差别。他继续说道："必须参照的《美国联邦量刑指南》正是为了纠正这种差异而制定的。"

显然，他拒绝承认那个案例对我有什么特殊的参照意义，因为他不打算与美国司法部进行一次真正的角力。面对律师的这种冷漠，我只能去寻求怀亚特看守所的内部资源，求助于最有经验的杰克——"法国贩毒网"的老江湖。

经历近半个世纪的司法纠纷，以及 36 年的牢狱生活，我的这位狱友自认为比大多数律师更靠谱，其实他的感觉并非完全错误。因为这么多年来，他所有的申诉状都是自己写的，要求他的律师过目之后直接交给法官。

"对那些法官和检察官，一定要把他们挤到墙角，"他嘱咐我，"只要你们签订了刑期确定的协议（有约束力的认罪协议），他们就对你无可奈何。你和检察官在商定刑期的基础上达成一份协议，你签字后，没有人能再给你加刑，就连法官也不行。我希望这就是你的律师和检察官谈判的内容！"

"我什么都不知道。他们告诉我检察官提出了 6 个月的刑期，所以我想应该就是 6 个月的刑期吧。"

"你不能光想，你必须确定。特别是不要签没有写明刑期的空头协议，因为之后检察官可以让你在量刑的时候吃亏。这些检察官可以随便更改刑期……你明白吗？这就叫给自己挖坑……"

我不会直接告诉他，但我承认，他的想法可能是正确的。我深切地感受到自己就是砧板上的鱼肉。我的两个律师在律所执业前都担任过助理检察官，他们应该了解这种肮脏的手段。为什么他们没有和我说清楚认罪协议还有不同的类型呢？如果不是咨询了杰克，我是无法知道这些的。

第二天，我又打电话给斯坦，问他认罪协议的细节：

"不，不是刑期确定的认罪协议。在康涅狄格州，我们不用这种认罪协议，但我承认，这种协议在很多州都是适用的，特别是在马萨诸塞州和纽约州。告诉你这些情况的人，他的案子一定是由适用于这种认罪协议的地区管辖的。"

"很明显，又是一个与我做对的康涅狄格州的特殊之处。那你希望我签署哪一种认罪协议？"

"空白协议。"

"如果认罪协议上没有写明刑期，那我怎么能确定我最终只会被判6个月？"

"在康涅狄格州，认罪协议的文本内容比较微妙。这里的司法人员不喜欢受人摆布。但是大家都相互信任。法官、律师、检察官，我们都在一起工作几十年了，没有人会食言。如果诺维克和我说是6个月，那最后就一定是6个月。相信我，不用担心。而且我们又有新的麻烦了。"

"是吗？是什么？"

"你必须承认 10 项指控中的两项，而不是原先设想的一项。"

"什么？但是，一个月前，你不是向我保证他们只会指控我一项罪名吗？"

"我确实是这么和诺维克谈判的，但是最终做出决定的不是他，而是远在华盛顿美国司法部的卡恩的上司。"

"但他们为什么会改变主意呢？"

"他们比较了解你和阿尔卡特的萨普斯奇安的案子，大概萨普斯奇安承认了两项指控。"

"但是萨普斯奇安拿了 30 万美元的回扣。这与我的案子毫不相同。斯坦，我觉得无论美国司法部提出什么要求，你都会说同意，而不是反对。快点去找那些没有获取个人利益的员工案例！做好你的工作！"

"我们会的，但恐怕这无济于事。别忘了，皮耶鲁齐，你必须要在彭波尼之前认罪。否则，我们就会完全失去协商的余地……"

尽管美国司法部的提议非常过分与不合理，我却只能在接受和拒绝中选择，没有争辩的余地。我再次面临无解的两难困境：是选择"最糟糕的"，还是选择有可能"没那么糟糕的"；赌注是下在"瘟疫"上，还是下在"霍乱"上。像往常一样，我又在纠结"或者""还是""否则""要么"……我列出一堆公式，最后一项可用下面的方法解题：要么我接受两项认罪指控，最后可能被判处 10 年监禁（如果我相信斯坦的话,实际上将只有 6 个月）；要么我明确拒绝，决定走诉讼程序，但可能被判处 15～19 年有期徒刑。我相信，检察官会用这个新的下三烂招数同时对付我和阿尔斯通。这对公司高层来说也是一个信号："看看我们的手段！如果你们不乖乖和我们合作，你们就会像他这么倒霉！"在这个事件中，我显然只是一个工具、一个人质、一个因为他人利益而被绑架的囚徒。但在那个时候，我很难看清阴谋的全貌。

无论是真还是假，斯坦和莉兹都透露出一种沮丧。尽管如此，他们仍然极力怂恿我接受协议。于是，濒临绝望的我同意承认两项指控。我真的别无选择。但在签订认罪协议之前，我要求他们把文本发给我。

我在文本里发现，这都是典型美国式的认罪协议条款：我必须承诺，绝不公开改口说自己无罪，我也无权上诉。在撰写判决书的时候，我也没有机会提到塔拉罕的事情！我的辩护词里只能用个人背景（家庭、教育、宗教……）作为论据。因此，我无法说出我认为的事实真相，也不能阐明我在阿尔斯通公司中的地位。在这种情况下，与其他同案人员相比较，法官如何来评估我在本案中所起的作用呢？斯坦假惺惺地回答我："法官最终会拿到检察官的事实版本。"更奇怪的是，协议中也没有根据《美国联邦量刑指南》写明各项指控并计算对应的量刑幅度。这和我研究过的所有认罪协议刚好相反。当我对此表现出惊讶时，斯坦辩驳说："这又是康涅狄格州的一种习惯做法，你要么接受，要么拒绝！"

最终，我同意了。我还能怎么做呢？我于 2013 年 7 月 29 日被传唤前往纽黑文法院，去签署认罪协议。

听证会由同一个法官主持，她在 3 个月前，也就是 4 月 19 日，拒绝了我的保释申请。我已经在看守所被关 100 天了，这对我来说好像有一个世纪之久。

"弗雷德里克·皮耶鲁齐，"评审团主席马格里斯说道，"在接受你的认罪协议之前，我想请你宣誓。书记员，请你带领被告宣誓。"

书记员只是简单地让我站起来，举起右手，听证会就开始了。

"皮耶鲁齐先生，既然你发誓会说真话，那么如果你做伪证或虚假陈述，你将会被追究法律责任，明白了吗？"

"明白，法官大人。"

"请说出你的全名、年龄，然后告诉我们你的学历。"

"弗雷德里克·迈克尔·皮耶鲁齐，45 岁，在法国获得工程学学士学位，还持有纽约哥伦比亚大学工商管理硕士学位。"

"你懂英语吗？"

"懂。"

"你和你的律师沟通是否有什么困难？"

"法官大人，我被关在怀亚特看守所，嗯……那里的情况有点儿复杂……"

没等我的话说完，我的律师便站起来说道：

"法官大人，皮耶鲁齐先生确实受到通话限制，所以我们有时交谈不便，但是他和我以及我的同事莉兹就案情进展见过 3 次面，而且我们现在能够毫无障碍地和他交谈。"

好吧，我明白我来这里是为了重述我的辩护词，之前已经跟着斯坦从头到尾念了一遍。现在不是抱怨的时候，更不是批评美国司法系统的时候。

"皮耶鲁齐先生，"马格里斯不动声色地接着斯坦的话说，"你是否在接受药物治疗？"

"是的。我在服用镇静剂，这是为了缓解入狱的压力，也是为了解决失眠问题。"

"这些药物是否会影响你理解本次听证会中的辩论内容？"

"不会，法官大人。"

"在过去的 48 小时内，你有没有吸食过毒品或摄入酒精？"

"没有，法官大人。"

"你的律师是否告知过你可能被判的最高刑期，你是否和他讨论过这个问题？"

"是的，法官大人。"

"所以你完全理解你将要签订的协议？"

"是的，法官大人。"

"你有受到威胁吗？"

我该怎么回答这个问题？有人身威胁吗？显然没有。尽管我被关在一座戒备森严的看守所里，没法接触案卷材料，这算威胁吗？但如果我提到这一点，那我的认罪就是无效的。所以我的回答是否定的。美国的司法正义也得以继续大行其道。

"皮耶鲁齐先生，"马格里斯一个音节一个音节地强调，"为了确保你能理解所做决定的后果，请你用几句话向我们总结一下你干了什么事情，以及你犯有哪些罪行。"

我们终于说到这里了。现在我应该给他们表演我和斯坦一起准备的套话。我开始了承认自己罪行的长篇大论：

"法官大人，1999—2006年，我是阿尔斯通集团全球锅炉销售部副总裁。当时，我的工作地点是康涅狄格州温莎镇。2002—2009年，阿尔斯通电力分公司和阿尔斯通其他分公司的员工、我们的合作伙伴日本丸红株式会社的员工，以及公司的外聘中间人，共同密谋向外国官员行贿，目的是获得印度尼西亚塔拉罕发电厂项目。我和我的同谋将这些贿赂款伪装成佣金。我们之间用邮件交流，讨论这笔交易的细节。最后，我们成功地拿下了塔拉罕项目的合同。"

"谢谢你，诺维克检察官对此声明满意吗？"

"非常满意，法官大人。"诺维克的表演也无懈可击。

"皮耶鲁齐先生，我总结如下：你承认了两项指控。第一项可判处5年有期徒刑，至多可并处10万美元罚款。第二项可判处5年有期徒刑，至多可并处25万美元罚款。根据美国的移民法律，你的认罪协议同样有法律效力。你知道吗？"

"是的，法官大人。"

"现在请仔细听我说，皮耶鲁齐先生。你马上会接受一位缓刑监督官的讯问。他将负责撰写一份量刑报告。这份报告之后会提交给法庭。然后法庭会根据这份报告给你判处适当的刑罚。你明白了吗，先生？"

"是的，法官大人。"

"这份报告必须在 10 月 10 日之前提交。检察官必须在 10 月 17 日之前对该报告给出答复意见。法庭将在 2013 年 10 月 25 日开庭，决定你的刑罚。当然，你必须出席本次听证会。"

"是的，法官大人。"

"好，那么，听证会到此结束。祝大家度过愉快的下午，特别是祝大家假期愉快。"

法官大人不是在开玩笑，她说这话的时候一本正经。这几个日期的描述或多或少与检察官向斯坦提及的 6 个月监禁一致，所以这给了我一丝安慰。自由指日可待：10 月 25 日！

法官、检察官和律师从 2013 年 7 月 29 日开始休假。康涅狄格州的闷热环境让人喘不过气来。把我带回怀亚特看守所的装甲囚车变成了一个大火炉。在我身边，一名年轻的囚犯将脸埋在手心里。法院刚刚宣读了他的判决：因贩毒被判入狱 96 个月。虽然我感到越来越热，但我还是尽力安慰他："如果你表现良好，你就可以减去 15% 的刑期，这样你就可以在 35 岁的时候出狱。你的人生路还很长，你还有时间组建一个家庭、生孩子、找工作……"我对他说的这段话，其实也是对我自己说的。"留得青山在，不怕没柴烧。"但是在这个闷热的车厢内，我的话听起来很无力。在看守所里被关了这么长时间后，一名 35 岁的黑人男子能够在美国重新开始生活的概率有多大？这个国家应该为他提供什么？那我呢，这个国家又为我准备了什么？滚烫的车厢让人感觉如同身处地狱。我都快热晕了。

24. 克拉拉探监

　　她就在那里，站在玻璃墙后面。她还是那么漂亮，有一头乌黑的长发和一双深色的眼睛。克拉拉终于来了。我好不容易才让我父亲打消了来看守所探望我的念头，但是克拉拉什么都听不进去。2013年8月5日傍晚，她跨进了看守所的大门。

　　早晨，我和所有要去见访客的囚犯一样，剃了胡须，尽可能地让自己看起来像样一点儿，应该让她看到我这段时期最好的状态。为了显得面色红润，我轻轻拍打自己的脸颊，但脸色仍然苍白。由于缺乏睡眠、不见天日、身负重压，我眼睛凹陷、眼袋突出、眼睛周围全是浓重的黑眼圈。万一我这副模样让她厌恶了呢？我自我安慰道：克拉拉是一个具有巴斯克人坚韧性格的女人，这种性格已经渗透到她的骨子里，她能够应付一切考验。我知道她会给我一个灿烂的笑容，我这4个月里最想念的，就是她的笑容。

　　晚上7点，我走向探视厅。在那里，我终于看到了她。厚厚的玻璃隔板将我们分开，我可以看到她，却不能触碰她，更不能把她抱在怀里。我愿意付出一切，只为了能够亲吻她。但怀亚特看守所的访客管理规定不容许出现任何意外。该规定包含至少34 项条款，严格禁止女访客穿戴以下服饰：短裤、长裙或高于膝盖以上 6 英寸（约 15.24 厘米）的短裙、低领上衣、有钢圈的胸罩、大衣外套、帽子、手套、围巾、首饰，只有结婚戒指是被允许的。而男访客不允许戴帽子，还被严格禁止随身携带纸笔，不允许做笔记。见面时所有的会话都会被录下来。

一切都按照规章制度有条不紊地进行着。好吧，这只是在理论上。因为实际上探视厅现场一片混乱。你可以想象，一个宽敞的大厅被一堵透明的墙隔成两部分。墙的一边坐着囚犯（有 20 多个人），另一边坐着他们的家人。他们通过电话听筒交谈。所有人同时开始说话，其中有很多人在说西班牙语。为了能让对方听见自己的声音，你得把鼻子贴到玻璃上，大声地说话。

克拉拉离开新加坡后，先到法国把孩子送到她父母身边，然后马不停蹄地乘飞机前往波士顿，这段漫长的旅程似乎让她筋疲力尽。她有些怯怯地打量着我穿着卡其色囚服的样子。她的脸色看起来还可以，但我能看出来，其实她心乱如麻，眼角噙泪。在人声喧嚷的囚犯探视厅，她见到了真实的看守所是什么样的。她再也不能表现得仿佛这一切都不是真的，她不能再像过去 4 个月那样逃避现实。她目睹了这里的暴力，她触摸过这里油污的墙壁，她闻过这座看守所的气味。她明白，从此以后她再也不能忘记怀亚特看守所。她看到我身体不错，于是放下心来，开始不停地跟我说话，以掩饰她的不自在。她跟我一一讲述我们的孩子、她在新加坡的工作、她的同事、我的妈妈、我的妹妹。我一言不发地听着，听她讲述铁窗外的日常生活，我很高兴。

不过当我们开始聊我的案子时，我一下子就泄气了。在我被捕后的头几个星期里，我的同事，特别是阿尔斯通新加坡分公司的负责人韦尔士经常给她打电话。然而，他们很快就按照职位的级别，由上到下，先后与克拉拉中断了联系，克拉拉孤立无援。尽管如此，她仍请求与柏珂龙在总部见一面。柏珂龙委派了电力部的负责人菲利普·科歇去见克拉拉。我一直与菲利普保持着良好的关系。他原定于 8 月 5 日在勒瓦卢瓦见克拉拉。我们本来对这次会面满怀期待，希望能够为未来做好准备，我们也想了解阿尔斯通在美国司法部的诸多限制下，将如何援助我。不幸的是，因为我在 7 月 29 日与检察官达成了认罪协议，科歇在约定的前一天取消了这次见面。他告诉克拉拉，他今后不可能再与她联系。就这样，所有人见到我们就像见到瘟疫一样避之唯恐不及。这对克拉拉来说是一次严重的打击，对我也是。

此外，阿尔斯通面临的压力也在持续增加。7 月 30 日，在我认罪的第二天，美国司法部"重新启动"针对阿尔斯通的调查。我在重新启动上加引号是因为写下这几个字的时候，我问我自己，是不是所有内容都是由检察官提前写好的，他们从一开始就编织了一张网，事先计划好了每一步，并步步为营。在我被捕后，阿尔斯通起初的合作态度并没有完全说服他们。于是他们决定给它重重一击,指控阿尔斯通的一个新董事,他当时的职位比我高——国际关系部亚洲分部高级副总裁,是中间人合同的 3 个最终签署人之一,更是柏珂龙的软肋。看到他的遭遇,柏珂龙应该能预感到距离被美国司法部控诉又近了一大步。根据同一天发布在美国司法部网站上的起诉书,霍斯金斯被指控在塔拉罕项目中行贿并掩盖雇用中间人的行为。只要身处最高管理层——霍斯金斯几乎就要进入公司领导梯队了——那就肯定知道国际关系部团队实施的腐败机制,而这必然能减轻我的一部分责任。同时,这也证明美国司法部其实对阿尔斯通里面每一个人的角色和责任都了如指掌。

我现在太了解诺维克和卡恩了,以至于我不能不怀疑他们在秘密策划一场阴谋。我特别惊讶的是,美国司法部冒着可能抓不到霍斯金斯的风险,事先公开了对他的指控,可他们却煞费苦心地对我的指控守口如瓶。如果他们的目的不是逮捕霍斯金斯,而是要对柏珂龙施加压力呢?他们正在一层一层地重新登上阿尔斯通这艘"火箭",马上就要到驾驶舱了。霍斯金斯之后,逮捕名单上的下一个人应该就是柏珂龙。在勒瓦卢瓦,肯定是由卡尔决定是组织反击还是举手投降。当然,他们最后一定会选择谈判。我很清楚,他们别无选择。阿尔斯通是一家大型的法国公司又如何?在美国联邦调查局和美国司法部的重压下还是毫无招架之力。阿尔斯通逃脱不了支付巨额罚款的命运,但是我的上级领导为了从困境中脱身,不重蹈我的覆辙,将会做怎样的交易呢?他们会牺牲谁?我不敢想,也不敢和克拉拉提这件事。

一个小时的探监结束了，但克拉拉告诉我两天后她会再来。在这期间，她将住在我们忠实的朋友琳达家。我不舍地与她道别。第一次探监的时间是那么短暂。察觉到她的焦虑不安，我的心都要碎了。但在沿着通道走回牢房的路上，我的心情舒缓了很多。她让我放心，孩子和我的父母都很好。仅仅是再次见到她，就缓解了我的一些压力。

在怀亚特看守所的狱警中，既有热心的人，也有对我的命运漠不关心的人（占绝大多数），还有一些地痞流氓。2013 年 8 月 7 日下午，克拉拉第二次探监的时候，我遇到了一个可恶的女狱警。我的探监时间是从 13 点开始，但这位女狱警一直在煲电话粥。如果她不挂机，访客接待办公室就永远不能接通电话，我告诉她我妻子已经到了。一次、两次、三次，我试图让她了解目前的情况，但她一直没有理我。终于，一个小时后，她告诉我，我可以去探视厅了。可是其他狱警又让我在通道里等了很久，于是我失去了冷静。尽管我非常清楚，这不能解决问题。但现在，我把所有的狱警都惹急了，他们向我大声叫嚷着："在这里，你是囚犯，所以如果我们想让你等三个小时，我们就有权力这样做。"通过所有铁栅栏门和检查装置需要 20 多分钟。而克拉拉已经在等候室里等待了两个半小时。

幸运的是，我们在第二天还有最后一次见面的机会，而且时间将增加到两个小时。在这一次的探监过程中，尽管周围都是其他囚犯和家属嘈杂的说话声，并且狱警一直在大声吼叫着，试图维持一种貌似有序的秩序，椅子刮着地板发出吱吱声，门打开又被关上，情绪失控的囚犯在抽泣、辱骂，但这都不影响我们再次变得亲密，我们一起回忆我们共同的过去、我们的第一次约会，以及我们曾经遭遇的困境……此时此刻，我感觉从未与我的妻子像今天这般亲近。尽管我们之间隔着玻璃，但我俩的心贴得如此近，激动得如同触电一般。

克拉拉现在已经离开了，她将利用剩下的 3 周假期努力缓解一点压力。我们已经做好了诸多重大决定：我会认罪，我们会把孩子送回新加坡上学，她会继续工作到 2014 年 6 月，直到一学年结束。在那以前，我应该已经被释放了，我的刑期也应该宣布了，我会在 2013 年圣诞节之前和她团聚。

接下来阿尔斯通会怎么样，我不知道。但管理层刚刚任命在美国的锅炉业务主管库兰临时代理我的工作。我把这看作一个好兆头。他们"保留了我的位置"，不会解雇我。在这漫长的 8 月里，一直到被释放，我每天都在数日子。我只需要再忍受两个月。

在此期间，所有 A 区的囚犯都被转移到了 L2 区，那里囚禁的都是帮派成员。6 平方米的单人牢房被双人牢房取代了。我和另一个希腊人亚尼斯被分到同一间牢房。幸运的是，我和他相处得还不错。但 L2 区没有给囚犯散步的露天小院。

9 月初，我见到了我的父亲。他不顾我的反对，还是来美国了。如果我是他，我也会这么做，所以我不能责怪他。但是当我看到他时，我深感震惊。他驼着背走路，挂着拐杖，走得非常艰难。他以前是那样健壮和精力充沛，但现在，我觉得他一下子老了 10 岁！他告诉我，几周前，他得了坐骨神经痛，无法坐下，所以一直在家卧床休息。在身体不适的情况下，他是如何忍受坐 7 个小时的经济舱，从巴黎飞到波士顿，然后租车开 3 个小时到我这里的？我感到非常内疚，我开始自责，自己使妻子、父母等身边的亲人遭了太多罪。和克拉拉一样，爸爸也会来看我 3 次。他的到来也让我感到无比欣慰和满足。

25. 解雇

我像吃了一记上勾拳。更确切地说，是一记腰下出拳，真是卑鄙又无耻。这就是我今天早上收到邮件时的感受，邮件上显示的日期是 2013 年 9 月 20 日。

主题：解雇的初步面谈通知。

我们通知您：我们不得不考虑对您做出解除雇佣关系的决定……您被解雇的事实非常明确，我们知道您被监禁在美国，无法出席这次初步面谈……因此，我们已在信中附上启动本次解雇流程的正当理由。我们希望您能以书面形式对此事提出意见。

我预料到我的认罪决定会产生什么后果。劳动纠纷仲裁律师、泰乐信律师事务所巴黎分所的合伙人马库斯·阿斯肖夫是我妻子帮我聘请的律师，他将代表我跟我的前老板打官司，并成为我最坚实的后盾。他告知克拉拉：理论上，阿尔斯通有权在我认罪后的两个月解雇我。所以我非常焦虑地等待这两个月过去。但不知为何，我还幻想着公司领导层能找到更恰当的解决方案，而无须解雇我。我这真是在自欺欺人！自我被捕以来，他们任由我在监狱里自生自灭，从不过问我的遭遇，也没有给予我任何鼓励。更糟糕的是，公司执行委员会的几位成员到美国出差时，没有一个人来看守所探视过我。真是一群浑蛋！他们好像已经把我忘了，现在想把我像垃圾一样扫地出门！

在写给我的这封邮件中，集团人力资源总监布鲁诺·吉耶梅一上来就指责我擅离职守——简直欺人太甚："您因为被监禁而无法履行您的劳动合同，考虑到您所任的职务级别，您的缺勤导致我们无法维持合同关系。"然后吉耶梅花了大量笔墨在我的认罪行为上。"您的认罪声明，"他写道，"将导致美国司法部给您判处有期徒刑，而这无疑会损害阿尔斯通在全球的形象。事实上，该行为已严重违反了阿尔斯通的政策与价值观，导致监管机构对我们产生了怀疑，特别是对我们全球业务的开展造成了难以估计的恶劣影响。"

我把这份邮件读了又读，但都是徒劳的，我还是无法接受他对我的抨击。说我擅自离岗？他们还真好意思把这个作为解雇我的理由。这样，他们就能完美地避开具体事实。我被解雇不是因为塔拉罕的案子，也不是因为我的认罪声明，而是因为我没在新加坡的办公室里坐班！说得好像我能选择一样！同样无耻的是，他们居然还因为我承认了罪行而谴责我，其实他们心知肚明，我根本没有选择的余地，这封信真是虚伪到了极点。人力资源总监到底有没有意识到他在写什么？如果是柏珂龙迫于美国司法部的压力，承认他掌管了十几年的公司的罪行和他自己的罪行，那是否也意味着要把柏珂龙和所有执行委员会的成员解雇呢？我对此深表怀疑。而且，他们怎么能谴责我的行为"违反了阿尔斯通的政策与价值观"呢？我是否应该提醒他们，在阿尔斯通的这些年里，我一直都严格按照领导规定的流程做事，不逾矩，也不取巧。

同样骇人听闻的是，按照他们的说法，我过去"没有履行正直、诚实、忠诚的义务"，难道是我决定聘请中间人吗？难道是我基于保密考虑，决定利用我们的瑞士子公司来和全球的中间人签订合同吗？难道是我决定支付贿赂款吗？或者是我建立了国际关系部、合规部、中间人选拔程序等这些组织结构吗？显然不是。恰恰相反，我和每一个与我职务类似的管理人员一样，严格遵守公司的规章制度。此外，在过去的 10 年里，阿尔斯通及其子公司曾在十几个国家因腐败或涉嫌腐败被起诉、判罚。这份名单上有墨西哥、巴西、印度、突尼斯，还有意大利、英国和瑞士，乃至波兰、立陶宛、匈牙利，甚至拉脱维亚。阿尔斯通的两个子公司也被世界银行盯上了。2012 年，世界银行把它们列入了赞比亚水电大坝贿赂案的黑名单。这些导致公司被起诉或判刑的合同，我一个都没有参与，而阿尔斯通竟然敢污蔑我损害了公司形象，真是一群道貌岸然的伪君子！

塔拉罕事件当时的合规部主管布鲁诺·凯林同时也是阿尔斯

通瑞士子公司普罗姆的法律代表，绝大多数中间人合同都是通过这家瑞士影子公司签订的。凯林在 2008 年同样被瑞士警方逮捕，在狱中待了 40 多天。而阿尔斯通在 2011 年同意向瑞士政府支付数千万欧元的罚款以撤销起诉。

现实是残酷的：公司内部存在大规模的腐败，涉及各大洲。

公司的领导层比任何人都更了解这些情况，不需要等到我认罪，阿尔斯通的名誉就已经受损了。简单来说，如今，他们被美国联邦调查局逮到，掉进陷阱。美国人的报复手段可比世界银行、拉脱维亚或瑞士的检察机关厉害多了。

所以，在巴黎，他们决定丢卒保车。他们在拒绝与美国联邦调查局合作的 3 年之后，不再犹豫不决，试图向美国司法部证明他们的"诚意"。他们想向美国表明，他们甚至已经做好了牺牲的准备，而那个"牺牲者"就是我！

克拉拉在收到解雇我的邮件后，决定去向柏珂龙当面表示拒绝。柏珂龙（现在是我的前老板）答应了见她，却在最后一刻取消了会面。于是克拉拉给他写了一封邮件，也抄送了我。

克拉拉描述了最近几周我在看守所的艰难生活："弗雷德的身体和心灵承受着巨大的打击。他目睹了他从未想过有一天会发生在他生活里的事情：他隔壁牢房中的一名囚犯被强奸，有囚犯在食物中藏上锋利的玻璃碎片企图谋杀他人，有一名囚犯自杀，还有一名囚犯因为缺乏治疗而死亡，囚犯之间经常拿着刀具斗殴。"她完全有理由抱怨阿尔斯通没有给予我支援："2013 年 4 月 14 日，我和我的丈夫，以及我们的孩子的美好生活就此止步。

我必须独自一人带着 4 个孩子面对各种问题。弗雷德现在被关押在距离我们家 1.5 万公里处的看守所里。我们的孩子一直处于情绪低落的状态，而弗雷德却无法安慰他们。我们 7 岁的双胞胎女儿加布里埃拉和拉斐拉几乎每天都会因为看不到爸爸而哭泣。"我的妻子坦陈，我们收到的解雇信对正在经历痛苦的她来说，是一种"额外的伤害和侮辱"。她提醒柏珂龙，我一直以来都对阿尔斯通忠心耿耿，从未有过任何欺瞒；我无论做什么事都会走流程，逐级上报；由于工作出色，我多次受到表扬，"他入狱前的最后一个星期，公司还给他发了 100% 的奖金"。最后，克拉拉要求柏珂龙停止解雇流程。

柏珂龙写了些冠冕堂皇的客套话回复她。虽然他在信中说非常同情我家人的遭遇，亲热地称呼我为弗雷德，甚至承认这种局面和他个人有很大关系，但实际上他又重复了一遍吉耶梅提出的论点："你的丈夫已经承认违反了阿尔斯通内部流程的管理规定和道德标准。"这些当然是假的，我从来没有违反过阿尔斯通的这些规定。恰恰相反，我一直都严格照章办事。柏珂龙继续说道，作为公司的首席执行官，他"有责任保护阿尔斯通集团、股东，以及所有员工的利益"。最后他要求克拉拉不要再直接写信给他，因为他的律师团建议他避免与我的家人有任何接触！

那么柏珂龙真的是要保护阿尔斯通的利益吗？好吧，但愿他能把这些话的整体逻辑梳理清晰！他只有约上美国司法部的检察官，承认该机制的设立纯粹是为了塔拉罕这个项目，通过中间人合同等形式来掩盖其行贿行为，承认他应该承担的责任，并向美国人提出辞职，才是他愿意合作的最好证明，而且毫无疑问会减少公司的罚款金额。这才是帮助阿尔斯通走出困境应该摆出的姿态。但牺牲无疑太大了！所以柏珂龙并没有选择结束他的职业生涯，而是把责任推卸给了他的一名无足轻重的下属。

26.6 个月过去了

"爸爸，您什么时候回家？"

为了回避问题，每次我都会在电话里告诉加布里埃拉和拉斐拉，我没法给她们一个确定的日期。我在美国的"工作"要花费的时间比我预计的要长。但等到 10 月初的时候，我就可以回答她们说我很快就会回来，而且我们可以一起过圣诞节。然而，我错了，大错特错。

事实上，彭波尼进行了反抗。他拒绝认罪。因为他是美国公民，法官批准了他的保释申请，所以他能够从容地准备他的辩护。而且，如果检察官说的是真的，我已经认罪，彭波尼并没有，或者说他几乎没有谈判筹码，那么他很有可能被判处 10 年以上有期徒刑。这对一个上了年纪且身体状况非常糟糕的人来说，几乎等同于死刑！所以他费尽心思地拖延诉讼程序。这些我都明白。

但是，他的司法策略对我的命运有很大的影响。只要彭波尼没有被压力击倒，检察官就不希望我接受审判。他们的逻辑是，如果彭波尼最终走了诉讼程序，他们当然希望我出庭做证指认他，因此他们必须"看紧"我，尤其不能让我回到法国。尽管我尝试找我的律师帮忙，看看有没有其他选择，但这个环环相扣的计谋实在太狠毒。

"如果我拒绝呢？我仍然有权在认罪3个月后接受审判，对吧？"

"当然，这由你来决定。但如果你坚持按照这个日期开庭审理，那么检察官会在庭审中'针对'你，并且请求判你10年监禁，而不是6个月！"

"那我们该怎么办？我申请保释，回新加坡候审，然后等着检察官确定一个合适的审判日期？"

"检察官不会让你回新加坡。你获得保释后必须留在美国。"

这给了我当头一棒！我什么都掌控不了，而这可能会持续好几个月，完全取决于彭波尼的决定。同一幕再次上演：我怒不可遏，却无可奈何。我不得不接受推迟我审判日期的决定。当我把这个消息告诉克拉拉的时候，她当时就崩溃了。但好在他们可以在圣诞节的时候来美国，我们全家可以在一起度过15天的假期时光。于是她又开始找房子，方便我保释后有落脚的地方。

两天后，斯坦来怀亚特看守所看我。他一进来，我就注意到他满脸怒气。

"我有个特别糟糕的消息。检察官除了推迟你的审判时间外，还拒绝了你的保释申请。"

"什么？你明明和诺维克达成了 6 个月刑期的协议。"

"我也很愤怒。这不符合我们的惯常做法，在康涅狄格州，这种口头协议通常是律师和检察官之间信任关系的基础。"

"但我不在乎康涅狄格州的惯常做法是什么，或者通常不让做什么，斯坦！"

"我明白诺维克的意思，这些命令来自华盛顿，是由卡恩下达的。"

"是的，但你一开始就知道这些。"

"我承认，但请你原谅我。我也是第一次遇到这种情况。"

"他们想要什么？"

"他们现在想要你在怀亚特看守所继续待 6～10 个月。"

"为什么是 6～10 个月？这 10 个月做何解释？"

"我也不清楚。我给诺维克和卡恩打电话，他们都不愿意给我透露任何细节。一定是发生了什么事情。"

"你认为是什么？"

"肯定和阿尔斯通有关，但我不清楚具体是什么。"

就这样，在我刚看到隧道尽头的时候，我再次陷入了困境。失望是巨大的，也是难以忍受的，对克拉拉和孩子来说更是如此。在这 6～10 个月里，我将每时每刻都牢牢抱住保释的希望。但我也在心里做好了最坏的打算。在怀亚特这座"地狱"剩下的 4 个月里，我重新开始疯狂地调查过去所有被控告违犯美国《反海外腐败法》的企业和个人的案子，以便了解他们都是如何脱身的。

我让朱丽叶特和克拉拉给我寄来所有的缺失文件。很快我就陷入一种痴迷的状态，变成一个"瘾君子"，而美国《反海外腐败法》就是我的毒品。

我拼命地想从这些案子里找出检察官的游戏规则。在他们眼里，我只是他们用来对付阿尔斯通的一枚棋子。然而，即使从这个角度考虑我现在的处境，他们愤怒的情绪也有些过激。他们对阿尔斯通发动的战争似乎不是简单地想要给公司定罪，他们似乎被一种道德义务、一项近乎神圣的任务驱使着，好像他们背负着消除地球上所有腐败现象的使命，或者还有其他我没有看到的原因……

与此同时，阿尔斯通不仅身陷法律纠纷，在 2013 年底也处于不利的境况，这是我在阅读父亲帮我订阅的《费加罗报》时了解的。克拉拉也会定期给我寄一些与阿尔斯通有关的新闻剪报。虽然我只能在这些报纸出版的十几天后读到它们，但谁在乎呢，因为时间在这里毫无意义。过了一周以后，我才知道柏珂龙在 2013 年 11 月 6 日宣布裁员 1 300 人，欧洲成了重灾区，其中包括 100 个法国人。这个决定并没有让我觉得很惊讶。阿尔斯通在 2012 年就已经出现了红色预警信号，公司因全球业务增长放缓而备受打击。欧洲国家尚未从金融危机中走出来，而发展中国家的经济增长又低于预期。结果就是，与 2012 年 9 月相比，阿尔斯通的订单量减少了 22%。不仅如此，公司在几个项目的竞争中均受挫："欧洲之星"选择西门子来生产新的高铁列车；在巴黎火车制造项目中，阿尔斯通在最后一刻输给了加拿大庞巴迪公司，因为该项目的承包商法国国营铁路公司认为阿尔斯通的报价过高。此外，阿尔斯通能源部门的燃气汽轮机的销售业绩也是一样低迷。当然，基础设施业务的成绩一直很卓越：阿尔斯通在核电站建设方面拥有世界上最丰富的经验；阿尔斯通还是全球最大的发电设备供应商和维修商，占世界发电设备总装机容量的近25%；阿尔斯通在水力发电领域同样处于世界领先地位。

即使公司面临的情况远没有 2003 年时那样严重，但形势依然令人十分担忧。现金流可能在 4 年内出现第三次负增长。在这种状况下，2013 年 11 月 16 日，《费加罗报》对阿尔斯通首席执行官柏珂龙进行了采访，并报道了他的策略：拆分运输部门出售给俄罗斯。阿尔斯通可以出让该部门 20%～30% 的股份，从而获得 20 亿欧元的预期收益，这些资金足够让能源部门东山再起。对于拥有多个业务部门的企业来说确实有个巨大的优势，可以通过"拆东墙补西墙"来挽救公司。但在 2013 年 11 月的这次访谈中，有一个问题没有被提出来——阿尔斯通在 2011 年宣布与中国上海电气集团拟建合资锅炉企业又是怎么回事？柏珂龙在以往的每一次谈话中，都会向分析师鼓吹这次合作将带来的巨大优势。但这一次，他只字未提。奇怪，太奇怪了。但为什么我仍要深究这些往事呢？

克拉拉寄给阿尔斯通的信和我父母寄给柏珂龙的信一样，没有收到任何回复。2013 年 11 月 16 日，阿尔斯通提前通知我，将于 2014 年 6 月 30 日正式终止与我的劳动合同，理由是我长期旷工，扰乱公司管理秩序，因此需要有人接替我（绝不是因为塔拉罕项目和我的认罪行为）。阿尔斯通同意在这个学年结束后，负责把我的家人从新加坡接回法国。这仍是一件值得开心的事情！

12月如期而至。3个月来，我没有踏出看守所一步去呼吸自由的空气，我快喘不过气来了。看守所正在摧毁我。我对下一次探监的恐惧胜过一切。虽然我一再要求他们不要来看我，但在我的父亲与克拉拉之后，我的母亲和妹妹最终还是决定来美国。她们第二天就到。

27. 全家出动

我通过她们的眼神看出，她们可能被我吓到了。我就像一个晃荡在卡其色连衣裤里的幽灵。母亲一开口就惊呼道："你怎么瘦了这么多!"她接着问："你在这儿吃得好吗? 说实话，你能吃饱吗?"

然后她哭了起来。她的眼泪里既有看守所带给她的冲击，又有见到我的喜悦和长途旅行带来的疲惫。

"我们的飞机在昨天傍晚时分才降落在波士顿，"她接着告诉我，"然后我们就在机场等租的车，差不多等了3个小时才从那里出发，开到普罗维登斯（罗得岛州的首府）时已经是深夜了。"

我的母亲76岁，患有帕金森综合征。普罗维登斯的贫穷景象使她触目惊心。

"这里如此荒凉，下车后我感觉自己仿佛穿越到了科恩兄弟执导的电影《冰血暴》中的法戈市，这座城市好像已经被遗弃了。"

她又一次问我吃得好不好。我的母亲和天底下所有的母亲一样。我的妹妹朱丽叶特也很激动，但由于她从事的行业能使她非常系统地了解法国的监狱系统，所以她忍不住进行比较。

"这里真是没的说，非常专业，也非常干净。"

我笑了。访客等候室是怀亚特看守所最像样的地方，而且犯人家属确实都受到了礼貌的接待。但是一说到公共探视厅，朱丽叶特立刻就停止了她的认可。这里永远都是那么吵闹，不利于私下交流。同时也考虑到母亲经历了长途旅程的折磨，以及她本就不佳的身体状况，因此第二天探监的时候，她们被"破例"获准使用单人探视厅。在隔离窗的阻隔下，我听朱丽叶特向我讲述，她曾尝试与法国外交部交涉，试图动员法国政府关注我的遭遇。

"对了，4月你被捕的时候，波士顿领事馆的人毫不知情，还是我告知他们的。法国驻纽约领事馆的人忘记通知他们了。5月，我陪爸爸去了外交部，接待我们的是人权保护部门主任和罪犯保护科科长。他们表现得非常冷漠、疏远，好像你的事情和他们毫无关系。"

几个月过去了，我的妹妹对那次与法国外交部工作人员的会面仍不能释怀。

"他们向我解释说，他们必须处理全世界2 000名法国犯人的案件，而你的案件的性质并不是最严重的。我们试图让他们明白你的情况是非常特殊的，而且除了你之外，还有一家大型法国企业也被美国司法部盯上了。你知道他们是怎么回答我的吗?

'根本不是这样的，女士！我们看不出来法国政府与这起案件有什么关系。弗雷德里克·皮耶鲁齐的案件与那个因没有缴纳增值税而在克勒兹省被抓的小老板的案件差不多……'你能想得到吗，弗雷德？"

一回想起那次谈话，朱丽叶特就十分恼火。这让我得到了些许安慰。我不是唯一认为自己当前的处境是如此荒唐的人。当我看到我的妹妹和母亲为了帮助我而四处奔波时，我更加想要为了尽快获释而反抗。

但是，在怀亚特看守所的时间过得太慢。圣诞节即将来临，但检察官仍然没有任何准许保释的迹象。12月28日，我的律师莉兹让我尽快联系她。经过八个半月的监禁，我是不是终于等来了一个好消息？但我的幻想被残忍地打破了。"我们接到巴顿·博格斯律所杰伊·达登的电话，他是阿尔斯通的律师。他通知我们，你的公司决定不再支付我们律师费，而且你之前的律师费用，他们只会支付到7月29日，也就是你认罪的那天。所以你必须支付剩下的8月至12月的律师费用。"莉兹冷冷地向我宣布。

我一时竟说不出话来。待回过神后，我艰难地开口问道：

"我会让我的家人与巴黎总部联系来解决这个问题。依你看，阿尔斯通为何会做出这个决定？"

"可能阿尔斯通想极力讨好美国司法部，或者美国司法部给阿尔斯通施加了很大的压力，让它觉得不得不这么做，但本质都是一样的。"

此时，我被关在一座戒备森严的看守所里，与我的家人相隔

15 000 公里,被为之工作了 22 年的公司解雇,又被我的国家抛弃,法国的政府部门不愿意对我的案件做出任何有效回应,我还要被迫支付天价律师费,而我却不知道自己什么时候才可以获得保释,也不知道我最终会被判多长的刑期。我尝试鼓起勇气,但毫无效果。我的心情跌入了谷底。

2014 年 1 月初,副领事杰罗姆·亨利告知我,时任法国总统弗朗索瓦·奥朗德将在 2 月访问美国。这让我重新燃起一丝希望。他特别向我保证,我的案子会在这次国事访问中被提及。据他说,一些政府官员也开始怀疑美国司法部对阿尔斯通采取行动的最终目的。

就个人而言,我并没有抱太大幻想。但领事馆和我的父母都非常希望奥朗德能够在他与贝拉克·奥巴马的会晤中提及我的案件。为此,我的父母还给法国总统写了一封信:

"总统先生,我们的儿子现在被关押在一座戒备森严的看守所里。您可以很容易地联想到,我们一家陷入了一场什么样的噩梦,现在的处境有多艰难……您会发现这个案件涉及的其他两个自然人 —— 两个阿尔斯通前员工(罗斯柴尔德与彭波尼)—— 并没有被监禁。在这种情况下,不能排除因为阿尔斯通在过去几年中不配合美国司法部调查此案,所以美国司法部转而选择对自然人(阿尔斯通的员工)提起诉讼的可能。我们尊重司法及其独立性。我们恳请您在宪法赋予美国总统的权力范围内,要求美国政府特赦我们的儿子。总统先生,我们恳求您接受不知所措的父母的请求,同意在国事访问期间举行的双边会面中,向美国政府提出这个问题。"

　　这封信没有起作用，这些尝试最终也失败了。奥朗德在访问美国期间，大使馆曾向他简要汇报了我的案件，然而他从未请求奥巴马总统对我做出宽大处理。我有自知之明，我不得不承认，两国总统的会晤议程中确实有其他更重要的事情：叙利亚危机、核武器扩散、反恐斗争、全球气候变暖，特别是监听丑闻。

　　3个月前，2013年11月，爱德华·斯诺登事件让法美两国的关系降到了冰点。斯诺登披露了美国国家安全局的"棱镜"项目监视范围之广，即使奥朗德与奥巴马会谈结束后采取了"绥靖政策"，宣布"两国恢复相互信任关系"，法国人仍然心存愤恨。

　　爱德华·斯诺登披露的美国国家安全局文件让人大开眼界。这些文件证实，从2012年12月10日到2013年1月8日，在这近30天的时间里，美国监听法国人的通话，获得了超过7 000万个通话数据，平均每天截获300万个数据。而且有些电话号码作为重点监测目标，会自动触发系统，记录谈话内容。某些关键词甚至还能还原出手机短信的具体内容。

　　我查阅了维基解密揭露的其他文件。其中有一份题为"法国：经济发展"的记录详细说明了美国国家安全局如何执行搜集大型法国公司商业交易情报的任务。美国间谍细致地研究了法国在重要领域——天然气、石油、核能和电力——所有金额超过2亿美元的合同。也就是说，阿尔斯通是大部分重要领域中的关键对象。这些揭秘文件证实了美国政府实施的商业间谍活动范围之广。这也是一个根植于大西洋情报文化的古老习俗。从 1970 年起，美国外国情报顾问委员会①就建议："从今以后，商业监听应该被视为国家安全的一部分，享有与外交、军事和科技监听同等的优先权。"1993—1995 年（比尔·克林顿总统任期内）担任美国中央情报局局长的詹姆斯·伍尔西，在 2000 年 3 月 28 日接受《费加罗报》专访时承认："这是事实。美国在秘密搜集欧洲公司的情报，我认为这是完全正当的。我们扮演了三重角色。首先是监督那些违犯联合国或美国做出的制裁措施的公司，其次是追踪民用和军用科技，最后是围捕国际贸易中的腐败分子。"

这么多年来，美国开发了一套弹性系统。在上游，美国利用强大的情报武器获得外国公司签订的大额合同信息；在下游，它动用复杂而严密的法律武器对那些不遵守规则的公司提起刑事诉讼。世界上任何国家都没有这样的武器库，它使美国公司更加方便地削弱、打击，甚至收购它们的主要竞争对手。"任何损害我们经济的个人、公司都会受到法律的制裁。"②美国司法部长埃里克·霍尔德用一句话做了总结。而且，他们的目标不仅仅是工业公司。21 世纪第一个 10 年的中期，特别是次贷危机以来，美国政府打击了一个又一个违犯禁运令的金融机构。2014 年初，法国巴黎银行掉进了陷阱。它被美国司法部起诉，理由是它与美国的敌对国家（包括伊朗、古巴、苏丹和利比亚）达成了以美元计

① 有关美国经济情报的信息来自法国情报研究中心（CF2R）的一份研究报告：莱斯莉·瓦莱娜与埃里克·德内塞撰写的《美国的掠夺与国家的让位》。
② 引自《世界报》，载于 2014 年 10 月 19 日。

价的交易。银行不得不很快解雇及处罚 30 多名高级管理人员，并同意支付 89 亿美元的巨额罚款（对我来说，这起法国巴黎银行事件发生的时机很糟糕，因为它让政治家们忽略了阿尔斯通案）。法国兴业银行和法国农业信贷银行等法国金融机构，也不得不向美国支付高额罚款。

时至今日，我始终没有搞明白，为什么法国政府没有坚决反对美国的敲诈勒索。它到底在害怕什么？我们的企业将被掠夺①到什么程度？我们甘心被另一个国家这样操纵？我无法理解为什么我们表现得像个心甘情愿的受害者。我们变成了冷眼看着自己逐步走向衰退的旁观者。

---

① 自从 2017 年《萨潘第二法案》生效以来，当法国和美国共同起诉的案件被处以罚款后，法国能够获得其中一部分款项。因此，在法国兴业银行的案子中，法国政府可以获得 2.5 亿欧元的罚款。

28. 我有一份新工作

肖恩身材魁梧，只有一条腿，和我住在同一间牢房。每周一他都会来上我的"化学课"，因为我现在是"助理教授"。我被关在怀亚特看守所已经整整 1 年。即使在我以前做过的最糟糕的噩梦中，也从未出现过自己坐牢的情形。12 个月来，我都是在这座戒备森严的堡垒中度过的。身处困境中的我，至少有幸在 3 月初获得了一份"助理教授"的工作。从那以后，我的日程便被安排得满满当当：我每天最多授课 3 小时。周一教生物和化学，周二和周四教英语，周三和周五教数学。

我与斯坦和莉兹进行了一次长时间的谈话。自从巴顿·博格斯律所（也就是为阿尔斯通工作的律所）停止支付他们律师费以来，他们就变得非常谨慎。因为我需要留着所有的积蓄支付保释金，所以他们很清楚我没钱支付给他们。但律师的道德准则使他们不得不继续为我辩护，我不确定这是否合他们的意……我后来才知道在这种情况下该走什么法律程序。目前这不是我应该操心的事情，我首先要关心的是如何从看守所出去。自从被捕以来，我的生活便度日如年。我的心情就如一个期盼尽快走出隧道的人一样急切，然而每当我以为到达了隧道的尽头时，隧道口的光就会远去。当我在机场被铐住双手时，如果有人告诉我，我将在这无尽的隧道里徘徊这么长时间，我一定会发疯。然而斯坦和莉兹向我证实，尽管他们一再要求，但美国司法部的检察官仍然不肯让步。12 个月过去了，彭波尼还在继续反抗，不论他最后是走诉讼程序，还是协商认罪，检察官都不再将我的命运和他的选择联系在一起。到底发生了什么？他们要怎样才肯将我释放？我一头雾水。

与此同时，我在授课，或者更确切地说，"我在当助教" —— 协助一位正式教授沃特森女士讲课。她是一位身高不足 5 英尺（约 1.5 米）的胖乎乎的小个子女人，有一头稀疏的金发。她 60 多岁，离过两次婚，是 5 个孩子的母亲。她不仅在怀亚特看守所工作了 15 年，还曾在少管所任教。她是个热心肠，整天苦口婆心地对我们说个没完。我不知道她是如何保持职业信念的。我在数学课上帮助一个 28 岁的囚犯，他的神经或许是因为多年过量吸食可卡因而造成了无法恢复的损伤，他很勇敢，他想要克服这一切，我也尽力帮助他。但他在上了四个多月沃特森女士的数学课后，数学计算能力仍然没有达到幼儿园大班孩子的水平。他没有学会加法，也不会减法。看到他背着其他囚犯，一脸羞愧地偷偷掰手指头，我的心都要碎了。但是，有的年轻囚犯却让我感到惊讶。有些人 12 岁就辍学了，但却能很快掌握比例系数，或者轻而易举地解开我们上学期间都备感受挫的二次方程式。如果这些囚犯能有另一种境遇，那么他们一定能够考上大学。沃特森教授还安排了心理和行为座谈会。

除了这些，她还有很多事情要处理。如果一个女人和不同的男人生了孩子，在绝大多数情况下，这些孩子都是由母亲单独抚养长大的。不可避免，这样的事每天都在发生。有些囚犯十分蔑视女性，直接把她们分为两种人：一种是"坏女人"；另一种是"伟大的妈妈"，也就是他们的母亲。在这种情况下，有些囚犯整天吹嘘他们的后代有多少。他们的孩子越多，他们就越觉得自己有男子气概，其中一个囚犯非常自豪地炫耀他的"计数器"上已经有 19 个孩子，而他却还不到 30 岁。自相矛盾的是，他们都很尊重自己的母亲，会在母亲节那天准备最精美的卡片，这是每年一度的盛事。而父亲节却相反，会被他们彻底遗忘。

当我不上课的时候，我就自己学习。我继续搜集所有和美国《反海外腐败法》相关的判例。我每天都把时间花在制作各种各样的表格、曲线图上，试图找出其中的规律。我还把根据资料进行深入研究得出的结论寄给斯坦和莉兹，满满几十页纸，都是我用铅笔写的。尽管我现在对美国《反海外腐败法》的程序了如指掌，但我有两点始终想不明白。阿尔斯通已经配合调查一年多了，但为什么至今还未和美国司法部达成协议？最重要的是，美国司法部（根据审讯期间他们给我看的文件）明明掌握着阿尔斯通内部腐败的所有证据，但为什么在霍斯金斯被起诉后，阿尔斯通的其他员工再也没有被起诉？当初在讯问我的时候，检察官诺维克给我描述过他们的计划：按照职位高低，一层层地对阿尔斯通的高管提出诉讼。即使柏珂龙诚心诚意地和美国司法部合作，他也不能轻易从陷阱中脱身。在我看来，他甚至免不了牢狱之灾。而如果他不诚心合作，那么他同样面临被起诉的风险。无论如何，这都是无法避免的。对他来说没有什么好的解决方案，对我来说也是如此。

在这 12 个月里，我生活在另外一个世界。曾经的跨国公司高管身处人间苦难与严重犯罪的交会点，无前科的工程师已变成无情罪犯的老师。

昨天，单腿壮汉肖恩终于向我透露，他为什么在我的化学课上如此刻苦：

"人人皆知，在街上贩卖毒品是非常危险的。我想重新学习，学会自己制作冰毒。"

还好，他不是很有天分，而且他不可能有成功的那一天。虽然我经常鼓励他，但我不是化学专家。在学校里，我不是做点燃试管实验的最优秀的学生；在生活中，我看不到隐藏的炸弹或即将发生的爆炸。而且，我完全没有预料到那场将于 2014 年 4 月 24 日发生的爆炸性事件。

29.4 月 24 日的宣告

2014 年 4 月 24 日，一切豁然开朗。困扰了我数月的问题终于有了一些眉目。

和每天清晨一样，我在餐厅一边吃着早餐，一边趁机看几分钟美国有线电视新闻网转播的新闻。这是一天中电视（仅限白人囚犯观看的那台）唯一播放新闻节目的时刻。

大约早上 7 点半，节目主持人宣布法国阿尔斯通准备出售其 70% 的业务，将所有能源业务以约 130 亿美元的价格卖给它的主要竞争对手——美国通用电气公司。

"这是史上最大规模的商业交易，是历史性的一天！"新闻频道的播音员激动地评论彭博社的独家新闻，"此次收购将会是美国通用电气有史以来最大规模的收购，"他在新闻频道即将结束时说道，"收购协议会在未来几天确定。"

不仅是新闻主持人，我自己也目瞪口呆。这次收购实在令人难以置信。几个月前，为了提高资金流动性，柏珂龙不是打算将占阿尔斯通业务 20% 的运输部门出售给俄罗斯人，还准备和中国人合资成立一家能源设备公司吗？而现在他要把公司的"掌上明珠"——电力和电网部门——卖给美国人。虽然阿尔斯通正在经历衰退，但是其处境远未达到无法挽回的地步。这简直让人难以理解！

除非这次交易背后有不可告人的动机。也许柏珂龙认为，这是摆脱美国检方的解决之道：向通用电气出售它垂涎已久的所有电力和电网业务，以期得到美国司法部的优待。虽然日后他总是否认"通过谈判获得司法豁免权"，[①] 但在阅读了数千页的相关判例后，我很难想象他在没有事先达成任何协议的情况下，就敢承担如此大规模交易的风险，毕竟这么大规模的交易毫无疑问会引发政治动荡。

这就是柏珂龙希望解决目前困境的方法，这无疑也是为什么过了 6 个月，美国司法部还没有将我释放。我是被美国牢牢控制在手上的"人质"。而且，由于美国司法部是唯一能够决定是否起诉个人的机构，所有这一切都是以完全合法的方式完成的，至少从美国政府的角度来看是这样的。法国政府是否了解这场交易的内幕？我对此抱有强烈的怀疑态度。

这就是我在看完上述新闻后的反思。说实话，刚开始我对这个消息深感震撼，脑子一片空白，没有一点儿思路。比如，我无

---

① 接受作者采访时，柏珂龙仍然否认。

法理解法国政府仅仅因为能源发展面临巨大挑战，就放任这场交易进行到底。

阿尔斯通负责法国境内 58 座核反应堆的所有汽轮发电机的制造、维护和更新工作，同时也为阿海珐集团在弗拉芒维尔建造的欧洲压水堆生产阿拉贝拉型号汽轮机。阿尔斯通负责法国 75% 的电力生产设备，并且拥有让全世界都羡慕不已的技术。阿尔斯通还为法国的戴高乐号航空母舰提供推进汽轮机。因此，它是法国本土的一个高度战略型企业。让这样的王牌企业流落到外国公司手中简直是疯了，这太不可思议了！哪怕最终证实这个消息是真的，我都无法相信法国政府有一天会批准同意这笔交易。

在距离怀亚特看守所 6 000 公里外，一名法国政府高层和我的想法一致。他就是在曼努埃尔·瓦尔斯总理任期内负责经济和工业事务的部长阿尔诺·蒙特伯格。当一名助理告诉他彭博社的独家消息后，他脱口而出："我不相信，这太荒谬了！"[1]

蒙特伯格无法相信，因为他一直都在密切关注着这家跨国公司的命运。2013 年初以来，他将这家公司的事情列入最优先事项。因为他收到了一些令人担忧的消息：阿尔斯通正在经历困难时期。在经济危机的背景下，能源市场变得低迷，来自发电厂的订单量也远远低于预期。阿尔斯通虽然在法国是工业巨头，但仍然比它的主要竞争对手——德国西门子与美国通用电气——实力弱小得多。但法国真正担心的是阿尔斯通的大股东布依格公司宣

---

[1] 节选自让－米歇尔·卡特伯恩：《阿尔斯通，国家丑闻》，法亚尔出版社，2015。

布撤资。布依格公司希望出售全部股份，以后专注于电信业务，特别是 4G 业务。

法国财政部的分析师开始研究可以让阿尔斯通度过困难时期的方案，焦虑的部长把这项任务委托给享誉欧洲的工业战略咨询公司——罗兰贝格。这家总部位于德国的咨询公司，业务遍及 36 个国家，拥有 2 400 名雇员。该咨询公司委派明星顾问哈基姆·埃尔·卡拉威负责阿尔斯通公司的审计。卡拉威毕业于巴黎高等师范学院，曾经给法国前总理让 - 皮埃尔·拉法兰和前工业部长蒂埃里·布雷顿当顾问，同时他还是蒙特伯格信任的人。罗兰贝格的审计师为阿尔斯通撰写了一份对比明显的资产负债表。"阿尔斯通拥有无可否认的优势，"他们分析说，"但是阿尔斯通需要战略联盟来加强自己的实力。"在这份报告中，罗兰贝格的审计师更倾向于由阿尔斯通的运输部门与西班牙或波兰的合作伙伴达成联盟，并且建议能源部门与阿海珐集团进行部分合作。但他们从未主张将阿尔斯通部分或全部出售。

2014 年 2 月，媒体曝光了这份研究报告。柏珂龙生气地向蒙特伯格抱怨："您的那些高等商学院的实习生很优秀，但他们的话太多了……"[①]这不是什么秘密，柏珂龙是肆无忌惮的自由派，是萨科齐的好朋友（也是 2007 年 5 月"富格餐厅之夜"的宾客之一），而蒙特伯格是社会党人，是"大政府，小市场"的捍卫者，柏珂龙和蒙特伯格两人关系一贯不融洽，他们甚至彼此讨厌。

---

① 接受作者采访时，柏珂龙亲口所述。

但两人却被迫从 2013 年初开始合作，甚至会面过 6 次。每一次谈话都重点围绕着阿尔斯通的未来展开。当然，既然法国政府已不再是阿尔斯通的股东，那么便没有理由事先干预一家私营企业的事务。但在蒙特伯格眼中，阿尔斯通与其他私营企业不同。首先，近一个世纪以来，阿尔斯通主要依赖法国政府的订单存活至今。其次，阿尔斯通应该感激法国政府在 2003 年出手干预，将其从破产危机中解救出来。最后，阿尔斯通开展的核能业务、法国高铁与地铁的交通业务体现了法国的切身利益。从这三个理由出发，可以得出第四个具有较强政治性的理由。蒙特伯格如何能够接受将被法国政府从破产边缘拯救回来的"工业明珠"拱手让人？竞选时承诺"振兴生产力"的蒙特伯格确信法国选民绝对不会原谅他，这就是在近一年的时间里，他多次会见阿尔斯通的首席执行官，敦促其尽快给他解决方案的原因。最重要的是，他完全不相信柏珂龙不仅辜负了他的信任，还在背后捅他一刀。

2014 年 4 月 24 日，在彭博社宣布收购消息的几分钟后，蒙特伯格立即致电爱丽舍宫询问收购情况，时任总统府副秘书长埃马纽埃尔·马克龙（当时负责经济事务）说自己和他一样惊讶，他声称自己对这场交易毫不知情。他是否真的如他所说的那般吃惊呢？后来我了解到，马克龙在 2012 年 6 月进入爱丽舍宫后，便私下要求美国科尔尼公司做一份关于阿尔斯通未来发展的报告，研究公司与行业内其他巨头联盟将导致的社会影响。他的目的是什么？这时候，他手里都掌握着什么信息？他是否一直在密切关注着美国方面的动静？直至今日，这些问题仍然是这个案件的谜团。① 当时，蒙特伯格（他那时不知道马克龙已经进行了细致的研究）让他的助理去了解情况并与柏珂龙取得联系，但是却没联系上。因为柏珂龙正在一架从美国飞回法国的飞机上，刚刚在芝加哥与通用电气的管理层确定收购条件！

这些消息是从纽约传回来的。通用电气法国公司总裁克拉拉·盖马尔当天正好在美国出差，她向蒙特伯格证实了通用电气与阿尔斯通之间的协商讨论确实正在进行。

蒙特伯格必须面对现实：柏珂龙在完全没有告知他的情况下，的确正在向美国人出售法国的"工业明珠"。

这个了不起的首席执行官从背后狠狠地捅了他一刀。根据媒体的爆料，阿尔斯通与通用电气的交易将会在 72 小时内完成。他们还预订了加布里埃尔会馆的接待室，准备在那里向所有金融巨头及商业大亨宣布此次收购事件。蒙特伯格并没有放弃，他拒绝屈服于这样的勒索，命令柏珂龙必须向他汇报情况。他派一名司机去机场，等柏珂龙从芝加哥回来后，直接将其从机场接到他的办公室。这次会面充满了火药味。柏珂龙试图论证"阿尔斯通在短期内不会陷入困境，但面临结构性危机"。他说道："现在公司的规模对于已彻底改变的市场来说过于庞大。因此，我们必须釜底抽薪，出售能源部门来改善现金流，以此接济运输部门，使阿尔斯通东山再起。"蒙特伯格什么都不想听，他直接驳斥道："看见这间办公室了吗？很快你就再也看不到它了！就是在你坐

---

① 马克龙任经济部长时，没有回答这些问题。

着的地方，菲利普·瓦林（标致雪铁龙集团前总裁）失去了享受正式退休待遇的机会！你永远不会再回到这里了，好好享受你在这里的最后一杯咖啡吧，这是将你定罪的咖啡。"蒙特伯格愤怒地结束了他们的谈话。柏珂龙后来告诉周围的人，他对这些言论深感震惊。"在共和国金碧辉煌的穹顶下，我的内心仿佛有一个声音在呼喊，'你是不是要让我们都跪下做奴才'。"

蒙特伯格的这番言论无疑有点儿极端，但我认为，他的话还是很中肯的。蒙特伯格是个易怒的人，而柏珂龙傲慢无礼、无视他人，蒙特伯格完全被蒙在鼓里。之后我发现，很多人都毫不知情，包括阿尔斯通的董事会和执行委员会的全体成员，以及公司能源部门负责人——其实这件事与他最密切相关——甚至还有公司的财务总监。在阿尔斯通内部，柏珂龙只告诉了两个人：一位是法务总监凯斯·卡尔，负责与美国司法部谈判；另一位是他的副手之一格雷瓜尔·布－纪尧姆，阿尔斯通电网部门的负责人。

布－纪尧姆是个40多岁的中年人，负责与通用电气秘密洽谈。他的父亲是法国普基集团的老领导，也是柏珂龙的至交。我很了解布－纪尧姆，所以我知道为什么他会被委以重任。2004年，柏珂龙掌舵阿尔斯通没多久，就破格任命30岁的布－纪尧姆为环境控制系统业务的负责人，管理燃煤电厂去污染设备业务。这些设备通常安装在锅炉的下游，所以我实际上在所有项目中都是与他的团队一起合作的。布－纪尧姆在2007年离开阿尔斯通公司，加入CVC资本，这是一家位于卢森堡的大型全球投资基金。一年后，CVC资本与通用电气合作，试图收购阿海珐集团的电力部门。虽然他们的尝试失败了，但布－纪尧姆在此期间与通用电气的高管建立了密切的联系。2010 年，他离开了 CVC 资本，回到阿尔斯通，再次为他的良师益友柏珂龙效力。

柏珂龙的"小副手"到底是什么时候告诉通用电气，阿尔斯通计划出售其能源部门的？这是我思考了很久的问题。"在 2014 年初。"阿尔斯通的高管都是这么说的，但我始终坚信谈判很早以前就开始了，而且后来也得到了确认。事实上，布－纪尧姆在 2013 年 8 月就开始与通用电气谈判，也就是在彭博社披露消息之前的 9 个月！[1] 蒙特伯格异常气愤。在这 9 个多月里，他和法国政府都被柏珂龙玩弄于股掌之间。

谈判的日程表需要长期保密，这一点至关重要，因为它与另一个日程表相吻合，即阿尔斯通身陷法律困境的那段时间，也是我身陷囹圄的时候。

事实上，2013 年夏天，恐慌已经蔓延到了公司的管理层。我认罪后的第二天，2013 年 7 月 30 日，我的上级、公司的国际关系部亚洲分部高级副总裁劳伦斯·霍斯金斯被美国司法部起诉。在勒瓦卢瓦，公司高层对事情的发展趋势感到万分惊恐。他们一天比一天焦虑，每天都在想：美国司法部名单上的下一个人会是谁？美国打算一直起诉到首席执行官吗？

所以布－纪尧姆就是在这个时期与通用电气的领导层洽谈的。这两个日期一致，这不可能只是一个简单的巧合。

---

[1] 这一信息是柏珂龙在 2018 年春季法国国民会议调查委员会组织的听证会上证实的。

同样在 2013 年下半年，阿尔斯通不得不开始与美国司法部进行合作协议的谈判，并且被迫解雇我，以及停止支付我的律师费（这就是为什么我在 7 月 29 日认罪之后，隔了很久，公司才在 2013 年 12 月 28 日宣布停止支付我的律师费）。

后来我还了解到，2014 年 2 月 9 日，交易双方相约在巴黎布里斯托尔酒店包房里共进晚餐。阿尔斯通方面出席的有柏珂龙和布–纪尧姆；通用电气公司来了 3 个人，首席执行官杰夫·伊梅尔特、并购负责人和能源部门总监。那天，阿尔斯通电力部门的负责人菲利普·科歇和首席财务官都对这场会面毫不知情。法国商界从未有过如此复杂且价值高达 130 亿美元的交易。最重要的是，为什么不让他们参与呢？

重申一遍，这个时间线非常奇怪。布里斯托尔酒店包房里的会面是在阿尔斯通明知自己可能被处以天价罚款的情况下进行的。当时，根据《华盛顿邮报》的报道，野村证券的分析师估计罚款可能高达 12 亿～15 亿美元。此外，虽然柏珂龙一直"强烈否认这些腐败指控干扰了他的商业选择"，[①] 但我始终不相信。商业中绝没有巧合一说。

持这种观点的不止我一人，蒙特伯格也对此表示怀疑。2014 年 4 月，为了弄清事实，他甚至申请法国对外安全总局进行反间谍调查。他通过加密电话直接联系了对外安全总局局长贝尔纳·巴若莱，但遭到了拒绝。巴若莱告诉蒙特伯格，在通常情况

---

① 接受作者采访时，柏珂龙对此强烈否认。

下，他们不会干预"盟友"领土上的事情。法国对外安全总局不会踏足如美国一样强大的盟国的"花坛"。

我们必须保持清醒。2014 年春天，美国的一个跨国公司即将吞并法国最具战略性的公司，显然法国在经济方面的情报搜集能力有待提高。曾经的经济情报小组的部际代表克劳德·雷维尔指出，有关部门没有及时做出反应，这令人痛心。[①] 当她在工作中发现，收购阿尔斯通的确是美国向其欧洲伙伴发动一场经济战的一个新的开始时，她曾多次提醒监管部门，但都徒劳无功。最终，她在 2015 年 6 月被辞退。

---

① 接受作者采访时证实。

30. 与斯坦的真相时刻

2014 年春天，阿尔斯通被收购的消息在法国引起轩然大波，传到我这里的时候只剩下一丝涟漪。我非常担心阿尔斯通被收购会给我的案子带来不利影响。我打电话给克拉拉、妹妹朱丽叶特、妹夫弗朗索瓦。他们都清楚柏珂龙此举是为了摆脱美国司法部为他设置的陷阱。我的律师马库斯·阿斯肖夫、法国驻波士顿领事馆的杰罗姆·亨利也持同样的看法。大家一起帮我考虑下一步该如何应对。也许现在法国外交部终于可以采取行动了。我给爱丽舍宫、总理府和法国外交部各寄了一封信。因为我确信柏珂龙不会为我做任何事，所以我天真地希望外交干预可以帮助我离开这里。奥巴马总统即将前往法国庆祝诺曼底登陆 70 周年，这也许是奥朗德总统 2 月访问美国后的一个新机遇。

同时，我决定跟我的两位律师开诚布公地谈一次。在查看美国《反海外腐败法》（已经成为我床头随时翻阅的材料）的判例时，我对一个关于通用电气的细节记忆犹新。当我埋头重新阅读我的笔记时，真相一下子出现在我眼前：阿尔斯通是第五家在被通用电气收购的同时，也被美国司法部指控腐败的公司！之后我将这一发现告诉了记者，《费加罗报》在 2014 年 12 月 22 日确认并公布了这个事实。

我最后甚至猜想，是不是通用电气将阿尔斯通惯用做法的信息提供给美国司法部的。司法调查是由竞争对手引发的，这肯定不是第一次。或者通用电气只是抓住了时机，趁阿尔斯通处于不利局面，特别是在柏珂龙受到起诉威胁的时刻坐收渔利。但经济战是残酷的，我并不关心这些下作的手段。我现在想要做的，就是向我的两名律师表明我不会轻易上当受骗，然后和他们一起讨论，面对这种新局面，我们如何从中受益。我知道，斯坦作为前检察官，与他在美国司法部的许多同事保持着联系。我首先想到的是美国司法部长埃里克·霍尔德，他以前在康涅狄格州任职时，斯坦与他直接合作过。我希望斯坦当面向他打听一下，或至少问一下他的助理。

"斯坦，你非常清楚柏珂龙把阿尔斯通卖给通用电气是为了避免自己被起诉，所以你得向美国司法部打探情报。"

"我认为这是不可能的。"他冷冷地回答我。

"这是为什么？在我看来你跟他们很熟。"

"的确如此，"莉兹承认，"但您的请求是在侮辱人。如果答应了您的请求，美国司法部的检察官就变成了通用电气的帮凶！您不会质疑美国司法的独立性吧？"

"当然是！而且强烈质疑！"

我在漫长的研究过程中，仔细审查各个公司和美国司法部签订的所有协议之后，我确信有些案子明显受到了政治压力的影响。我把这些有疑点的案子都仔细地标注出来。现在我怒气冲冲地给我的律师宣读这份名单：

"以英国军工企业英国航空航天系统公司为例，该公司被控在与沙特阿拉伯签订的一份武器销售合同中行贿。在时任英国首相托尼·布莱尔干预后，英国航空航天系统公司只承认犯了一个小小的'过失'。[1] 最终它无须承认行贿，从而将罚款减少到4亿美元，实际上，它面临的惩罚绝不止这个数字。此外，在这次政治干预后，英国航空航天系统公司的所有高管都高枕无忧。接下来说说轻武器展销会的丑闻，22名美国军工企业的负责人被起诉，之后却杳无音信。后来该诉讼程序居然奇迹般地被取消了。还有，在墨卡托的案子里，石油巨头埃克森美孚的中间人向相关官员及其家人行贿，以获得哈萨克斯坦石油与天然气田的特许开采权。这次贿赂行为被证实后，该石油公司没有被追究任何法律责任。只能说整个运作是在美国中央情报局的支持下进行的。通用电气就更不用说了。斯坦，你怎么解释？尽管内部举报人多次发出警告，揭露通用电气在伊拉克和巴西的腐败事实，但直到现在，每一次通用电气都能全身而退，它甚至都没有感到一丝一毫的担忧。[2] 最后，你分析过美国司法部罚得最重的10家公司吗？

---

[1] 忘记向美国外交部申报存在中间人。

[2] 参见《附录》。

10家中有8家是外国公司，只有两家是美国公司。而且在美国《反海外腐败法》启用的近40年中，美国联邦调查局却从未发现通用动力或者雪佛龙等美国大公司的腐败证据。相反，在过去10年里，美国联邦调查局盯上了挪威国家石油、意大利埃尼、法国道达尔等企业。所以，我对美国的司法公正性表示怀疑，甚至不仅仅是怀疑。"

"这些与您的案子没有任何可比性。"莉兹一本正经地说。

她一下子把我惹火了，于是我当场发火：

"你俩不要再把我当傻子了，不要告诉我美国的司法是无可诉病的，不要……"

"我们都明白，"斯坦小声地说道，"但是请您不要发火！美国的司法当然不是完美无缺的。但是，经过一年多的拘禁，显然您还是什么都不懂。审理您案子的法官不在乎美国司法部与柏珂龙之间是否达成协议。他只会听取一样东西，那就是检察官的公诉内容。"

"所以他并不在乎涉案企业的最高负责人将要逃脱法网！所以他不在乎只追究小职员的法律责任！"

"是的，弗雷德里克，他完全不在乎。"

"那我告诉你，如果美国司法部包庇阿尔斯通的领导层，却给我定罪，这就意味着你们的法官就是一个黑社会团伙！"

"您还是一直不愿意明白，系统当然不是公平的！但您别无选择，只能被迫接受。关键是要想清楚，您是想在监狱里关上10年，还是想要结束眼前被羁押的生活。"

我和斯坦与莉兹的对话气氛从未如此紧张过。我感觉自己像撞到了一堵墙上，我拼命地想要撞穿它。

"斯坦，我不在乎那讨厌的系统，我已经受够了。我会给你写一封函件，正式要求你去华盛顿，向美国司法部的最高层询问他们与柏珂龙签订豁免协议的情况。如果你不想做这件事，那么随便你，但你得给我书面答复。这样，我就有你拒绝的证明。"

斯坦气得脸色发白，他在沉默了 30 秒后同意了。

"我会把您的问题传达给他们的，但您要知道，这完全无济于事。这是一个既愚蠢又没用的行为。"

我们的谈话结束了。本来应该有 1 小时左右的会面时间，但我们已经没有必要继续谈下去了。大家都心照不宣，而且紧张的气氛也让我们的对话无法进行下去。但我们还是约定 1 周后再联系。

就在离开前，他们又向我透露了最后一个信息。阿尔斯通亚洲区高级副总裁霍斯金斯在去得克萨斯州探望他儿子的路上被捕了。这次逮捕发生在 2014 年 4 月 23 日，就在阿尔斯通与通用电气宣布达成交易的前一天，甚至就是柏珂龙在芝加哥谈判的当天！这是在明确地提醒我的前老板，在他身上会发生什么，因为他当时就在美国的领土上。就在 1 年前，美国司法部同样在凯斯·卡尔来华盛顿的前一天逮捕了我。这一系列的巧合太奇怪了。除非如我确信的那样，这确实是事先设计好的行动。

"斯坦，这就是为什么他们改变了主意。在 6 个月的监禁后，他们不想释放我。他们知道阿尔斯通正在和通用电气谈判。他们害怕我把消息泄露给记者，或是害怕我通知法国政府，不是吗？"

"可能吧。"斯坦含糊其词地回答道。

"既然现在这些都被公开了，阿尔斯通和通用电气收购协议的谈判也结束了，你去问他们打算什么时候批准我的保释申请。他们不可能永远关着我。自 1977 年美国《反海外腐败法》颁布以来，对没有个人受益的案例，从来不曾判过 1 年以上监禁。而我已经在这儿被关超过 1 年了。"

"我会问的。"他简单明了地回答我。

31. 通用电气的神话

阿尔斯通将全部能源业务出售给通用电气。当然，它并不是随意转售给其他工业集团的。正如我在 22 年职业生涯中了解的，通用电气不仅仅是一家普通的公司，它还体现了美国至高无上的权力。2014 年，通用电气位列全球第六大公司，业务几乎涉及所有战略领域：电力、天然气、石油、医疗设备、航空和运输。它也生产家用电器：冰箱、烤箱、炉灶、洗碗机、热水器。2013年以前，它一直持有美国三大商业广播电视公司之一的美国全国广播公司的股权。此外，通用电气旗下的金融子公司，即通用电气金融服务公司是全球领先的金融机构之一。这家子公司受到2008 年次贷危机的冲击，如果没有美国政府大规模干预（注资1 390 亿美元），它不但会倒闭，还会连累母公司通用电气。与福特、通用汽车和沃尔玛一样，通用电气的产品几乎在美国的每一个家庭都有一席之地，它属于"美国国宝"。

2014 年春天，出现了一位对华盛顿举足轻重的人物，他就是杰夫·伊梅尔特。13 年前，就在发生"9·11"事件 4 天前，他接管了通用电气公司。通用电气就是他的生命，他的父亲和他的妻子是通用电气的老员工，他自己也在通用电气工作了近 40 年。伊梅尔特是一位厉害的谈判专家，是共和党强硬派，与奥巴马关系密切。2011 年，时任美国总统奥巴马任命他为就业与竞争力委员会主席。赋予他的使命就是，重建美国经济。这位大老板全身心地投入到使命之中，始终遵循着一个原则：生意就是生意。有一次他在巴黎如此说道："商场如战场。如果你想在这里寻找爱的痕迹，坦白地说，你还不如买条狗。"

做生意可以，但不能不计代价。我在阅读法律文件的过程中发现，20 世纪 90 年代初，通用电气因挪用与以色列签订的某份军购协议的利润余额而被处以 6 900 万美元的罚款。这项处罚对公司内部来说是个巨大的冲击。通用电气的管理者随后清理了他们的团队，并在那时通过了严格的"道德宪章"（至少在理论上是如此）。

在这方面，通用电气的副总裁本·海内曼相比公司其他管理者更胜一筹。直到 21 世纪初，他一直负责公司合规业务，被美国律师协会的同行盛赞为美国最具创新精神的法律专家之一。在他的领导下，通用电气赢得了"白衣骑士"的美誉，并与美国司法部反腐败部门建立了密切的联系。通用电气通常会向转行困难的检察官提供合规部的管理职位。截至 2014 年，已经有 15 位检察官在那里开始第二段职业生涯。从 2000 年开始，通用电气也认识到受腐败案牵连的公司管理层是理想的"猎物"。通用电气毫不犹豫地提出收购这些公司的想法，并以承诺帮助管理层同美国司法部谈判为诱饵。正如我向斯坦指出的，通用电气在 10 年内通过这种方式收购了 4 家公司。阿尔斯通是其"猎物"计划中的第五个，也远不是最大的一个。2004 年，通用电气吞并了美国公司鹰视技术。这家公司被指控在向菲律宾和泰国等国的机场提供爆炸物探测器的项目中行贿，在通用电气与美国司法部的密切配合下，最后达成了一项终止起诉的协议。①

我还注意到，在电力生产方面，几乎通用电气的所有国际竞争对手都曾经被美国司法部起诉，并被迫支付巨额罚款：2010 年 ABB 公司被罚 5 800 万美元；2008 年德国西门子被罚 8 亿美元，8 名工作人员被起诉，包括 1 名执行委员会成员；日本日立公司被罚 1 900 万美元。现在轮到阿尔斯通被罚。与此相反，在这个领域里，那些将通用电气的电力设备加入供货方案的美国大型电力供货商，从来没有一家因违犯美国《反海外腐败法》而被美国司法部盯上。例如，柏克德公司（承揽过建造美国驻外使馆的项目）、博莱克威奇公司、福陆公司、石伟公司、萨金伦迪公司，以及两家锅炉制造商——福斯特惠勒公司（业务甚至涉及石油领域）与巴威公司。然而，这些公司都在同一个国际市场上竞标，参加燃气、燃煤、核能和风力发电站等各类设施建设。在这些厮杀激烈的竞争性项目中，如果从未用过中间人服务，那么它们是

---

① 依据是美国司法部、通用电气、鹰视技术于 2004 年 12 月 3 日签署的协议条款。

如何杀出重围的？

这些公司确实得到了美国的外交支持。例如，2010 年，通用电气与伊拉克政府在场外达成协议（没有经过真正的招标程序），以完全不符合市场行情的条件，向其出售价值 30 亿美元的燃气汽轮机。更令人惊讶的是，当时伊拉克根本没有能力建造发电厂，因此巴格达虽然采购了十几台燃气汽轮机，但是却不知道用它们来干什么。直到今天，都没有人敢说"不"字。通用电气有时也会作为分包商向工程承包商供货。它向负责一揽子交货的电站总包商提供燃气汽轮机，当然是总包商负责给中间人付酬劳。在这个"游戏"中，通用电气在亚洲市场上的首选合作伙伴是韩国和日本的一些大型贸易公司（商社），这些公司也从不担心会被美国司法部盯上。

2014 年春天，通用电气表现得像是反腐败斗争中的无差别级冠军，又像沟通方面的"艺术家"。虽然它提出的收购条件明显不公平，但在柏珂龙的支持下，通用电气的首席执行官对外界宣称（应该是说给他们自己的听众的）他们的提议"对阿尔斯通来说是最佳解决方案"。

为了证明这一点，杰夫·伊梅尔特提出了两个论据。首先，通用电气在法国并非无所作为。该公司从 20 世纪 60 年代末入驻法国以来，目前在法国境内雇用了 10 000 名员工。其次，阿尔斯通与通用电气"渊源颇深"。这是不可否认的，但两家公司的关系远非伊梅尔特想让我们相信的那般美好。我和大部分阿尔斯通员工一样，始终记得贝尔福事件。通用电气向我们出售了燃气汽轮机的专利后，在商业条款方面的态度开始变得非常强硬，不再同意向我们转让功率更大、效率更高的新产品，这导致我们手里的专利成了一堆过时的废纸。因此，1999 年，阿尔斯通不得不把自己的燃气汽轮机业务转卖给通用电气（包括标志性的贝尔福工厂及其所有员工）。

不管怎样，通用电气在法国待了几十年后，已经摸透了这个国家，了解了法国的经济结构、法国的每周 35 小时工作制、法国的文化，特别是法国的政治网络，而且通用电气的管理者都是游说大师。

2006 年，杰夫·伊梅尔特招募了一位既有魅力又有才华的大使：克拉拉·盖马尔。她被任命为通用电气法国公司总裁，2009 年升任通用电气国际副总裁。她在巴黎左右逢源，拥有极广的人脉。身为"妇女论坛"主席，2011 年《福布斯》杂志发布的全球最具影响力女性中，她排名第 30 位。这位毕业于法国国家行政学院的时尚优雅的女士，无论是在部长办公室接受召见，还是在摄影棚内录制电视节目，都游刃有余。

2014 年春天，她通过外交手段迅速化解了爆发在通用电气与法国政府之间的危机。但蒙特伯格仍然非常生气，在部长办公室向柏珂龙下了最后通牒。2014 年 4 月 29 日，也就是在 3 天后的法国国民议会上，他重述了一遍那 4 个论点，提出了一个有力的指控。"自 2 月以来，"他谈道，"我就一直在询问柏珂龙，我们这家龙头企业的首席执行官，而且我的问话是正式、郑重和严肃的，他一直说他没有任何联盟的计划！"部长最后说道："难道要经济部长在他的办公室里安装测谎仪吗？"早些时候，蒙特伯格还在 RTL 电视台批评柏珂龙："他平时总是要求部长给企业提供帮助，而自己却秘密进行交易，还忘记打电话告知部长，这是一种缺失国家道义的行为。"蒙特伯格并不满足于仅仅喊一喊口号，他开始采取行动。首先，他礼貌但坚决地回绝了与刚到法国准备签署协议的伊梅尔特的会面。在当时的情况下，他是不会接见伊梅尔特的。但是，他向伊梅尔特转交了一封信并提醒他，在法国，"能源部门的收购项目，特别是核能，都需要经过法国政府的批准"。他还向阿尔斯通的董事们发出了警告。"大家当心，"他通知他们，"这次出售可能违反证券交易所的规定。"

实际上，这一切都只是虚张声势。蒙特伯格试图先给自己争取一点时间。他想在正式组织工业与司法领域的力量进行双重反击之前，先让自己有充分的时间准备斗争。在司法方面，他确信美国人正在勒索阿尔斯通，但他没有可以放到奥朗德办公桌上的切实证据。所以，他转而寻求法国对外安全总局的帮助。然而，该机构却拒绝为他提供服务，他只好自己去寻找证据。蒙特伯格在工业部紧急成立了一个名副其实的专案组，挑选了 4 名顾问，给他们安排了深入挖掘通用电气与阿尔斯通合作底细的任务。这"4 个火枪手"迅速掌握了美国诉讼程序的详细情况，并且一路追根究底查到我的案子。那时，他们甚至试图与我建立联系。

专案组的一个顾问直接打电话给在新加坡的克拉拉。克拉拉表达了她的惊讶之情。毕竟 1 年前我被捕时，法国政府没有出面干涉。克拉拉非常怀疑对方的身份，在她看来，这名部长的顾问太年轻，她甚至在某个瞬间认为他可能是个冒名顶替者。克拉拉要求他通过工业部的邮箱给她发一封邮件，以确认他的身份。这名顾问给克拉拉发送了邮件，但仍然不能令人信服。对我而言，我应思考要采取什么样的态度。我所有的通话内容和在探视厅的对话都会被记录下来，并发送给检察官。唯一不会被监督的自由交谈时刻，就是我和我的律师见面的时候。但由于我怀疑斯坦的可靠性，所以我很难对他推心置腹。幸运的是，我的律师马库斯·阿斯肖夫在美国待了一个星期，并来罗得岛州的怀亚特看守所与我见了一面。他的探视让我欣喜若狂，因为这是我 1 年多来首次可以跟一个人坦诚相待、畅所欲言。我们在一起待了 6 个多小时。我的妹妹朱丽叶特此前把情况都告诉了他，我终于明白之前我和家人的通话中出现的许多暗示指的是什么了。至于蒙特伯格的顾问试图与我取得联系这件事，我一时左右为难。当然，我内心深处希望帮助他揭发真相，但是我的家人和律师马库斯·阿斯肖夫都表示反对。我在一座戒备森严的看守所被关了 1 年，被美国司法部当作"人质"以逼迫阿尔斯通合作，我还可能面临 10 年的监禁。如果在这种情况下，美国司法部得知（他们一定会知道，因为马库斯认为我的家人和他本人极有可能都已经被监听）我间接帮助蒙特伯格阻止通用电气的收购计划，可能会在美国被监禁更长时间。所以我只能不情愿地让克拉拉与蒙特伯格的顾问保持距离，并且不要回复部长办公室的邀请。

无论如何，蒙特伯格主要是在工业经济领域发起反攻。为了推迟通用电气的收购，他转而联系阿尔斯通的另一大竞争对手——西门子。西门子很快回应了他的请求。

西门子首席执行官乔·凯飒在其转交给法国财政部的意向书中提议，由西门子接管阿尔斯通的能源部门。作为交换，西门子将其大部分的铁路业务出售给阿尔斯通，包括其高速列车 ICE（以及 54 亿欧元的订单）和机车业务。据这位德国富商称，他的提议是"建立两个欧洲巨人绝无仅有的机会：法国成为运输业巨头，而德国则成为能源业巨头"。凯飒承诺在 3 年之内都不会裁员，还说准备把核能业务交还给阿尔斯通，以"使法国的利益得到安全的保障"。由于这个提议相当有分量，蒙特伯格成功地使阿尔斯通董事会推迟了向通用电气出售股权的决定。他初战告捷。原本想在 72 小时内秘密完成收购的柏珂龙，不得不重新考虑新的策略。

但是在政治方面，刚刚拥有主动权的蒙特伯格却失去了对事态的控制权。时任法国总统将这项收购案接了过来，他与曼努埃尔·瓦尔斯，以及其他与此项收购案有关的部长紧急成立了一个小型委员会。奥朗德也想给自己争取一点时间，他不信任这位做事张扬的部长。因为这位部长有一个让人恼火的习惯——不喜欢与领导充分沟通就擅作主张。2012 年 11 月，蒙特伯格在印度钢铁企业阿塞洛米塔尔事件上擅自放出狠话："阿塞洛米塔尔可以撤出法国了。"这令奥朗德无法忍受。这些心血来潮的话取悦了左翼社会党，但是也激怒了爱丽舍宫。爱丽舍宫决定任命一名谈判代表——大卫·阿泽马，法国国家股份代理机构的主管。虽然法国政府不再是阿尔斯通的股东，但这并无大碍，毕竟维护国家的战略利益迫在眉睫。阿泽马拥有良好的个人形象：他是高级公务员、左派人士，也与企业关系融洽。他直接受蒙特伯格领导，但他同样需要向马克龙汇报工作。

2014 年 4 月底到 5 月初，在怀亚特看守所，我试图通过每天早上收看几分钟的美国有线电视新闻网的新闻，来关注这场涉及众多政治家与企业家的事件。但是美国人对这件事的关注程度远低于法国人，所以我不得不等着克拉拉几乎每天寄来的剪报。

5 月初，我给莉兹打电话，想了解斯坦是否按照承诺与美国司法部取得了联系。她告诉我，她的老板只是简单地口头询问了他以前在检察院的熟人。根据这条消息，她向我保证美国司法部没有和柏珂龙达成任何协议。当然，我的律师无法保留关于这场非正式"谈话"的任何证据。总之，斯坦继续把我当傻子。然而，自霍斯金斯在 2013 年 7 月被起诉，至今已经有 10 个月，显然，美国人的调查在公司的某个层面戛然而止，他们不再需要顺藤摸瓜去追究柏珂龙。这本来是事实，但他们却认为我在错误解读。我再次要求莉兹白纸黑字地写给检察官，同时要求检察官书面回信确认，他们与柏珂龙没有达成任何形式的交易。他们从一开始就欺骗我，我希望能掌握一件物证。

"坦率地讲，我不建议您这么做，"我的律师对我说，"我认为检察官现在已经准备好审查您的保释申请。他们刚同意释放霍斯金斯。"

"那对他来说更好。但我仍然对美国司法部区别对待我与霍斯金斯感到惊讶。"

"他是英国人，而且因为英国可以引渡它的公民，所以他的律师能够说服法官。"

最重要的是，霍斯金斯是由高伟绅律师事务所代理的。高伟绅律师事务所是世界上最大的律师事务所之一，在商业法各个领域拥有顶级专家，包括美国《反海外腐败法》。而斯坦却几乎对它一无所知。我问莉兹：

"霍斯金斯的保释金是多少？"

"150万美元。占他在英国拥有的房产的价值的很大一部分。他可以和在得克萨斯州的儿子住在一起，但如果想离开美国，他必须得到法官的批准。"

"150万美元！这太多了。"

"这就是自由的代价！而且，您必须知道，您也得支付这么多的保释金才能获释。"

"什么！150万美元！为什么变成了这么多？一开始我们谈的是40万美元，再加上琳达的房子。"

"是的，但他们希望您的保释金数额和霍斯金斯的保持一致。"

"这太荒谬了。霍斯金斯可能有办法支付这笔巨额款项，但我不行。"

"我知道，但他们就是这么要求的。另外，您还需要在美国再找一个愿意为您抵押房子的人，就像您的朋友琳达一样。然后，要知道这两个为你担保的美国人会成为'共同利害关系人和连带责任人'。如果您保释后逃回法国,他们的房子将会被自动扣押。"

美国检察机关漫天要价,不停地提高保释金的数额。这种做法简直是无耻至极。他们显然是要想方设法不让我出看守所。我甚至觉得一切都毫无希望,我永远无法达到他们的要求,我要在怀亚特看守所待一辈子了。

但我没有想到,我的亲朋好友被动员之后,会释放出那么非凡的能量。我父亲成功说服了他的一位名叫迈克尔的老友及其妻子,他们同意像琳达一样,将房子抵押来为我做担保。我对他们感激不尽。克拉拉不仅提前支取了定期储蓄和退休保险,还出售了家中院子里的一块土地,因此终于凑了一笔与所需金额相差不多的款项。我们已尽了最大的努力。

这就足够了吗?我怀疑,我能否被释放关键取决于阿尔斯通、通用电气和法国政府间的博弈结果。然而在巴黎,收购事宜还没有确定。目前蒙特伯格好像在这场博弈中占据上风。

2014 年 5 月 15 日,蒙特伯格成功通过了一项为抵制通用电气收购提议而量身定制的法律。这是一件反公开收购的威慑"武器"。自那以后,若想要掌控能源、水利、运输、通信或者医疗领域的法国企业,外国企业必须获得法国政府的同意才能进行收购。蒙特伯格骄傲地说:"我们再也不会任人宰割了。面对令人厌恶的肢解企业的行为,法国要学会自我保护!"法国人民对这次经济战中的胜利颇感欣慰。根据法国行为科学与数据研究机构

BVA 民调所的统计，有 70% 的受访者赞成蒙特伯格的举措。他能成功反转，扳倒柏珂龙和美国势力吗？

在这场政治风波中，有一方的反常沉默引起了我的注意，那就是萨科齐和他领导下的人民运动联盟。这位 2003 年阿尔斯通的大救星，怎么没有针对这起笼罩着浓浓政治色彩的事件，跳出来痛斥左派总统的不作为呢？他面前明明有一条大道，但是他一声不吭，连一个声明都没有。他是不愿使自己的党派内部分裂吗？还是因为瓦莱丽·佩克雷斯的缘故？ 2010 年，这个女人的丈夫空降为阿尔斯通可再生能源业务的负责人，此人马上要转为合并后的通用电气 – 阿尔斯通企业同领域的负责人，甚至可能接手通用电气的可再生能源业务，直接听命于伊梅尔特。或者他不想和通用电气法国公司老板的丈夫埃尔维·盖马尔闹翻？或许还有别的隐情？他希望保持沉默，帮助他的朋友柏珂龙摆脱法律困局。总而言之，他对这件事没有任何表态，这实在是令人费解。

在这次抵制通用电气收购阿尔斯通的事件里，法国新闻媒体对事件鲜有报道。或许媒体注意到了蒙特伯格和柏珂龙之间的交锋，小心地避开了引人不快的主题，幸亏还有少量媒体向人们揭示了此事件的可疑之处。2014 年 5 月 27 日，新闻网站 Mediapart 刊登了一篇由玛蒂娜·奥兰治和法布里斯·阿尔菲执笔的别出心裁的调查文章，题为"卖掉阿尔斯通：腐败背后的博弈"。[①] 在文章中，两位记者认为"美国司法部的调查与阿尔斯通在仓促、不

---

① 文章的作者之一法布里斯·阿尔菲曾联系克拉拉，但由于害怕我的处境恶化，克拉拉没有回复。

透明的气氛中被肢解不无关系"。像我一样，他们对日期上的一些令人怀疑的巧合格外关注。他们尤其关注 2014 年 4 月 23 日。那天，霍斯金斯在加勒比海的美属维尔京群岛被捕，而恰恰是在同一个时期，柏珂龙和伊梅尔特之间的谈判正如火如荼地进行。奥兰治和阿尔菲认为，"这一逮捕绝非孤立，毫无缘由"。它可以被视为通用电气在签约前对阿尔斯通总部施压的终极武器。

终于，一部分真相水落石出。那时，我觉得这篇文章会一石激起千层浪，但事实证明我错了。其他有关文章也如石沉大海般毫无回响，包括《鸭鸣报》于 2014 年 5 月刊登的一篇文章曾尖锐地指出，通用电气收购阿尔斯通的这笔交易存在着另外一个利益冲突。在与通用电气秘密谈判的过程中，为阿尔斯通提供法律咨询服务的律师事务所的老板是通用电气的老板杰夫·伊梅尔特的亲兄弟史蒂夫·伊梅尔特。还有什么能比这样的全程服务更周到！在《观点报》于 2014 年 5 月 15 日刊登的针对此事的新闻报道中，记者只提出了一个略有价值的问题："柏珂龙是否已经准备好把阿尔斯通拱手让给美国人，以摆脱当前的司法困局呢？"对此，评论界仍是异常平静，没有做出回应。

32. 皮洛士式胜利

一个月之后，2014 年 6 月初，木已成舟。蒙特伯格该认输了。然而，在聚光灯前，他还是保持着胜利者的笑容，一副信不信由你的表情，把自己当成了阿尔斯通的拯救者。他自诩，在当时的局势下能够达到他提出的协议，已经算是做到了极致。但是，我不是傻子，我们已经输得颜面无存。法国工业部长无权盖棺论定，最后还是得由奥朗德拍板。法国总统最终决定接受美国人的方案。

我不得不承认，通用电气在整个谈判过程中可以说是不遗余力。他们表现得很灵活。杰夫·伊梅尔特非常清楚，这是他职业生涯中最重要的一笔收购项目，因此他毫不犹豫地在巴黎安营扎寨。他很快意识到，打赢政治和媒体舆论战与打赢工业或经济战同样重要。通用电气的首席执行官将其麾下最得力的公关团队投入其中，并找到了汉威士集团的二把手斯特凡娜·福克斯担任操盘手，因为后者与时任法国总理瓦尔斯交往甚密。

为了攻下阿尔斯通，汉威士集团动用了很多资源，其中包括3位经验丰富的高级顾问：法国企业运动组织前副总裁安东·莫里纳，公共咨询公司阳狮集团前负责人斯特凡妮·艾尔芭斯，泽维尔·贝特朗办公室的前负责人米歇尔·贝坦。柏珂龙也有两位顶级专家：弗兰克·卢弗里耶，他以前是萨科齐的幕后公关智囊；还有一位是阳狮集团的莫里斯·李维，他与通用电气法国公司的负责人克拉拉·盖马尔的关系十分亲密。这个公关"梦之队"将为确保这次收购行动如期推进扫清障碍。第一个要克服的障碍便是说服公众，让大家信服收购是必要的。

无论伊梅尔特和柏珂龙如何鼓吹，2014年春天的阿尔斯通还远不是一只"跛脚鸭"。与产业结构上的弊病相比，它拥有的科技优势依然显著，面临的危机主要来自财务方面，因此法国人民很难理解为什么阿尔斯通要出让70%的股权。双方的首席执行官便负责在电视上讲解这次收购的益处。伊梅尔特以嘉宾身份出席了法国电视二台的黄金档节目，而柏珂龙则上了法国电视一台的新闻节目。在他们的发言中，我的前雇主一直在强调一个观点：阿尔斯通在体量上难以应对危机，特别是在面对通用电气和西门子这两大行业巨头的时候。但当人们仔细分析企业数据时却发现，真相并非如此。阿尔斯通在能源领域的产值约为150亿欧元，稳坐行业内第三把交椅，完全不存在所谓的"体量危机"。如果把两家企业的整体产值做比较，阿尔斯通的确只有通用电气的1/8。但是出售能源部之后，情况会更加糟糕。主业仅限于轨道交通业务的阿尔斯通的产值将只有通用电气的1/30。声称因为阿尔斯通不够强大，所以要出售，然而出让产业之后，公司只会更弱。柏珂龙的说辞简直荒谬至极。

况且，柏珂龙 10 年来一直强调，阿尔斯通必须同时在电力、输配电和轨道交通三大产业中占有一席之地，以便应对市场中的周期波动，如今他却反其道而行之。在他看来，专注于发展轨道交通，企业的前景将会一片光明。所有的专家都知道，重组后的阿尔斯通业务量将大大减少，任凭对手摆布。果不其然，3 年后厄运降临。[①] 但是，在公关人员的蛊惑下，柏珂龙的观点像蜜蜂一样飞散，被所有媒体接受，在采访报道中被广泛引用，成为媒体口中的"真相"。

通用电气要面对的第二个困难，是取得政府的首肯，因为这事关就业问题。在奥朗德看来，这才是重中之重。这位法国总统自当选以来，就面临着有史以来最高的失业率。他绝不容许可能导致社会混乱的行为发生。伊梅尔特保证为法国创造 1 000 个就业岗位。这是一个他不可能兑现的承诺。但是，承诺只对那些相信它的人有用。[②]

最终，为了打动法国政府，通用电气在公关人员的支持下，克服了最后一个同时也是最棘手的困难——堵上蒙特伯格的嘴。

2014 年 5 月中旬，这位工业部长继续主张让德国人介入解决此事，特别是西门子还开出了更有利的条件。德国人联络了能源

---

① 2017 年 9 月，德资企业西门子开始着手掌控阿尔斯通的轨道交通业务。这一行为至 2018 年秋尚未完成。

② 参见《尾声》。

领域的另一巨头——日本三菱公司。这个"德日双簧"拿出了一个新的方案。西门子和三菱并不打算收购阿尔斯通，而是提议在企业之间构建一个稳固的工业联盟。三菱想和阿尔斯通在水电、电网和核能领域分别创建 3 个合资企业，法方注资 60% 控股，日方 40%。而西门子则会收购阿尔斯通的燃气汽轮机业务，作为交换，会向对方出让自己的铁路信号业务。蒙特伯格满怀激情地支持这项解决方案。在他看来，这是个两全其美的办法，既避免法国企业被收购，又能获得切实的经济利益。

为了紧跟形势的变化，通用电气的智囊团明白，需要尽快重新思考一套新的战略，越快越好。随后他们拿出一套受西门子和三菱提议启发的方案。通用电气摒弃了一切类似于"买"或"购"的表述，而向阿尔斯通提议在核能、可再生能源和电网 3 个领域分别组建"合资企业"。阿尔斯通和通用电气平分这 3 个企业实体的股权，双方 50∶50。很快，公关团队制作了一部宣传片，阐释这一"联姻"的美好前景，展示了非常动人的画面：在贝尔福工厂，已经同在一处工作的阿尔斯通和通用电气的员工正在共用一个食堂，共享午餐。这个短片第一时间在法国各大电视台播放。同时，通用电气的顾问正在各个部长的帷幕背后，以及媒体主编的办公室往来穿梭，他们暗暗使劲，竭力使西门子和三菱的提议失去拥趸。他们力图让人们知道，这个方案过于复杂，项目难以实施，合伙人也太多。几周后，这些公关工作收到了很好的效果。到了收获的时候，国家谈判人员大卫·阿泽马也倾向于通用电气公司。决战将在爱丽舍宫打响。

2014 年 6 月初，马克龙、瓦尔斯和蒙特伯格齐聚总统府。

蒙特伯格赞成西门子和三菱的提议，并请求总统用政府刚刚通过的新反恶意收购法令阻止通用电气的提议。马克龙则发言称："和西门子合作困难重重，社会影响也极为恶劣。更何况阿尔斯通的领导层坚决反对这一决定。"随后时任总统府副秘书长马克龙给出了致命一击："规定一个私企要和谁合作，几乎没有一个国家干得出来！除非在委内瑞拉！"与2008年次贷危机后美国挽救通用电气截然相反，法国社会党政府将自由贸易奉为圭臬，生生地把法国制造业的"掌上明珠"推入美国人的怀抱。木已成舟，阿尔斯通从此将属于美国。谈判持续的这几周，蒙特伯格一直与反对者针锋相对。蒙特伯格要如何应对反对者呢？他会咽下这口气吗？总理瓦尔斯清楚，他得做出必要的牺牲，以保证拥有社会党左翼人士支持的经济部长留在自己的内阁之中。瓦尔斯提议国家以资本介入阿尔斯通。国家从布依格手中收购阿尔斯通30%的股份，以此为阿尔斯通轨道交通部的未来做出担保。对蒙特伯格来说，面子保住了，牌局还远远没有输掉。他可以认为政府并未弃阿尔斯通于不顾，也可以自诩是在他的不懈努力下，通用电气才做出了巨大让步，更可以在几天后举行的全国听证会上发表讲话，"国家入股使阿尔斯通与通用电气的联合变得可持续"。

蒙特伯格的这种交换是徒劳的，他终究还是屈服于通用电气。但是必须承认，他曾是唯一为法国国家战略利益奋斗的人。可是，他真的有哪怕一点儿取胜的可能吗？美国商业巨头最终能够完胜，绝非偶然。它反映出美国企业界在法国境内具有至高无上的权力。我在职业生涯中看到了美国在法国的一部分行政、经济和政治党派中具有的巨大影响力。我们的精英，包括社会党人，更倾向于大西洋主义。美国有着越来越大的震慑力。美国人在"软实力"上稳居世界第一，他们使用这种"软性外交"手段，同时施加诱惑来使其上钩。例如，自1945年后，每年巴黎的美国大使馆都会挑选他们认为有潜力的政治新星，美其名曰"青年领袖"，邀请他们去华盛顿访问。这种"培训"面对的是政治新贵，或者国家行政学院的毕业生。奥朗德、萨科齐、阿兰·朱佩、玛丽索尔·杜兰、皮埃尔·莫斯科维奇，以及马克龙都曾以"青年领袖"的身份去过美国。

美国的影响力不止于此。今天，巴黎大部分的大型律师事务所、审计事务所和商业银行都是美资企业。阿尔斯通与通用电气这件事对它们来说简直就是一个意外惊喜，它们可以从中攫取上亿美元的利润。[①]为了保证游说的高效，这些机构会从部长办公室下手。对于被选中的幸运儿来说，这是一个工资可以翻10倍的机会。显然，这些利益冲突中也危机四伏。当你听到阿尔斯通案中担任法国国家谈判代表的大卫·阿泽马弃政从商，转行到一家大型美国商业银行供职时，你不会感到惊讶吗？他被聘用的事情发生在2014年7月，也就是奥朗德为阿尔斯通案一锤定音的几天之后，这位国家介入行为办公室的前负责人并非饥不择食，而是接受了美国银行（就是在谈判全程中为阿尔斯通出谋划策的那家美国银行）高管的金交椅。这次，就连公共事业部下属的合

---

① 参见第49章《国民议会调查》。

规部都看不下去了，他们劝说阿泽马重新选择。于是，这位高级政府官员最终去了另一家金融机构——位于伦敦的美林证券。而美林证券和美国银行自 2008 年就合并了，这根本就是一家机构！大卫·阿泽马欣然赴任，无忧无虑。《世界报》曾询问他离开的原因，他回答："我为什么离开？为了挣钱啊！"

2014 年阿尔斯通收购事件中，最后一个关键要素出现了：西门子变得犹豫不决。2014 年 5 月 20 日，这个德国工业巨头本应提交一个确定的收购方案，但它却提出眼下有一些新的事项需要确认。西门子要求美国司法部公开更多有关阿尔斯通案的司法调查情况。德方担心，超 10 亿美元的罚款可能会落到这家它计划收购的法国公司账上。西门子经历过这种痛苦的官司。2006 年，这家德国企业因为贪腐行为被美方调查过。它被指控在阿根廷、委内瑞拉、越南甚至伊拉克有贿赂行为，行贿手段与阿尔斯通一样。为了尽快了结此事，2008 年西门子向美国司法部和美国证券交易委员会提出认罪，并同意支付约 8 亿美元的创纪录罚款，而且时任西门子总裁冯必乐也引咎辞职。冯必乐同意为他的旧东家支付 500 万欧元，避免企业追究他管理不善的罪责。事情还没结束，2011 年，美国司法部起诉了 8 位西门子前高管，并对他们发布了国际逮捕令。10 年过去了，西门子继续背负着这个丑闻、这个甩不掉的累赘。事件在德国越闹越大，如今企业已经为此耗资 15 亿欧元。在这种境遇下，很容易理解西门子绝对不想因阿尔斯通而再次被卷入同样的噩梦之中。

相反，通用电气面对美国司法部毫无惧色，它甚至向阿尔斯通提议成为后者的"拯救者"。在通用电气与法国企业的协议中，有一段明确规定，在完成收购后，美方将全权接管其司法负债。换句话说，就是通用电气准备为阿尔斯通向美国司法部支付罚款。这个条件竟然能谈成，我感到很惊讶。如果一家企业不能代其员工支付罚款，按照同一个逻辑，一家企业也不能代替另一家企业支付罚款。但是，协议于2014年6月公布后，美国司法部一反常态，没有对这一条款提出反对意见。

通用电气可以为阿尔斯通支付罚款，这是一条西门子绝对无法接受的关键条款。可是，它又能怎样呢？2014年6月初，几乎没人知道罚款金额是多少。阿尔斯通的认罪辩护将在2014年12月22日举行，也就是说，要等到6个月后。那么，哪个企业愿意签一张总额极有可能超过10亿美元的空白支票呢？世界上没有哪个企业负责人，可以获得董事会和股东们的批准如此行事，这是显而易见的。然而，无论是经济类媒体，还是我们的政治精英，都没人站出来揭穿这种不合理的情况，所有人都被通用电气和阿尔斯通的公关人员捆住了手脚。有个问题至关重要：阿尔斯通这笔未知金额的罚款可能超过通用电气收购金额的10%，通用电气怎么敢做出付款的承诺呢？事实上，通用电气拥有西门子不知道的诸多信息。其实通用电气已经在幕后参与了阿尔斯通和美国司法部的谈判，为时数月！打击贪腐调查组的负责人卡蒂·朱负责组织这些谈判，她曾经是专攻经济犯罪的联邦检察官。在这个阶段，一切都是检察官（有现任的，也有曾任的美国司法部检察官）之间的一场游戏。

2014 年 6 月初，我在离巴黎 6 000 公里之外的怀亚特看守所，见证了阿尔斯通收购案闹剧的最后几幕。我感到愤怒，却无能为力。我和法国都受到了欺骗。这个时候，我是不是应该打破沉默，让我的家人把我的故事登载在媒体上，以使法国公民明白事实的真相，也让法国政府明白他们都做了些什么？也许，可能。我思忖良久。克拉拉可以去找那些调查记者，或回应蒙特伯格的特使。但这有用吗？我一个人如何与美国司法部、汉威士集团、阳狮集团、阿尔斯通、柏珂龙、奥朗德和阿泽马等势力抗衡呢？这场战斗还没打响就输了。而对于我、我的妻子和 4 个孩子、我的双亲和我的妹妹来说，眼下最重要的是，我能够离开这座看守所。我的沉默或许有些自私，但我已经被羁押快 14 个月了。因此，我宁愿保持沉默。

33. 通向自由

在巴黎进行的谈判已经尘埃落定，通用电气赢了，它将在一周内与阿尔斯通签署协议。与此同时，检察官诺维克知会斯坦，可以提交一份释放我的动议。2014 年 6 月 11 日，在经历了 424 天的羁押后，我终于要重获自由。明天便是我的自由之日。

我在怀亚特看守所的最后一段时间，一切如常。早上 6 点 50 分，我起床吃早饭，然后和亚历克斯在食堂的地上铺一块毛巾做运动，再跟随人群在几十平方米的院子里快走一个小时。这个院子就是监狱中的监狱，完全封闭，上方装有全覆盖的顶棚。时至今日，我已在氛灯昏暗光线的持续照射下生活了 250 天。遭受如此的惩罚，被关进这样一个暗无天日的监区，并非因为我做错了什么，而是因为我运气不好。我和其他囚犯的待遇一样，没有更好，也没有更糟，我像其他人一样遭受着惩罚。无论一个人犯了什么罪，都不该被剥夺呼吸新鲜空气和享受阳光的权利，不该受到如此恶劣的对待。这种日子使人发狂，使人堕落。有时因为"预算紧张"，我们连院子都不能去，这所资本主义的监狱对利益的追逐，是以侵犯基本人权为代价的，这可真令人愤怒和鄙视。然而，这样做不仅是为了充分利用监狱的设施、关押更多的犯人、牟取利益最大化，也是要让犯人心理崩溃，以便尽快认罪，这样就能给美国司法部尽可能地减少案件开销，进一步改善它假大空式的统计数据（98.5% 的结案率）。

离被释放还有几个小时，我大步快走着，以此发泄对怀亚特看守所和美国司法体系的怒火和仇恨。我感觉身体已被掏空，有些疲惫，仿佛我的身体对未来生活的改变已经做出了反应。我碰见了一个狱友——阿尔巴尼亚人提卡，他在普罗维登斯医院待了4 天后刚回到囚室。外科医生从他的喉咙里取出了一个 7 厘米大的囊肿，这个吓人的东西早就该被取出来了，但他被迫熬了漫长的 3 个月才获得监狱方同意，被送往医院治疗。我眼看着他的病情日益严重，他的囊肿不停地增大，渐渐堵塞了食道。他无法吃固体食物，否则就会窒息。自 2 月以来，他只能吃些流食。他不能正常呼吸，晚上睡眠也不好。他填完了成堆的申请文件，才被批准到狱外就医。如今，他脖子上有一个巨大的疤痕，很像弗兰肯斯坦创造出的那个怪人。他一连几天都不能转动头部，但他依然对手术进行得还算顺利感到高兴。医生说从他喉部取出了一块"黑布丁"一样的息肉。这个外科医生对提卡延误治疗导致病情急剧恶化感到极为震惊。怀亚特看守所管理层的这种危险且罪恶的草菅人命的态度，让我也深受其害。在"准备行装"的时候，我又想到了看守所里的几个难兄难弟。一位 65 岁的印度裔囚犯印第亚就没有这么幸运，他因被延误治疗，于 1 个月前去世。基德因参与一起毒品交易案，检察官在第一次和他谈判时要关他 15 年，他无法承受巨大的心理压力，上吊自杀了。他才 24 岁，这是他第一次被逮捕。与我同室 7 个月的狱友马克，2017 年 12 月被审判之前已经在怀亚特看守所待了 5 年。他本来计划在圣诞节与家人团聚，但是在审判开始的 15 天前，检察官突然说，他的诈骗罪比最初认定的更严重，于是马克又被判了 25 年监禁！鲍勃结婚 40 年，他的妻子于一个月前去世。看守所管理层不肯押他去参加在波士顿举行的妻子的葬礼，只跟他说可以让灵车停在怀亚特看守所的院子里让他悼念妻子，他拒绝了这个提议。

然而，我还是对自己说，能活着走出怀亚特看守所是幸运的，我期待着可以或多或少地找回从前正常的生活。

再过一会儿，我就要和我在看守所中共度一年的最忠实的狱友彼得、亚历克斯和杰克说再见了。我们是看守所中少数的"白领犯人"——700 个犯人中不超过 10 个。

彼得隐约预感到自己即将被释放，他被羁押在怀亚特 3 年多。被捕之前，他是替黑手党从纽约到拉斯维加斯一箱一箱运输现金的"运输机"。

杰克也将获得保释。原本他是美国新闻的头版人物，记者们甚至给他起了个"小麦道夫"的诨名。这个 62 岁的金融从业者设计了一起庞氏骗局诈骗美国投资者。他和美国司法部达成了协议，最后只被判了七年半。

　　而他的下线亚历克斯的情况则恰恰相反。亚历克斯拒不认罪，他要和这个体制抗争，要扛到最终审判。或许这是个致命的错误，因为这可能使他比杰克判得还要重。在我眼中，这又是一个新的证据，说明整个刑法体系就是一场"俄罗斯轮盘赌"。亚历克斯只能焦躁地等待审判。在我被羁押期间，我与他的关系最亲近。在定居美国前，他曾在马赛读商科，能讲一口流利的法语。他50多岁，性格开朗，十分虔诚，即使在牢房中也积极乐观。我在怀亚特看守所度过的14个月中，亚历克斯一直给我加油打气。他会是我一生的挚友。

34. 自由

直到最后 1 分钟，程序对我来说也是"一个都不能少"。那天凌晨 4 点，怀亚特看守所的狱警就把我从床上喊了起来，那时我就隐约感到我将要被释放。他们把我拉上囚车，运到康涅狄格州首府哈特福德的法院。到达后，他们把我关在法院的一间单人囚室里。自那之后就没有动静了，我在这个囚室里百无聊赖地待了近 8 个小时！然而我已经走完所有的程序，保释也没什么问题了。会不会最后一刻哪里出问题了呢？我在怀亚特看守所听到过太多类似的故事，即使是现在，我也什么都不敢确定。

焦急等待的不止我一个人。我 75 岁高龄的父亲一大清早就来到法院，我的朋友琳达陪着他。他就在我被关押的囚室几米外的走廊里苦苦等待。我们近在咫尺，近到可以说话！

下午快 4 点时，出现了一个好兆头。有人给我送来了我刚到怀亚特看守所时上交的衣服，它们已经变得非常宽松，我穿上后显得特别滑稽。终于，门开了，走廊的尽头是爸爸和琳达，他们站起来张开怀抱迎接我。

自由！我自由了！

我们紧紧相拥，幸福得有些发狂。爸爸看上去精神不错，几个月前，他不顾我的反对，坚持来怀亚特看守所探监，相比那时，他现在显得更加强壮。当时，我感觉他非常弱小，背部疼痛使他佝偻着身躯，呼吸急促，只能靠拐杖行走。那种情形让我感到非常担心。显然他身体很不好，但他还是坚持跨越大西洋，到铁窗外来看他的儿子，哪怕仅仅是两个小时。今天，在囚室门口迎接我的人还是他。此时，克拉拉不得不留在新加坡，孩子们学年结束后会转学，全家搬回法国的手续都需要她去完成。不过，她很快就会和蕾娅、皮埃尔、加布里埃拉和拉斐拉在一起了。1个月后，全家人将齐聚在我这里，共同度过几周的假期时光。

在被释放后的最初几个小时中，我非常激动，但我知道我还没有摆脱全部束缚。在第一阶段，我只有两个月的自由。我必须待在美国境内，住在我康涅狄格州的朋友汤姆的家中，只能去美国的3个州——马萨诸塞州、纽约州和佛罗里达州。1个月后，我准备带孩子们和克拉拉一起去佛罗里达州度假。因为汤姆需要定期接回他的孩子住在家里，所以我和父亲得租几张露营床，我们住在客厅里。

时至今日，关于被释放后的最初几个小时，我的回忆已有些模糊，只有几个深刻的感受凝固在脑海里。14个月以来，我第一次洗了热水澡，这让我感到舒适无比。青草的芬芳、树木的清香、微风的吹拂……孩子们一醒，克拉拉就给我打网络视频电话。他们的变化真大！孩子们要去上学，所以没能跟我聊多久。看到他们的容颜，听到他们的声音，我心中颇感安慰。我至今还记得，我在汤姆的花园中躺了很久，仔细观察着辽阔广袤、无边无际的天空。我逐渐意识到，由于被关在牢房中太久，我的视角都变小了。我用了好几天才适应了望向远方，成功地分辨出了地平线。在狱中一年多的时间里，由于整日面对同样的环境，我的感知能力——视觉、触觉、味觉、听觉都有所退化。

最初几天，我花了很长时间在森林中散步。如果父亲的身体状况允许，他也会陪我走走。我的父母在年轻时就分开了，我和母亲相伴的时间更多些。直到2014年6月的那段日子里，我才真正理解了父亲。我让父亲给我讲讲他的生活、他创建的公司和他在俄罗斯的商业奇遇，我还鼓励他给他的孙子和孙女录些小视频。其余的时间里，我基本都在上网。这在狱中是绝对禁止的。我尽可能多地搜集信息，读媒体上关于通用电气收购阿尔斯通的报道。我下定决心，马上投入自己的调查。

2014年7月中旬，克拉拉和孩子终于要来到我的身边。我心怀忐忑地来到纽约肯尼迪国际机场迎接他们。时过境迁，我又一次来到这里。孩子们掩饰不住欣喜和惊讶。他们的爸爸瘦了快20千克。如果被释放3周的喜悦可以冲淡我忧郁的神情，我或许看上去会更年轻些。说实话，此时我依然一副"愚钝脑袋、苦役身子"的模样。

我发现，皮埃尔比蕾娅快高一个头了。两个小家伙，拉斐拉和加布里埃拉见到我也非常高兴，她们拉着我的手不放开，一旦我松开，她们就大声喊叫并且抗议。只是到了晚上，为了遵守我的保释条例，我得和她们分开，回汤姆家睡。全家其他人都住在琳达家。幸运的是，几天后我们就可以一起去佛罗里达州。我获得法官许可，可以在那里待3周，那时才是我们真正幸福时光的开始。我们住在海边的一个酒店式公寓里。梦想成为游泳冠军的蕾娅每天早上在迈阿密的游泳教练员的指导下游5公里，加布里埃拉和拉斐拉在叽叽喳喳地玩沙子，皮埃尔催我们一起体验当地的旅游特色——海陆两栖气垫船，这种小船先在沙子上行驶一段，然后全速驶向大海。沙滩、阳光、海浪，我们像以前一样享受着假期。但对我来说，这次是与众不同的。

　　3周后，克拉拉和孩子要回法国，我开始争取去法国和他们团聚的权利。好消息终于来了：彭波尼在拒绝认罪1年后，也就是7月18日签署了认罪协议，这也刚好是我从怀亚特看守所出来后一个多月。这很明显地证明，我的羁押和他目前案中的处境完全没有关系，这完全取决于通用电气和阿尔斯通的谈判。他的律师处理得游刃有余（比斯坦要好），因为和我不同，他只需要对一个被控罪名认罪即可。他可真幸运。既然无须等待他的案子的进展，我现在希望美国司法部能够通融些，让我回法国。正当我开始放松心情享受家庭时光的时候，我的希望落空了。我从斯坦处获悉，检察官目前反对以霍斯金斯的方式处置我，他们打算像对付彭波尼一样对付我，我的命运将取决于未来霍斯金斯是否认罪，或者是否接受庭审。美国司法部用这个小把戏可以再抓

10 多个人，如此循环往复，永无结局。这种悬而未"判"的日子，我或许还要过几个月，甚至几年，而且我和朋友的所有财产一直被冻结。在这种情况下，我们该如何生活？达摩克利斯之剑悬在头上，我又何谈重新找回生活的节奏？怎样才能说服未来的雇主？9 年的时间里，我随时可能回去蹲监狱，谁还敢雇用我？没人敢。然而我必须找到一个可以重新开始工作的方法。我才 46 岁。

何况，霍斯金斯有可能会让美国司法部感到恼火。他在阿尔斯通只工作了 3 年，2004 年 8 月 31 日，也就是塔拉罕项目合同签订后，他就离职了。在他任国际关系部亚洲分部高级副总裁时，他从未入境美国。在这种情况下，他的律师提出了一连串的法律问题：一个美国的法院如何能有权限判决一位英国公民在印度尼西亚的贪腐案件？更何况他已从该企业离职多年，在法国只工作了 3 年，且从未来过美国。起诉他的这些事实是有据可查的，还是凭空捏造的？这还不包括其他技术层面的问题。本来，我并不反对他的套路，甚至完全赞成。如果我没有被关押在怀亚特看守所而可以自由辩护，那我也会这么做。问题是，他的事情让我再次陷入僵局。像往常一样，我咒骂我的律师，我恼羞成怒、破口大骂，斯坦也像往常一样对我的咒骂不予回击，然后说些令我不快的话。"如果您不采纳我们的建议，并要求现在就审判，诺维克检察官可能会判您 10 年！"老调重弹的威胁！这种束手束脚的状态让我无比愤怒，然而柏珂龙却逍遥法外。我非常想知道，他为自己和美国政府谈成的是什么协议。斯坦想方设法劝我说，就算有这样一个协议也与我无关。面对众多的居心叵测，我亲自写了封邮件。8月18日，律师将它发送给了检察官，我要搞清事实真相。

美国司法部始终没有回复，但我的请求是完全合法的。美国人把它叫作"证据开示"：一个允许犯罪嫌疑人搜集为自己辩护的所有证据的程序。我向斯坦表示，我对美国司法部的反应感到惊讶，更准确地说，是对它的不作为感到吃惊。

"有可能这个协议是存在的，"他对我说，"但您永远也不会拿到它。美国司法部并非必须向您提供这份文件，而且如果这是个保密协议，那它也无权将其交给您，甚至无权承认它的存在。"

"好吧，但至少如果它不存在，美国司法部就可以向我否认。他们可以做到吧？"

"他们没有回复您，是因为他们不能白纸黑字地撒谎，所以您可以由此得出任何您想得出的结论。"

我的争辩是徒劳无益的……已经8月底了，克拉拉和孩子们要回法国了。我不想与他们分离，我不知道何时才能再见到他们。

35. 重回法兰西

我无法接受无限期滞留美国且无权工作、没有家人陪伴的事实。不，我不可能接受！不管霍斯金斯的案子进展到哪一步，我都要回家！这一次，我不想再听律师的絮叨，直接催促他们，尽快让我的保释期得以延长。

金钱帮我实现了这个愿望，美国检察官们松口了。与其他谈判一样，"美元能使鬼推磨"。最终，他们以提高保释金为条件允许我重回法国。我父亲的朋友迈克尔已经慷慨地用其私人房产为我做担保，这次又为我支付了20万美元的保释金。但是，我不能踏出欧洲一步（除非有法官许可），而且回到巴黎后，我还得每周给美国缓刑监督官发一封邮件。当然，我全盘接受了这些条件。我没有任何选择的余地。

我大约在9月16日动身，走前还须履行一个承诺。我的前狱友亚历克斯的听证会将于本月初在波士顿举行。我想没什么人会到场支援他，他见到我会高兴的。的确，现场就 3 个人：希腊驻美领事、他从雅典赶来的表兄，还有我。他进来时手被铐着，但给了我一个灿烂的笑容。听证会并不顺利，只持续了 30 分钟。检察官满脸怒容，因为我的朋友居然敢在法庭上藐视他。像所有被告一样，我的朋友朗读了一份事先准备好的认罪书，请求整个世界的宽恕。然而，判决已经尘埃落定：他被判处 102 个月的监禁，也就是八年半。比与他一同被起诉的组织里的头目杰克还多 1 年。亚历克斯心情沉重。如果他在狱中表现良好，则每年可减刑 54 天，因此 2019 年他就可以出狱。他冲我投来最后一个眼神，做出最后一个手势，便被带走了。再过 1 周，我就要动身回法国，而亚历克斯仍身处狱中。

可是，我尚未动身，美国政府又给我制造了一些惊吓。在我返美参加审判时给我签发何种类型签证这件事上，美国司法部和国土安全部无法达成一致。但这和我有什么关系？

"这事没有那么简单，"斯坦向我解释说，"它给您回国增添了风险。"

"什么风险？"

"他们可能会想方设法不让您合法地返回美国。他们如果没有解决这个行政问题，就会没收您的保释金，而且在美国司法部眼中，您就是个逃犯。"

"他们简直疯了！那我应该怎么做呢？"

"如果您想按照计划 9 月 16 日动身，那您就得签个全责协议。如果他们没有找到办法，那么责任在您，而不在他们。"

　　我的处境愈发卡夫卡式了。因为琳达和迈克尔面临保释金被没收的风险，所以在做决定之前，我必须征求他们的同意。当我向他们描述我再次遭遇的错综复杂的境况时，他们并没有反悔。我也征求了法国驻波士顿副领事杰罗姆·亨利的意见，他表示极为惊讶。但所有人都鼓励我，让我还是动身回国。"我们可以让大使馆介入。"亨利向我承诺道。

　　事情就这样决定了，我终于要回法国了。我一想到上飞机前要再经过一系列检查，就感到十分紧张。我害怕他们又在最后关头把我抓起来。直到飞机起飞，我悬着的心才落了下来。

　　2014年9月17日，我抵达巴黎。距离我被逮捕已经过去493天。父亲来机场接我，我们归心似箭，飞奔回家。我刚好赶上两个小女儿放学的时间。她们在学校门口看到我时，简直不敢相信自己的眼睛，我脑海里一直保存着这个画面。过了一段时间，我才逐渐习惯了正常生活的节奏，或者说找到了以往生活的节奏。但这再也不是我从前那种自然、简单、真实的生活了，再也不是。我需要重新规划，重新适应家庭生活的各种习惯，重新当好一名父亲与丈夫。这显然比预想的难得多。监狱给我留下了不可磨灭的印记。从此，我就是一名失业的父亲与丈夫。

　　2014年10月2日，我在法国就业中心注册，这是我人生中的第一次。

36. 与马修·阿伦的会面

 几天前，记者马修·阿伦给我发了条短信。他想了解我的遭遇，并获取一些关于通用电气收购阿尔斯通的消息。当时我戒备心很重。在同意见他之前，我询问了身边的一些人，包括我妹妹朱丽叶特。她对我说，她经常在广播中听到马修·阿伦的声音，也读过他的书，觉得他应该是"认真的"。尽管如此，我还是顾虑重重。我尚在保释期，还未接受审判，因此我仍然随时有可能再次身陷囹圄。我担心，如果美国检察官得知我向媒体吐露案情，他们会让我付出巨大的代价。3周前，我结束在美国的监狱生活，回到了自己家，我理应感到知足和放松，但我的心情却难以平复。我生活得小心翼翼，如履薄冰。当我被羁押于怀亚特看守所时，我创造了一套密码以便和亲友沟通。我们共同选择了一本书，给50多个姓名分别编好了数字和字母。我曾经认为，有了这套密码，我们就能交换一些"保密"信息。然而因为它们太难记，所以我们几乎从来没有用过。

这个时候，我还是感到有一些紧张。见记者，我会得到什么呢？这会不会又是一个陷阱？此前有人尝试联系我或克拉拉，但都被我们谢绝了。或许我之后会后悔，但最终，我还是决定于2014年10月9日见一下这位记者。

我指定了这次见面的地点，就在凡尔赛老城中心的集市广场。我熟悉这个地方。所以，我就能确认他是否偷偷带了摄像师。

还好，很明显他孤身前来。不过，我依旧将信将疑。因此，我开车靠近他的时候，始终没有离开驾驶座，并且示意他快点上车，甚至没顾得上和他问好就开动了车子，我在中心区转了好几个弯，确定没人尾随后，才全速驶向凡尔赛宫。我计划陪他在安德烈·勒诺特尔设计的凡尔赛宫广阔的园林里散步，以便一旦有监视的人靠近，我就能及时发现。

后来我发现，就是在这种有点儿于布王式的剧情中，我结识了马修·阿伦，当时他是法国广播电台综合台的记者。他倒没因为这场奇特的开场戏感到不快，反而觉得挺有趣。我们一起在凡尔赛宫的园林中漫步了一个下午。自打我从怀亚特看守所出狱后，我习惯性地走得很有节奏，几乎每天都会长时间散步。这使我感到平静，也让我觉得自己做了些运动。我们边走边说，刚开始的时候只是只言片语，后来就滔滔不绝。在某种意义上，我觉得这是一种自我释放。他只用几个问题就获得了我的信任，接着我就向他吐露了一切：监狱、铁链、屈辱、沮丧、恐惧、我家人的不安、流氓歹徒、呐喊……阿尔斯通。我东一榔头、西一棒槌地向他描述，一些企业如何通过贿赂在国际市场中占得先机，企业的高层如何利用一套程序掩盖这些行为，我是如何被出卖的。我对他讲的重中之重，就是美国人设下圈套，陷害我们。他们操纵了柏珂龙，而柏珂龙为了逃避重刑，决定干脆卖掉阿尔斯通。

我很快就发现，马修·阿伦对我的遭遇只是略有了解，但对阿尔斯通被迫卖给通用电气这件事却知之甚多。然而，媒体对此却表现得讳莫如深，这十分让人惊讶。

2014年7月，《星期日报》的记者布鲁娜·巴希尼撰写过一篇关于我的题为"阿尔斯通被诅咒的高层"的短篇文章，讲述了"战士皮耶鲁齐是如何掉入陷阱的"。除了我和我的亲友，这篇文章并没有引起普罗大众的关注和讨论。

马修向我透露，阿尔斯通内部曾有人向他示警，某位高层曾经主动提出跟他见面，向他揭露交易中有关司法方面的秘密行为。根据这位高层的说法，柏珂龙确实是在威逼利诱之下才将企业卖给美国人的。阿尔斯通的其他高层对此也深信不疑。马修还就此事和一些政界人士交流，对于柏珂龙把法国工业界的龙头企业偷偷摸摸转卖的做法，所有人都感到极为愤慨。但为什么没有人出来拉响警报呢？他向我解释说，原因既简单又不幸：没有一位参与谈话的人愿意被录音，甚至没有人愿意公开自己的身份。

我对他坦陈，换作是我，我也会这样做。考虑到我的现状，强出头实在过于冒险。我甚至请他把我们的谈话内容藏在心里，不要公之于众。他答应了，并且履行了诺言，因此我们才有了后来的合作。我们随后又见了几次面，双方都试着用各自的方式和渠道，以便证明或者推理出一个结论：美国针对阿尔斯通的做法打响了地下经济战。但路漫漫其修远兮，唯有耐心应对。

2014年10月初的一天，我和马修边走边聊了一段时间之后，决定分头行动。马修打算去搜集所有的证人证词，我去寻找相关的隐情及秘密文件。开展这项调查，成为我们共同的事业。

在我们见面3周后，我收拾行装准备重返美国。准许我返回法国的逗留许可时间为8周，现已行至尾声。我在临行前9天，收到了斯坦的短信："您可以在您的国家待到2015年1月26日。"劳伦斯·霍斯金斯一案被推迟了。我因此又多了3个月的喘息时间。

37. 开口或缄默

"我们无法为您提供一个与您此前的职位、能力和薪酬相匹配的工作，因此您得自己想办法。"就业中心的工作人员很热情，但也很现实，更何况我还没告诉他我刚从看守所里出来，而且有可能再回监狱里待很长时间！就这样，46 岁的我失业了。由于还在保释期，我无法向任何公司正式投简历，我无法掩盖我的过去（无论是招聘方还是合伙人，只要在网上输入我的名字检索一番，就能了解我的服刑经历），无法过自食其力的生活（我把所有的积蓄都用来支付保释金），特别是我还有 4 个孩子。幸运的是，9 月，克拉拉从新加坡回来后很快就找到了一份工作。

我决定，与其坐以待毙，不如从这段经历中获得一些收益，尽管它像噩梦一般。几个月来，我反复阅读、仔细分析了很多美国《反海外腐败法》案例。在缓刑期间，我建了一个数据库，里面存储着上万份文件。同时，我还研究了法国、英国、德国、瑞士、西班牙和意大利的反腐败法。了解邻国的案例后，我发现法国在合规咨询市场，也就是企业道德规范方面，绝大多数话语权都被美国企业把持着。无论是审计事务所，还是大律师事务所，抑或是经济情报组织，几乎所有这类企业都属于盎格鲁－撒克逊模式。这倒不值得大惊小怪，因为市场合规监管体系诞生于美国，而后它发展成了一种全球的贸易形式，就像其他的贸易一样。问题是，这里涉及国家安全及经济主权问题。只需看看被美国司法部追查的企业名单就能看出来：无论是电信行业的阿尔卡特，还是石油行业的道达尔和德希尼布，抑或是能源行业的阿尔斯通。而这只是个开始。2014年9月，一个名为"反海外腐败法博客"的美国网站列出了几家处境危险的法国企业，如空中客车、赛诺菲、维旺迪、法国兴业银行等。法国CAC40指数中的大部分企业都被美国联邦调查局秘密调查过，而它们却浑然不知。然而，截至2014年，没有任何一家法国律师事务所拥有反海外腐败部门。只有商业道德规范联合会和商业合规联合会为企业提供一些建议。

以我的浅薄之见，我决定冒险一试，创建一个小型的为企业提供咨询建议的组织。我这么做有两个目的：首先是提醒企业的负责人保持警惕；其次是为他们提供一些服务，如为他们的运作流程提供调整优化建议，使用图表数据对风险进行评估，以及确认他们的代理商、经销商、供应商、顾客等合作伙伴是否廉洁可靠等。几个月来，为了能让我的业务更具成效，我一直致力建立独特的工作体系。2014年末，当我正式开始投身这份工作时，我制定了几条规则：不要公开介入这些业务，不要对我回法国后遇到的围追堵截的记者吐露只言片语，也不要大肆宣传我的新工作（不需要开设网站，也不需要推销）。诚然，在这样的情况下，很难吸引顾客，但这就是我要付出的代价。

我这么做的目的是让那些政治领导人有所触动，逐步推动法国在反腐败方面的立法。我不能眼看着法国的企业就这样被美国资本绑架、勒索，却束手无策。欧洲的其他国家先于我们觉醒了。在英国航空航天系统公司案后，英国于 2010 年投票通过了反腐败法案——英国《反贿赂法》。阿尔斯通事件后，为什么法国不能也依葫芦画瓢呢？在这一点上，我的身后有坚定的支持者，如曾任法国律师公会会长的保罗－阿尔伯特·伊文斯律师，以及泰乐信律师事务所的马库斯·阿斯肖夫。保罗－阿尔伯特将是未来两年内积极推动法国法律改革的活跃分子之一（2016 年 12 月投票通过的《萨潘第二法案》就在反腐败立法基础上做出了改革）。随后，迪迪尔·杰宁，我最忠诚的朋友之一，把我引荐给了法国前军方情报官，后任法国情报研究中心负责人的埃里克·德内塞。

2014 年 12 月，法国情报研究中心的负责人埃里克·德内塞与女记者莱斯莉·瓦莱娜共同发布了一份长达 70 页的报告，标题为"阿尔斯通事件：美国的敲诈与国家的失职"。文中他们共同揭露了柏珂龙那套说辞的虚伪性、法国政府的不作为，特别是还为法国主权可能会遭遇的风险敲响了警钟。"在涉及海军大型水面舰只与核潜艇的汽轮机方面，"德内塞写道，"由于通用电气吞并了阿尔斯通的能源部门，从此几乎垄断了这个行业的供货渠道，我们的舰队将不得不依赖通用电气的供货。另外，在太空监视领域，阿尔斯通还出让了研发'卫星追踪系统'的子公司，它曾给我们的军队，特别是军事情报部门带来了极大的便利，还通过持续对盟友和敌人的卫星监控使我们的核威慑变得快捷有效。"①

　　2014 年 9 月我回法国后，经济部的经济情报办公室竟然还从未找过我。曾在我案件中给我提供很多建议的埃里克·德内塞感到非常惊讶，他在征得我的同意后，知会了相关负责人。那位负责人以为我还在美国。法国的情报系统相较世界其他国家来说，欠缺的不仅是快速反应能力，还有相关技术手段！不管怎样，我很快就被经济部传唤去做一个全面的情况介绍。经济情报办公室的负责人接待了我，在场的人包括一位将军、该领域研究所的负责人克劳德·罗歇和一位法律专家。他们向我透露，他们早就开始关注美国司法部试图肢解阿尔斯通的阴谋诡计，但他们缺少关键性证据，希望我能提供。几周内，我先后 3 次同他们会面。他们说，作为预警，已将此事上报。虽然我感觉这不会有什么效果，但是至少，我觉得自己不再是孤军奋战了。让我欣喜的是，高层公务员中也有人意识到我成了这场阴谋中的牺牲品。这说明我既不是疯子，也不是阴谋论者。在这段时间里，人们口耳相传，我遇到了很多愿意了解真相的倾听者，其中有维护小股东在大企业中权益的新闻网站少数股东网主编玛丽－让娜·帕斯格特，她将

---

① 埃里克·德内塞于 2014 年 7 月 19 日在《人道报》的采访节选。

对阿尔斯通进行非常仔细的调查。

从这时起，我注意到很多情报界专家或经济分析人士对收购案中的玄机心知肚明。然而，法国政府却听之任之。2014年11月4日，阿尔斯通董事会一致同意通过了和通用电气签订主协议的提案。第二天，马克龙取代蒙特伯格成为新任经济部长。新上任的马克龙批准了这笔交易，他拒绝使用国家的一票否决权（这个否决权可以使他阻止在法国发生的外国投资行为）。而这个一票否决权是他的前任奋力争取来的。然而几周后，他却反对中国香港商业巨头电讯盈科收购法国著名线上视频企业每日影像，他主张"用欧洲解决方案"。或许在这里我们只能说，战略企业同级不同命。

为确保阿尔斯通能源业务转让进程稳步推进，现在只需股东们在2014年12月19日举行的阿尔斯通全体股东大会上投票通过收购意向。2014年12月19日早上，在巴黎马约门星辰艾美酒店召开全体股东大会前几个小时，法国广播电台综合台在高峰时段首播了主题为"阿尔斯通收购案幕后秘闻"的调查节目。马修·阿伦最终成功说服了一位高管匿名接受采访。这位高管的发言震惊四座："在阿尔斯通高管内部，大家都十分清楚，美国针对阿尔斯通进行的司法追究对能源业务的转让起着决定性作用。这些诉讼已经说明了一切。这就是滑稽戏中小丑的秘密。"这位高管说出了真相。该广播电台还援引法国国民议会经济事务委员会副主席、人民运动联盟党议员丹尼尔·法斯奎尔的发言："阿尔斯通收购案就是个彻头彻尾的骗局。法国人被欺骗了。无论如何，阿尔斯通都没有得救，我们需要扪心自问，阿尔斯通在美国遇到了什么困难，我们要了解案件目前的进展情况。被通用电气收购或许是阿尔斯通摆脱陷入美国司法陷阱的最便捷的方式。"这位议员是极少数真正意识到事件暗藏的利害关系的议员之一。我清楚地记得，2014 年 12 月 19 日，我在广播中收听了这期调查节目。那天大约是早上刚过 7 点，我正在开车，准备去马约门参加阿尔斯通的全体股东大会。

38. 在股东大会上发飙

我很清楚，这事不合情理，但是无论如何我也不想错过这次会议，特别是在他们费尽心思劝我不要去的情况下。

当然，我必须尽量谨慎行事。3 天前，直到最后一刻，也就是报名截止前的最后几个小时，我才去报名。这种预防措施真是既可笑又徒劳，我很快就被发现了。

会议召开的前一天晚上 8 点 50 分，我收到了律师莉兹的一封电子邮件。

"您好，弗雷德。我们知晓明天会有一场阿尔斯通股东就通用电气收购事项召开的会议。如果您打算参加，请记住我们的建议：您不要公开发言。您发表的任何观点都有可能被美国司法部用作对您不利的证据。"

我被这封邮件吓了一跳。是谁通知了我的律师？我向莉兹表达了我的诧异之情：

"谢谢您的建议。不过,是谁让您来提醒我的? 是检察官吗?"

律师马上回复道:

"我们是主动通知您的!"

我觉得这简直就像做梦一样。斯坦和莉兹在过去 18 个月里从来没有主动为我辩护过,几周以来我都没有他们的音讯。然而就在一夕之间,他们就主动行事了! 如果没有人提醒过他们,他们怎么会知道我报名了呢?

"莉兹,我太惊讶了。这次股东大会可没有上美国媒体的头条。谁告诉你这件事的? 是为阿尔斯通辩护的巴顿·博格斯律所? 还是美国司法部?"

我充满讽刺地写下最后一段:

"请别担心,我不会做任何危及通用电气控制权的事情。您真诚的朋友,弗雷德。"

莉兹没有再回复。我们的邮件往来结束了。现在是凌晨 2 点 48 分,还有不到 8 个小时,股东大会就要开始了。

我特意提前到达了会场。律师的警告并没有使我退缩。其实,我根本没打算开口。我不是疯子,发言可能引发的后果,我还是可以掂量出来的。我想做的,就是去直视柏珂龙和卡尔的眼睛,无声地向他们发起挑战。既然如此,任何防范都是多余的,我干脆直接坐到了第二排,第一排是公司领导班子,我正好在柏珂龙的视线之中。

环顾四周,我认出了大股东布依格和阿蒙迪派出的代表。还有一些大型投资基金的理事，更多的则是那些持有少量股份的个人投资者，他们通常年龄较大，却是此类会议的常客。大会刚开始，我口袋里的手机就一阵震动。斯坦给我发了一条短信："不要做任何会给您带来危险的事情！"此时是巴黎时间上午 10 点 32 分，纽约时间凌晨 4 点 32 分。深更半夜，斯坦仍然处于戒备之中。他一定也承受着相当大的压力。我没有马上回复他，而是专心聆听柏珂龙发言的头几句话。

发言台上的柏珂龙穿着深蓝色西装，系着乳白色和淡紫色相间的领带，坐在一把舒适的白色真皮扶手椅上。他旁边是董事会秘书卡琳·桑特尔，以及集团法务总监兼执行顾问凯斯·卡尔。凯斯·卡尔很快就发现了我，一直到大会结束，他的视线一刻也没有离开过我，生怕我会随时站起来发言。我相信，这肯定和刚才斯坦发给我的短信有关。

今天，首席执行官不得不公开通报向通用电气出售案的所有细节。当然，董事会已经批准了这项交易，多亏了那些大股东，投票早就提前通过了。事实上，许多人前几天就在网上表态，当时柏珂龙的报告尚未出台。但是，大老板并不满足于那些他在媒体采访时给出的大概数字或原则性表态。提供给与会者的参考文件非常详细。听到这份报告，众多小股东和员工代表也感到非常震惊。无论是阿尔斯通一方，还是通用电气一方，情况与迄今为止的媒体报道截然不同。显然，法国人把保险箱的钥匙拱手让给了美国人。我们的政客鼓吹的、似是而非的"联盟"完全是镜花水月，是一场欺骗舆论的障眼法罢了。最终签署的协议并不是

50:50 的伙伴关系。事实上，在前两个合资企业（电网业务和水电业务）中，阿尔斯通的持股比例为 49%。通用电气拥有决策权，自然就有任命财务总监的权力。至于第三个合资企业，即负责核能产业的企业，结构则更为复杂。鉴于涉及国家的核心战略利益，法国政府拥有一票否决权，但这并没有带来本质改变，因为通用电气仍然持有多数（80%）的股份和表决权。归根结底，在这 3 个合资企业中，美国人拥有所有的权力：组织、战略、金融。此外还规定：2018 年 9 月至 2019 年 9 月，阿尔斯通可以以保底价格出售其在合资企业中的股份。① 阿尔斯通退出能源行业仿佛是一项早有预谋的安排。这就是法国的一些政客极力鼓吹的"联盟"真相。

柏珂龙还宣布，阿尔斯通正在与美国司法部敲定最后一份协议。公司最终决定认罪并同意支付罚款。美国司法部确定的金额大约是 7 亿欧元。但是，最终的安排再一次违反了事先约定：美国司法部拒绝由通用电气支付这笔巨额费用。于是，这笔罚款须由阿尔斯通（或者是该公司的原股东）支付。对此，我本人也丝毫不感到惊讶，我始终认为协议的这一部分是违法的。但令人意外的是，美国当局并未提前宣布其反对意见。这种沉默显然证明其是通用电气和阿尔斯通狼狈为奸的同谋，其目的只有一个——让西门子出局。

然而，事情还未结束。由于阿尔斯通必须多支付 7 亿欧元，

---

① 阿尔斯通于 2018 年 10 月出售了其在合资企业中的份额。

按常理来说，应该在 6 月谈判达成的 123.5 亿欧元的收购价款之上增加相同的数额，这样才能避免法国公司遭受损失。但是，出人意料的是，柏珂龙透露，转让价格将会保持不变。为了证明这一安排的合理性，他给出了一个连 5 岁的孩子都不会买账的理由：通用电气会以 3 亿欧元的价格回购阿尔斯通的某些资产，至于剩下的 4 亿欧元，首席执行官先生认为它们几乎可以忽略不计。他说："在这样规模巨大的交易中，总价款 3% 以内的调整幅度是正常的。"这句话顿时在会议现场激起了反对之声。来自少数股东网的玛丽－让娜·帕斯格特表示，这完全是"把截然不同的两码事混为一谈"，谴责这是"一场真正的骗局"。几分钟后，小股东才逐渐意识到，阿尔斯通实际上已经损失了 14 亿欧元：7 亿欧元的罚款和通用电气不会实际支付的 7 亿欧元。堪称"锦上添花"的是，董事会还提议额外奖励给柏珂龙 400 万欧元，因为他出色地完成了这次谈判。这下，美国人可真是要把肚皮都笑破了！

我几乎无法控制自己的情绪。我想站起来大声喊叫，宣泄我的愤怒。把法国的龙头产业拱手让人，在公司任期的十几年中放任腐败制度的泛滥，还要奖励他 400 万欧元！这样的奇闻会发生在哪个国家？但在我们这里，董事会内部的裙带关系让每个人都三缄其口。这与德国的情况截然相反：2008 年，具有企业形象代表之称的西门子时任首席执行官因不正当行为被解雇，并因此被公司起诉，当时西门子公司不得不向美国司法部支付 8 亿美元的罚款。但是在这里，在法国，柏珂龙得到了一笔奖金，而人们对此无动于衷：专业媒体没有反应，法国财政部和政府方面没有反应，多数控股基金没有反应，阿尔斯通的大股东布依格没有反应，法国金融市场管理局也没有反应。发声的不过是几个小股东。

首先对他发起攻击的是布利顿先生。他总是出现在股东大会上，十几年来都是如此。他直言不讳地说："请恕我态度粗暴。我对这项决议投反对票，因为它意味着出售了我们2/3的业务。"布利顿的语气越来越严厉："您一直承诺，永远都不会把阿尔斯通拆分出售，但是您今天要求我们同意的恰恰如此。"接着，他对柏珂龙愤然"开火"："为了感谢您'如此精彩的运作'，董事会同意给您颁发400万欧元的奖金。柏珂龙先生，如果您还剩一点儿职业操守，那就把奖金还回去，辞职吧！"柏珂龙对此的唯一反应，就是脸上露出了似笑非笑的神情。在掌管这家大公司的十几年里，他早已听过许多比这更难听的话。但他也意识到，布利顿虽然过于冲动，但他说的并没有错。"合资企业就是这样的，"他坦言，"我们都已经在文件中写得很清楚。也就是说，是的，通用电气掌握公司运行的控制权。但这是不可避免的……这是正常的。"柏珂龙清楚地意识到，买方可以控制他卖出的东西，这是"正常"的，是"理所当然"的。既然是这样，那为什么要等到今天这种情况下，在这场会议上才道出事实真相呢？市场投资者勒内·佩尔诺莱抓起了话筒："今天早上，我从收音机中听到（调查此事的马修·阿伦接受了法国国际电台采访），美国的司法诉讼对您出售公司的决定起到了一定的作用。这是真的吗，柏珂龙先生？"

"好吧,好吧,"柏珂龙小声嘟哝道,"无论如何我都会挨骂的。但是,我们之所以与通用电气达成这笔交易,是因为如果不这样做就会有巨大的风险。"然后,他脸上又露出了虚伪的和善表情,并说:"这是一桩很好的交易。不要费尽心机去找那些根本不存在的理由,受虐狂才会这么干!"

谁是受虐狂?是这个提出了正常得不能再正常的问题的投资者,还是他自己?试图让我们相信把收益最可观的能源业务剥离出去,让公司元气大伤,反而是件好事?在几米之外的地方,我看到了克劳德·曼达尔,他是阿尔斯通投资基金理事会的代表。他以他的方式,冷静而有条理地对柏珂龙提出了指控:"这是规模巨大的工业资产流失,而且您一直在秘密谈判。如果不是媒体泄露消息,每个人都只能接受木已成舟的局面。"这下,柏珂龙被激怒了,他控制不住自己的情绪,咆哮道:"首先,就是因为媒体泄露消息,才会把事情弄得一团糟!简直一塌糊涂!别以为我们是瞒着所有人策划什么世纪大劫案!"但是他的回答并没能平息小股东的怒火,问题接二连三地涌现,一个比一个更尖锐。柏珂龙随后拿出了计算器。"出售阿尔斯通,"他说,"将带来 123.5 亿欧元的进账。扣掉现金、合伙企业的投资额、回赎股份的费用、向美国政府支付的罚款……"但还没等他说完这些话,有个人激动地打断他:"能不能停下你的减法!直接告诉我们阿尔斯通账上还剩多少钱!"

我同样问自己这个问题。结果令人震惊,因为这个数字几乎是零!我们放弃了一项世界级的龙头产业,换来的不过是些鸡毛蒜皮的小利。为了深入理解这件事，我们需要一一分析每项因素。出让价格总计 123.5 亿欧元，但是，这些钱要先缴税（19 亿欧元），再向合资企业注资（24 亿欧元），资本收益要返还股东（32 亿欧元），别忘了还有 30 亿欧元的外债和收购通用电气的铁路信号设备部门的价款（7 亿欧元），最后还有要向美国司法部缴纳的罚款（7 亿欧元）。最终，公司的债务总算是付清了，但这项交易的收益几乎是零！①

零，用这个数字来形容这项交易真是太恰当了。这无疑也是近年来工业界最荒唐的事件之一：绝无仅有、丑恶至极。即使柏珂龙斥之为"荒谬言论和阴谋论"，但美国发起的诉讼必定是阿尔斯通解体的根源所在。整场会议期间，他不停地因这件事受到质问，甚至有人直接问及我在美国被长期监禁的具体情况。但是谨慎的柏珂龙称，他必须对此保持慎重："美国的记录还没有公开，因此我不可能就此事发表任何评论，这是绝对不可能的。"这时，董事会成员让－马丁·弗兹认为有必要出面干预。他是柏珂龙的密友，两人早在贝希纳集团共事期间就认识。2011 年，让－马丁·弗兹担任阿尔斯通合规部主席。他面露不悦、语气严肃地谴责这些未经证实的指控：

"美国司法部调查的相关事实是很久以前发生的，距现在非常久远，与现任董事会无关。自从柏珂龙领导阿尔斯通以来，他已经尽了自己的最大努力，使公司运转得更加良好。过去 10 年里，

---

① 柏珂龙在 2015 年 6 月进行的股东大会上进行了这次计算。

他尽自己的一切努力使公司朝这个方向发展。"

说完这些话 3 天后，作为阿尔斯通合规部主席的他的言论将被毫不留情地揭穿。

39. 司法部检察官会议

　　无论如何，我都不会错过这一事件。我是通过录像转播观看的，但画面也足够惊人。2014 年 12 月 22 日，也就是阿尔斯通特别股东大会召开 72 小时之后，美国司法部组织了一次规模很大的新闻发布会。数十名记者参加了发布会，美国多家电视台也都到场，发布会的影像将通过社交网络平台在世界各地传播。一台摄像机对着走进房间的美国司法部副部长詹姆斯·科尔，他旁边是司法部刑事局局长莱斯莉·考德威尔。考德威尔是一位经验丰富的专业人士，管理着 600 名检察官。两位官员脸色凝重，神情坚定，深知他们此刻参与的是一个历史性的事件。他们在桌子后面坐定，背后是一面巨大的美国国旗，象征着无所不能的美利坚。

　　詹姆斯·科尔首先向记者发表讲话：

　　"我们在这里告知各位一个历史性的决定，这标志着一起长达十余年的国际行贿案的终结。阿尔斯通，一家法国跨国公司，建立并隐瞒了一套行贿机制。"

科尔继续往下讲。他的呼吸有些急促，仿佛情绪被他即将宣布的重大消息感染。

"今天，这家企业承认，2000—2011 年，它以贿赂政府官员、伪造会计账簿的方式，获得了世界各地的工业项目。阿尔斯通及其子公司利用行贿手段在印度尼西亚、埃及、沙特阿拉伯和巴拿马等地签署合同。阿尔斯通总共支付了 7 500 万美元的贿款，获得了价值 40 亿美元的项目，从这些项目中获利达 3 亿美元。"

随后，科尔开始说教：

"这种猖狂和明目张胆的违法行为需要法律的有力回击。今天，我可以宣布，司法部已经对阿尔斯通立案，进行刑事控罪。阿尔斯通涉嫌伪造账目，违犯了美国《反海外腐败法》的规定。"[①]

最后，他宣布了一个人们等待已久的决定：

"为了结束这一系列诉讼，阿尔斯通已同意针对这些指控认罪。该公司承认了犯罪行为，并同意支付 7.72 亿美元的罚款。这是美国有史以来对一起腐败案件所处的最大数额的罚款。"

仅仅几秒钟，这位美国检察官就令柏珂龙和董事会的辩护之词全部灰飞烟灭。美国调查人员并没有进行"司法溯源"，他们的目光更没有盯着针对"很久以前，甚至可以说是非常久远的"事件的调查，而这正是阿尔斯通合规部主席让－马丁·弗兹 3 天

---

① 美国司法部只有在公司认罪的当天才会正式启动调查，因此司法部指控的事实与公司供认的事实完全相符。所以，司法部完全可以炫耀他们有 100% 的成功率。

前在特别股东大会上的说辞。恰恰相反，美国司法部的调查集中于 2000—2011 年的商业活动，而柏珂龙从 2003 年初就担任阿尔斯通的总裁，所以他当然难辞其咎。多数情况下，阿尔斯通的瑞士子公司阿尔斯通普罗姆扮演着向中间人付款的角色，美国联邦调查局成功挖掘出了所有银行转账记录，详细列在起诉书中。铁证如山，无论是瑞士子公司阿尔斯通普罗姆，还是阿尔斯通集团，都别无选择，只能认罪，并接受美国司法部开出的巨额罚单。集团中的另外两个部门——电网部和电力部则稍好一些，设法达成了一项推迟起诉协议。在未来 3 年内，它们将致力于整顿内部人员，并制订一套行之有效的反腐败计划。该期限结束时，如果美国司法部认为目标已经达成，它们将免于刑事制裁。

在这次新闻发布会上，詹姆斯·科尔多次提到本案的一个核心要点，"阿尔斯通没有建立合格的内部监控制度"。这与柏珂龙一直以来对外宣称的截然相反。

总之，阿尔斯通这枚硬币的正面是完美无缺的策略，反面则是再糟糕不过的惯例和完全不透明的制度。阿尔斯通的合规系统简直就是为掩人耳目而设置的。按照科尔的说法，这个系统并非是疏忽大意或个别人员违规行事的结果，而是自始至终都经过了精心的策划和谋算。

"这个系统的规模之巨大、后果之严重，令全世界叹为观止。阿尔斯通内部的腐败持续了十几年，其运作跨越了几大洲。"

美国司法部副部长科尔在发言的最后提出了一项针对全球的警告：

"请允许我再次申明：行贿在全球市场中绝无立足之地。通过这次调查，我们向全球各地的企业传达了一个清晰无误的信号。"

他传达的信息非常明确：美国要更加充分地行使和维护在全球反腐斗争中担任的超级警察角色。此外，科尔还感谢瑞士、沙特阿拉伯、意大利、印度尼西亚、英国、塞浦路斯等地的行政机关，它们向联邦调查局提供了有力的帮助。他没有忘记任何一方。但只有一个国家没有被提及，那就是法国。虽然在 2007 年 11 月 7 日，法国曾开展一项涉及"被动和主动贿赂外国公职人员"的调查（《华尔街日报》披露），但该案法官——出于某些不为人知的原因——对调查似乎始终不感兴趣。随后，2013 年，检察机关又开展了一次司法调查，同样针对行贿，涉及阿尔斯通在匈牙利、波兰和突尼斯的子公司。然而，该项调查又一次陷入了泥潭。

然而，美国华盛顿的官员却对这些案件充满热情。检察官也抓住了这些机会，继道达尔、阿尔卡特、德希尼布之后，将另一个法国跨国公司收入囊中。

对 4 家法国大公司的罚款使美国财政部的资金增加了 16 亿美元，如果算上 2014 年法国巴黎银行因违反禁运令被判处的 89 亿美元巨额罚款，以及法国农业信贷银行应当于 2015 年付清的 7.87 亿美元罚款，还有法国兴业银行应当于 2018 年支付的 10 亿美元罚款，这些罚款的总和已经超过了 120 亿美元，这一数字甚至超过了法国的年度司法财政预算。请想象一下，国家可以用 120 亿美元做些什么。举个例子：马克龙于 2018 年 9 月提出了一项"消除贫穷大型计划",其预算也不过是 80 亿欧元。

回到华盛顿的新闻发布会现场。在这场兴师动众、精心导演的发布会上,检察官一个接一个地走上讲台。接下来上台的是清廉的司法部官员莱斯莉·考德威尔,她要对下属人员在调查过程中发现的细节进行说明。在沙特阿拉伯,曾有一个名为沙埃拜的项目,即在红海附近建造一个燃油电厂(项目的第二阶段始于 2004 年,即在柏珂龙担任阿尔斯通首席执行官之后启动)。阿尔斯通私下支付了 4 900 万美元,建立了一个复杂的外部中间人网络,并给他们起了不同的代号,如"巴黎""日内瓦""伦敦""安静的男人""老朋友"。他们的任务就是向沙特电力公司的负责人支付丰厚的佣金,他们还毫不犹豫地赞助了一个伊斯兰教育援助基金会。2003—2011 年,在埃及,阿尔斯通通过贿赂埃及电力控股公司获取市场份额,并收买了阿塞姆·埃尔加威——埃及电力控股公司和美国柏克德工程公司合资企业的总经理(他从未对此感到忐忑不安)。在巴哈马,为了出售设备,阿尔斯通聘用的一名中间人向巴哈马电力公司董事会的成员行贿。2001—2008 年,阿尔斯通承认,为获取台北市地铁项目的合同,向相关人员支付了贿赂金。

在这次新闻发布会上,莱斯莉·考德威尔还试图证明,对该公司处以创纪录的罚款金额是正当的。

"阿尔斯通因其犯罪行为而付出了史上从未有过的沉重代价。这家公司不仅没有自愿披露其违法行为,而且在开展调查的最初几年里始终拒绝'诚实地配合调查'。"

最后，考德威尔说了一句我永远也无法忘记的话：

"直到我们开始追捕公司高管后，阿尔斯通才开始合作。"

看吧，他们开诚布公地坦白了一切。美国司法部负责人公开承认，逮捕我是用来对阿尔斯通施压的手段。我既不是疯子，也不是出现了幻觉。我是一个粗陋的"稻草人"，被用来吓唬阿尔斯通的高层，迫使他们与美国联邦调查局合作。这种"正义"实在值得大书特书！为了达成圆满的交易而把人视作棋子！但比这更离谱的是阿尔斯通的态度。与领导层的说法相反，根据莱斯莉·考德威尔所言，公司高层拒绝"诚实地配合调查"。既然如此，他们为什么不在 2013 年 4 月我飞往美国前提醒我可能出现的风险？凯斯·卡尔何必把我送入虎口？我还记得，仅仅在我离开前几天，他们还告诉我：

"你什么也不用怕，一切都在掌控之中。"

应该如何解释他那天晚上在新加坡的态度？他是不是故意牺牲我，把我当成送给美国司法部的"祭品"？还是说，他只是昏庸无能，认为自己成功地骗过了美国人？我一直在思考这个问题。我曾经倾向于第二种假设，觉得他们只是愚蠢，而不是邪恶。但也许我猜错了……

听着莱斯莉·考德威尔的话，我扪心自问：如果阿尔斯通对美国司法部的调查采取了不同的应对策略，结果会是什么？如果公司高层在 2010 年就承认错误，那这个案件的判决又会如何？我知道历史是不可能改写的，但至少存在三种合理的假设：第一种，罚款会比现在低，这一点无可否认；第二种，阿尔斯通不会如此分崩离析；第三种，美国司法部不需要对我进行收审。让我们回顾一下：美国人在针对丸红株式会社、道达尔公司、德希尼布公司、英国航空航天系统公司的调查中，以及许多其他与阿尔斯通情况相仿的案件中，都没有逮捕过任何人。

是的，剧情的发展原本可能与现在完全不同。

那时，记者马修·阿伦已经开始进行调查。至于他有什么发现，我还一无所知。他成功获得了阿尔斯通前任法务总监弗雷德·艾因宾德的信任。艾因宾德是一位美国律师，在法国工作了30多年。他先是在万喜集团领导法务团队，后来又接任阿尔斯通集团的同一职务，一直工作到2010年，而后被搁置一旁，接替他的是凯斯·卡尔。

根据艾因宾德所述，阿尔斯通真正的麻烦其实可以追溯到21世纪初期，当时行贿机制在瑞士开始失控。2004年，毕马威的财务审计师受雇为瑞士银行委员会工作，对一家规模不大的私人银行AG坦帕斯进行审计。这家银行的老板奥斯卡·霍伦韦格被暂时拘留，因为他涉嫌帮助南美洲的贩毒集团洗钱。在对他秘书的家进行搜查时，调查人员发现霍伦韦格同时还在为阿尔斯通向列支敦士登、新加坡、巴林和泰国转移资金。这些交易都是手写记录的，以避免在电脑上留下痕迹。

瑞士方面调查了几年时间，然后对阿尔斯通的瑞士子公司产生了兴趣。它还向几个关系密切的国家传递了信息，如法国、英国和美国。在巴黎，2007年开始的调查始终处于停滞状态，但在其他国家就不同了。首先，在瑞士，来自联邦政府和司法警察部门的五十几名警察在巴登、苏黎世和瑞士中部展开了大规模的搜查。瑞士甚至签发了一项证人传唤令，专门设立了一条电话线路用于搜集针对阿尔斯通的证词。英国反腐机构严重欺诈办公室的警探于 2010 年 3 月 24 日迅速出击。这项发生在英吉利海峡对岸的行动有一个代号——钉。钉是铂族金属的一员，具有非常高的硬度，但在常温下能轻松地被粉碎。英国警察为了"粉碎"阿尔斯通，动用了强大的力量。英国警察出动了 150 名侦查人员，搜查了阿尔斯通集团英国子公司的 3 位高层领导——总经理、财务主管、法务总监（法务总监在被拘留的第二天死于心脏病突发）——的住所。在同一时期，美国司法部的探员也开始了调查。

21 世纪第一个 10 年行将结束时，美国、瑞士和英国政府决定开展协同调查。瑞士负责调查拉脱维亚、突尼斯和马来西亚的合同，英国重点负责调查印度、波兰和立陶宛的合同。美国则有能力借助域外法在任何它希望调查的国家与地区开展工作，因此它负责"世界其他地区"。不要忘记意大利，它和巴西一样，也开展了针对阿尔斯通的司法传唤。最终，世界银行也开始怀疑阿尔斯通在赞比亚存在腐败现象。阿尔斯通的前法务总监艾因宾德回忆那个时期笼罩在勒瓦卢瓦的阿尔斯通集团总部的紧张气氛时说："我觉得我们在当时处于四面受敌的境地。"这位训练有素的律师一次又一次地发现新情况："我的职位让我可以接触到瑞士的司法程序，我审阅了所有的合同。我每天花 6~8 个小时，把它们全读了一遍。有 100~150 份合同，必须全部进行分析。我认为所有的合同都是通过小数额、中等数额或者大数额的贿赂来获得的。"为了应对这一危机，他建立了一个由法律顾问和律师组成的工作小组。他们人数众多，为了正常工作并有效地指挥这些人合作，必须有一份组织结构图。这份文件的落款日期是 2010 年 11 月 26 日，其中记载了英国、瑞士、巴西、美国、法国、波兰和意大利的律师的姓名。一共有 39 个人负责处理阿尔斯通的行贿案件，但当时公司的大多数高级管理人员都不知道这件事。

"法国方面的情况有些棘手。"艾因宾德回忆道。公司内部有几个顾问，但很快，其中一人，也就是奥利维尔·梅茨纳（他是律师公会里的头面人物，已经去世）脱颖而出。工作会议都是在他的事务所里召开的。这令人非常困扰，因为梅茨纳同时是柏珂龙的非正式律师。在我看来，这存在很高的利益冲突风险。

但艾因宾德的烦恼不止于此。他被一件事深深困扰着，这简直成了他的噩梦：美国的调查。他在美国接受过合规方面的专业培训，深知美国司法部手眼通天、手段繁多。"它在 2010 年第一季度就曾联系我们，意思很简单：你们已经成为我的目标。显然，美国司法部希望我们知道它正在调查此事，并且邀请我们配合。"

这就是美国人的特点之一。他们总是先通知这些大企业，推出一个一揽子解决方案，艾因宾德接着说："要么你们全面配合，放弃抗辩，开展内部调查，自我认罪，并追究自己的员工；要么拒绝和他们交易。但是那样的话，美国联邦调查局立马就会找上门来。"

这种司法制度与法国的司法原则刚好相反。在法国，没有律师会建议客户承认指控，相反，他们更倾向于让当事人选择隐瞒。

但艾因宾德接受的是英美法系教育，因此在 2010 年初，他多次与柏珂龙当面会谈，建议他接受美国司法部制定的规则。

"起初，首席执行官根本听不进去，他是个易怒的男人。他拒绝承认我们对此事负有责任。他甚至想起诉检察官……这完全是疯了。我一次又一次地坚持，不停地劝他说：'和我一起去华盛顿吧。'"

最后，2010 年 4 月，柏珂龙和艾因宾德一起去了美国，约见了一家专门处理行贿案件的律师事务所——温斯顿·斯特朗律师事务所。这次会面非常顺利，柏珂龙同意将案件委托给这家总部位于芝加哥的律所。这些律师按照他们一贯的做法行事。他们在阿尔斯通内部展开了调查。当时，柏珂龙以为他批准的仅是一项审计，这是大公司内部经常进行的工作。几个月后，他才发现这些美国律师对集团进行了深入调查。他无法抑制自己的怒火，特别是当他发现这些人询问了许多高管，并迫使这些高管交代了违法事实之后。

2010 年 12 月 10 日，温斯顿·斯特朗律所致函艾因宾德和柏珂龙，信中只提了一条建议：尽快与美国司法部合作！在调查过程中，这些法律专家已经查出了阿尔斯通在沙特阿拉伯行贿的事实，他们毫不怀疑，联邦调查局也一定会发现此事。随后，柏珂龙做出了一个冒进的决定：他解雇了这家律师事务所。因为在他看来，这些律师好奇心过重，而且胆大妄为。然后，他辞退了法务总监艾因宾德，提议让他担任顾问一职，为期一年，这段时间里艾因宾德可以暂时离开并享受退休生活。他随即让凯斯·卡尔接替艾因宾德的职位。

在此之后，阿尔斯通内部是如何处理这件事的？这是个谜。凯斯·卡尔非常谨慎，没有泄露半点风声。[①]

阿尔斯通可能希望尽量避免这场风波。的确，在这一时期，欧洲方面的诉讼并没有导致什么严重的后果。在英国，虽然 7 名公司雇员或前雇员已经接受调查，但截至 2018 年夏天，还没有宣布判决结果。在瑞士，2011 年下达了一项针对公司的处罚，处以 250 万瑞士法郎的罚款，以及 3 640 万瑞士法郎的赔偿金，但这项处罚依然不算很重。2012 年，世界银行将阿尔斯通的两家子公司（包括阿尔斯通瑞士子公司）列入黑名单，为期 3 年，并处以 950 万美元的罚款。由于"腐败问题普遍存在"，挪威主权财富基金（世界上最大的投资基金）于 2011 年退出了阿尔斯通公司的股东群体。毫无疑问，这些制裁影响了公司的声誉，但从未威胁生存。柏珂龙是否曾认为，他同样可以从美国手中逃过一劫？他这次判断严重失误，后果非常严重，但却由我来付出高昂的代价，当然还有阿尔斯通的员工，以及法国民众——他们眼睁睁地看着自己国家屈指可数的一家跨国巨头公司从一个具有战略意义的领域中消失了。

---

① 作者曾试图联系凯斯·卡尔，但他拒绝回答问题。

40. 阿尔斯通的认罪协议

　　美国的司法制度极不公正，但至少有一个优点：它是相对透明的。许多程序性文件可以直接在司法部网站上找到，这让我有机会搜集大量关于美国《反海外腐败法》的判例。也就是说，阿尔斯通的认罪协议完全可以自由查阅，其中蕴含着丰富的信息，但很少有法国记者研究这些文件。这项协议签署于2014年12月22日（请注意：最重要的部分条款是在2014年12月19日签署的，当天阿尔斯通的特别股东大会批准通过了通用电气的收购事宜）。其中有件事情让我很惊讶：为什么这项协议没有在更早的时候签署？协议签署前6个月，即2014年6月，谈判已经结束，或者至少是临近结束，通用电气已经知道了罚款的大致数额，以便设定阿尔斯通的全球收购价格。既然如此，为什么美国司法部等了这么长时间才得出结论？

　　在我看来，只有一种解释是合理的：他们需要让柏珂龙待在他的位置上，以确保针对收购交易的股东投票能够顺利进行。事实上，如果认罪协议在股东大会召开的前几周甚至前几个月公开，则很可能会引起轩然大波，并迫使柏珂龙辞职。在美国人看来，柏珂龙在这笔交易中起着关键作用。让我们回到阿尔斯通的认罪协议中，了解协议的具体内容：美国检察官的起诉仅仅涉及 5 个国家，显然，美国司法部已经获取了阿尔斯通过去 10 多年来在全球范围内签订的合同信息，适用此案的刑罚范围和力度完全可以更加具有破坏力。这里面可以再一次看到通用电气的影响力，它不希望把阿尔斯通所有心怀不良企图的客户都钉在耻辱柱上。毕竟，在收购结束后，这些公司就成为通用电气的客户了！

我还注意到，7 500 万美元的贿赂款中，绝大多数是在 2003 年柏珂龙成为阿尔斯通首席执行官之后支付的。正如《新观察家》记者卡罗琳·米歇尔强调的，最后几笔贿赂款甚至是在 2011 年支出的。如此一来，人们可以想象到，柏珂龙一旦被起诉，将会面临什么样的结果。我翻阅了检察官用来计算我刑期（15～19 年的监禁）的那本《美国联邦量刑指南》——我唯一涉及的仅仅是印度尼西亚的案件，简直无法想象，所有案件加在一起，他会被判处多少年！当然，柏珂龙肯定会像我一样在认罪协议上签字，但他的刑期恐怕至少在 10 年以上。

然而，美国司法部却放过了柏珂龙。被收审的 4 名自然人中，有 3 人（罗斯柴尔德、彭波尼和我）只参与了塔拉罕项目，涉案金额不足 60 万美元，而涉案贿赂款的总额超过 7 500 万美元。第四个被收审的霍斯金斯，是由于印度尼西亚的另一个项目而被盯上的。但是，检察官们根本没有因为余下的 7 300 万美元去追究任何人！这说明，美国的目标与其说是惩罚"罪魁祸首"，不如说是让阿尔斯通的领导层妥协。至少，柏珂龙的所作所为成功避免了对集团高管的"大追捕"。那一小撮高层人员可是"欠"了他一个大人情，有些人甚至还与他瓜分了在通用电气敲定协议时发放的数百万欧元奖金。这对他们来说真是天大的好事！在研读认罪协议的过程中，也让阿尔斯通领导层的另一个"谎言"大白于天下。虽然柏珂龙一直自夸（为了凸显由他建立并一贯自诩良好的制度）美国没有向集团派出任何"监督官"，但背后的真实原因却并非如此。认罪协议中通常有一项规定，强制要求认罪公司必须接受在公司内部派驻监督官，时长为 3 年。监督官是一名外部控制人，通常是一名美国律师，负责确认公司切实履行其消除腐败现象的承诺。但是，简单来说，在阿尔斯通的案件中，这一措施根本没有必要。因为自 2014 年 12 月起，由于在赞比亚的一桩行贿案中被判处罚款，阿尔斯通集团就处于世界银行的"监督"之下了。

最后，我在脑海中反复地回想阿尔斯通的审计师在这场灾难中的作用和责任。他们怎么可能忽略这 7 500 万美元的贿款呢？而且，他们为何不坚持在阿尔斯通的账目上记录集团需要缴纳的罚款金额？如果罚款预计高达几亿美元，而阿尔斯通账上只有几千万欧元的储备金，那这样的账目又是怎样通过审计的呢？但是，这一切显然没有惊动法国金融市场管理局。管理局从未对这种隐瞒 7.72 亿美元损失风险的行为开展调查，至少据我所知——没有！

此外，我还注意到，柏珂龙至今都没有在法国被起诉。签署认罪协议后，他承认了全球范围内规模最大的腐败罪行之一。在以往的案例中，法国国家金融检察院会更迅速地开展调查（如 2018 年初的博洛雷案，而且其涉案金额远远低于阿尔斯通案）。

41. 面对议员的柏珂龙

　　这个消息就像石沉大海一般，没有掀起一丝涟漪。我本以为，2014 年 12 月末，美国检察官披露的事实可以在法国媒体中产生爆炸般的影响，但我简直错得离谱。只有几篇文章谈到了这个话题，而且仅限于其结果：阿尔斯通依靠美国公司的钱付清了欠款。媒体就这样刊发，难道这件事没有继续挖掘的可能吗？

　　最后，我发现，还是闭嘴为好。如果我把我的故事公之于众，那就会使自己处于不必要的危险之中，尤其是我在美国的案子仍处于停滞状态。我被卡在一个死胡同里，无法做出任何预测或进行任何计划。有时候，我觉得自己永远活在中转时刻：像一位等待着一架永远不会到来的飞机的乘客。

　　在等待的过程中，我最好还是暗中行动，这样更谨慎些。2015 年初，我参加了许多次遵循"查塔姆宫守则"（与会者的姓名严格保密）的晚宴，其中一次是由法国情报研究中心的负责人埃里克·德内塞组织的，我是他们的贵宾。桌上有 20 多个人，包括两位议员、几位政府机构的高层人员、法国巴黎银行的一位领导、一位从事情报工作的前警员、一位曾在多家跨国公司担任高管的工业领袖人物，还有两名调查记者。我还见了纳入法国 CAC40 指数的大型上市公司的几位总部高管。我不知疲倦地讲述我的经历，向其他人发出警告，并希望我的话被听进去。

幸运的是，某些政治家的头脑很清醒，他们谴责这种"瞒天过海的行业交易"，但人数不多。以右翼分子为主的 40 多位议员在 2014 年 6 月和 12 月两次联合起来，要求法国国民议会设立一个调查委员会，调查出售阿尔斯通的交易。支持这一倡议的议员包括亨利·古伊诺、雅克·米亚尔，以及菲利普·乌永。最活跃的无疑是丹尼尔·法斯奎尔，他是来自加来海峡省的人民运动联盟党议员，是该党的财务主管，也是一名法学教授，曾经担任卡于扎克一案调查委员会的成员。他们的这种做法无异于以卵击石：政府反对他们，社会党不置可否，人民运动联盟党选择弃权。但是，这 40 多名奋起抗议的议员还是得到了一些安慰。

法国经济事务委员会（权力比议会委员会小一些）同意就阿尔斯通事件举行一系列听证会。第一轮辩论定于 2015 年 3 月 10 日举行。

说实话，我很怀疑这种事先安排好的辩论：提前设计好问题，注定没有结果的论战……我对这种处理问题的方式从来没有真正的信心。这回，我错了。事实证明，听证会相当激动人心，虽然它不可能完全摆脱政治的干预。

首先，丹尼尔·法斯奎尔宣布这里是他的领地：

"我们的调查请求没有被批准。对此我深表遗憾，因为每个接受调查委员会调查的人都必须宣誓，但在我们这个委员会并非如此。"

随即，委员会主席，来自社会党的弗朗索瓦·布罗特斯反驳道，这表明了他所在政治阵营的立场：

"每个党派都有要求设立调查委员会的权利。人民运动联盟党如果愿意，自然也可以行使这种权利。"

"这是当然的，"丹尼尔·法斯奎尔回应道，"但最终是您出面为我们组织了这一系列听证会。这让我想到一句谚语：偏听则暗，兼听则明。"

这位议员对他的好话很是受用，随后又对柏珂龙提出了一系列尖锐的问题。前任首席执行官在他忠诚的卫士布－纪尧姆的陪伴下来到了众位议员面前。2013 年夏天，正是布－纪尧姆负责与通用电气联络。

"柏珂龙先生，为何这次出售如此仓促？根据阿尔斯通的财务状况，订单总额为 510 亿欧元，相当于两年半的工作量，年营业额达到 200 亿欧元，能源部门业务的利润率为 7%，净利润达到 5.56 亿欧元。如此匆忙行事并不合理。"

丹尼尔·法斯奎尔向柏珂龙提问，要求他对事关腐败的一系列诉讼进行解释：

"如何看待美国司法部对阿尔斯通施加的压力？通用电气以往也收购过其他被美国司法部调查的公司，人们不会不把两者进行对比。这是不是这家美国巨头惯用的手段——伺机掠夺疲于应诉的公司？这一点非常重要，因为这不仅关乎阿尔斯通集团，同样也关系到其他法国公司。"

丹尼尔·法斯奎尔并不是唯一的提问者。来自左翼政党的议员也进行了同样的质询：

"柏珂龙先生，我们面临一个严峻的事件，这无异于彻底肢解法国工业界的一家明星企业。"安德烈·沙赛涅非常愤慨，"这项交易是美国对法国实行经济统治战略的表现之一，性质极其严重，危及国家的主权。"

与股东大会召开时一样，柏珂龙当然不会被这一连串指责性的提问吓倒。

"我很遗憾不能在此宣誓，"他开口说道，"但这绝不会改变我回答问题的诚恳和透明。"

随后他开始了一段长长的自我辩护：

"我认为，阿尔斯通和通用电气之间的联合对阿尔斯通有利、对就业有利，也对法国有利。各位可能不赞同这种说法，但有一点必须澄清。所有促使我决定出售公司的因素都是显而易见的。法斯奎尔先生，这次交易绝对不是仓促行事。事实恰好相反，我做的工作是预测未来，很多年来我一直在寻找结构性的解决之道，让阿尔斯通摆脱困境。您以为我一开始没有考虑法国人的计划方案，让法国人保住控制权吗？我压根儿没有找到这样的办法。这就是我主动联系通用电气的原因，是我深思熟虑之后的行动。我没有从一开始就公布消息，那是因为，在我们这个行业中，只要有一点儿针对财务状况的疑虑，就会马上影响我们客户的稳定性。"

随后，首席执行官再次否认了美国的司法程序与他选择出售公司之间存在联系。他甚至声称这是一个阴谋论：

"所有关于美国司法部对这次出售的影响的说法，或多或少都是阴谋论。要知道，即使美国司法部曾对阿尔斯通的腐败行为展开调查，那也是在我们与通用电气谈判之前。有人认为存在暗中勾结，这完全不属实，纯粹是诬陷。"

在我看来，这个论点很难站得住脚。确切地说，这根本是滑稽可笑的！美国司法部的调查（于 2010 年启动）当然是在联系通用电气之前就开始了！正是因为高悬在阿尔斯通和柏珂龙头上的法律利剑，他才找上了通用电气。言归正传，议员们似乎也全然不相信他那蹩脚的解释。

"您抛出这种阴谋论，是为了把腐败问题一笔勾销吧？"来自卡尔瓦多斯的社会党议员利昂内尔·若斯潘的前顾问克洛蒂尔德·瓦尔特发问，"想得美！首先，我们必须分析法国在这些程序问题上滞后的原因。在您看来，是什么原因导致阿尔斯通的腐败问题反复出现，并且如此容易受到攻击？"

"我再说一次，"柏珂龙坚持道，"美国司法部的案件调查和阿尔斯通出售业务的决定完全没有关系！"

他有些恼火地提道，通用电气会支付 123.5 亿欧元，因此"阿尔斯通轨道交通部门可以清偿所有的债务"。最后，在来自全国的议员面前，柏珂龙玩起了"爱国人士"的把戏：

"我是法国择优选拔人才体制的产物。借此机会，我想说，我的父母都是移民。自从在阿尔斯通任职后，我在法国创造了将近1.5万个就业岗位，对此我感到非常自豪。每个人都必须为法国就业做出一份贡献。我已经努力做出了微薄的贡献。"

随后，他用夸夸其谈的方式结束了自己的讲话：

"我再说一次，我为这次交易感到骄傲。对此，你可以去问全世界的记者，在任何地方进行一切你们想要的调查，但推动这个项目决策的一切因素皆是出于公共利益的考虑。其他一切说法都是对我的侮辱和诽谤，没有一句是事实。这就是我想告诉各位的，虽然我没有宣誓，但我是看着你们的眼睛说的。"

柏珂龙离开了议会的半圆形会场。

我不知道仅凭他的眼神是否足以说服各位议员。但是，在他发言后的一个小时里，"嘘"声一刻不停地传入他耳中，而且不是一星半点儿。时任法国经济部长的马克龙在接受委员会质询时，直接指控柏珂龙犯有叛国罪：

"国家已对阿尔斯通的未来进行了战略性的反思，并表现出与阿尔斯通公司管理层和股东合作的决心，然而阿尔斯通却背着国家私下开展了一系列对我们的战略利益并无裨益的行动。我再次重申：摆在我们所有人面前的是既成事实。"

而且，马克龙称，首席执行官的不忠造成了无法挽回的后果，"那时我们已经没有足够的时间了"，因而无法回绝通用电气的报价。而在如此短的时间内，也不太可能像蒙特伯格提议的那样，寻求与西门子等欧洲大型集团结盟。马克龙再次重申："当时如果再拖延下去，就会演变成巨大的行业灾难。"总之，厚颜无耻的首席执行官快速说服了法国政府，之后局面再也无法逆转。或许这是真的，但至少我觉得，这种解释太具戏剧性。仅凭一个首席执行官的两面派手法，竟使法国政府束手无策？即使往小处说，这也足够令人不安。马克龙的下一场听证会则更加可悲。国会议员法斯奎尔就阿尔斯通的行贿案件对他进行了询问，我本以为马克龙的发言只会透露一些关键信息，但他却爆料了一条真正的独家消息，对此我万万没有想到：

"在美国司法部的调查过程中，我直接向柏珂龙先生提出过这个问题。事实上，就个人而言，我认为美国的调查和柏珂龙先生的出售决策之间存在因果关系，但我们没有证据。柏珂龙先生向我保证，美国的司法程序对他没有任何影响。法斯奎尔先生，针对您的某些问询，我不能说我的内心确信和您完全不同，但我必须重申一点，我们没有证据能够证实这种想法。"

他的发言令我愕然。也就是说，马克龙"内心确信"的是，那些法律诉讼正是出售阿尔斯通业务的原因。但他根本无法证明这一点。如果连法国经济部长都找不到证据，那么谁还能找到呢？无论如何，2014年底我曾多次拜访他，并向负责经济情报的小组做了"简要报告"。经济情报小组的部际代表克劳德·雷维尔能够直接向总理汇报，他也知道这件事，并且曾经尝试发出警告，但是徒劳无益。如果法国政府知道这次出售的底细，那为什么不禁止它呢？或者至少拖延一些时间，使交易的真相能够早日大白于天下。马克龙为什么彻底抛弃了蒙特伯格？蒙特伯格是唯一反对这次法国工业自杀式交易的人。马修·阿伦曾试图寻找答案，但马克龙的办公室人员不愿意回复他，时任财政部长米歇尔·萨潘则小心翼翼，不置可否。只有蒙特伯格愿意回顾这段不光彩的小插曲。他的解释很简单，也许过于简单：

"因为他们害怕美国。他们认为美国太强大。"事后，他在2016年6月接受马修的采访时如此解释。

现在轮到工会向经济事务委员会说明此次出售的情况了。在这次发言前，他们似乎从未表现出不满。因此，柏珂龙有理由认为，工会是站在他这一边的。但是2015年3月10日，阿尔斯通的另一个"传说"破灭了。

"我认为这个项目谈不上什么结盟，纯粹是一次收购。"法国劳工民主联盟副协调员洛朗·德乔治如此谴责道，他担心这次出售的社会后果。当然，通用电气致力于创造1 000个新的就业岗位，但这肯定不足以抵消之后6年里所有裁员的影响。

来自法国总工会的代表克里斯蒂安·加尼耶的说法和他相差无几：

"把能源部门出售给通用电气的交易，准确地说应该是廉价大甩卖。其中根本没有什么行业战略可言。这就是一次博弈之后的金融交易。这是我斟酌措辞之后的结论。"

最后轮到樊尚·尤伊维亚克发言，他是阿尔斯通集团瓦朗谢讷交通部门的员工，作为工会的代表。他说："显然，美国的法律诉讼对于阿尔斯通某些领导出售公司的决定起了作用。有一个高度保密的小圈子，正是他们决定把我们的能源业务出售给通用电气。"

面对雪崩般的批评之声，议员们一致决定再举行一次针对柏珂龙的听证会，对委员会来说，这一决定实属罕见。然而，2015年4月1日举行的听证会并没有任何新鲜话题，除了一件事：董事会授予柏珂龙的奖金创了历史纪录。这一次，法斯奎尔议员继续打头阵，出言抨击：

"在之前的听证会上，您曾提到，董事会认为与通用电气达成协议理应授予您一笔奖金，并且决定向您额外发放400万欧元奖金。我对董事会的这一决策并不赞同。经济部长马克龙先生也认为这笔奖金'违背了大公司理应具备的道德原则，应当采取其他措施'。您会像其他商业界领袖一样，放弃这笔被部长认定为不合理的奖金吗？"

我绝不会忘记，柏珂龙的回答竟如此厚颜无耻，令人难以置信：

"我无意放弃这400万欧元的奖金。如果放弃，这对法国纳税人来说会是个坏消息，毕竟这笔钱中相当一部分最终都会回到纳税人身上。作为纳税人共同利益的代表，您应当为此感到开心。"

柏珂龙（2015年底离开阿尔斯通）的入账其实远远不止400万欧元。在他为公司工作的最后一年里（2015—2016财年），董事会实际上为他发放了226万欧元的薪水（包括固定工资和浮动工资）。这笔收入本身就已相当可观，再加上奖金（445万欧元）和退休补贴——阿尔斯通已经向安盛保险集团支付了540万欧元，以便每年向柏珂龙发放28.5万欧元的年金。因此，根据估算，首席执行官离开公司时可以带走超过 1 200 万欧元。[①] 这种行为卑鄙无耻。考虑到柏珂龙采取的策略（两年多的时间内始终拒绝与美国司法部谈判），他其实正是导致阿尔斯通解体的罪魁祸首。更不用说，他还将一些高层管理人员置于危险之中，首当其冲的就是我。

比起柏珂龙，某些其他公司的领导更懂得保护自己的员工。我们在塔拉罕项目中的日本合作伙伴丸红株式会社同样遭到了起诉，同样达成了认罪协议（丸红株式会社被处以 8 800 万美元罚款），但其没有雇员遭到逮捕，更不用提被羁押了。针对丸红株式会社和阿尔斯通的指控完全相同，因为我们当时成立了一个50∶50 联营企业，对半出资共同聘请了两位中间人。但事发后，日本人选择马上认罪，并立即签署认罪协议。他们的策略可以概括为："啊！我们被抓了个正着。好吧，我们愿意认错，也会乖乖出钱，但不会开门让你们的人来调查我们在全球的各项业务，避免在其他项目上也被定罪。"通过这一策略，他们很快就减少了财务和人力方面的损失。柏珂龙采取的灾难性战略则恰好相反。但是同样应当看到，美国司法部对丸红株式会社采取的宽大处理方式并不寻常，或许它是不想让调查太过深入。对于许多在非洲、亚洲等腐败情况严重的地区经营的美国公司而言，丸红株式会社是重要的战略合作伙伴。此外，丸红株式会社经常与通用电气并肩作战，在发电厂及医疗设备市场上与其他对手竞争。

---

① 2016 年 7 月，阿尔斯通股东大会曾对柏珂龙的薪酬提出异议。超过 60% 的股东表示反对，董事会随即宣布将重新考虑柏珂龙的薪酬问题。但是，2016 年 11 月，董事会宣布发放奖金的决定有效。

42. 最后的出售障碍

　　2015 年春天，虽然柏珂龙在议会中被弄得焦头烂额，但他在美国司法部却获得了一项优惠待遇。有一件事情十分蹊跷：他为阿尔斯通支付 7.72 亿美元罚款争取到了一段宽限期。虽然美国司法部严格规定，公司应当在签署认罪协议后 10 天内——也就是 2014 年 12 月底付清罚款，但珍妮特·邦德·阿特顿法官又给了 6 个月的宽限。这一次，就连美国媒体也感到惊讶。《华尔街日报》在 2015 年 2 月 1 日的报道中强调，"法国公司得到的待遇远比其他公司好"。而且，《美国日报》采访了负责本案的联邦法官阿特顿。这位法官坦言，她"制订了一个非常宽松的时间表"。3 天之后，2015 年 2 月 4 日，《华尔街日报》继续报道本案：根据阿尔斯通认罪协议的听证会记录，通用电气的法律团队曾密切配合阿尔斯通与美国司法部进行谈判。在该报的专栏文章中，阿尔斯通的律师罗伯特·鲁斯金不得不承认："在准备工作和谈判工作的每一个阶段，通用电气的确查阅过涉及美国司法部所有相关条例的文件。"

这一陈述相当令人震惊。也就是说，这家美国公司在成为阿尔斯通的股东之前，就获得了在过去 10 年中阿尔斯通与中间人签订的所有合同。这些极为敏感的信息通常只会在收购交易结束后才被知晓。而本案中，在美国司法部的支持下，阿尔斯通在收购结束前就向竞争对手通用电气公开了这些信息，提供了有关公司一手建立起的普遍行贿制度，以及相关雇员的名字等这些无可辩驳的证据。很多人都在这一时期被公司"打发走人"。罗伯特·鲁斯金的这些陈述将美国司法部置于一个尴尬的境地，它不得不出来为自己辩白。美国司法部刑事局局长莱斯莉·考德威尔表示："通用电气的收购交易对于政府决策并不具备特别重大的影响。"[1] 立此为证吧！只是，即便不是"特别重大的影响"，她的话也佐证了美国司法部与这次交易存在某些关联！这种不打自招非同小可。于是，人们终于理解阿特顿法官为何表现得异常宽厚，而且给予阿尔斯通一定时期的宽限。因为对这桩交易来说，时间表的顺序非常关键。

为了弄清事实真相，需要先到布鲁塞尔看一看。事实上，离最后完成阿尔斯通出售案还剩最后一个障碍——获得欧盟 28 个成员方的同意。2001 年，布鲁塞尔曾阻止通用电气与霍尼韦尔公司的合并。这一次，绝对不能让那出戏重演，不能有任何闪

---

[1] 《华尔街日报》于 2015 年 2 月 4 日报道。

失。首先，"忠心耿耿"的柏珂龙必须在任期内待在首席执行官的位置上，而且他必须始终处在压力之下；其次还有法国政府，也必须保证自始至终参与其中。为了通用电气的利益，大家将最后的战斗进行到底。在获得欧盟委员会同意前，不能结束这个涉及美国《反海外腐败法》的案子，让法律的达摩克利斯之剑始终悬在阿尔斯通及其首席执行官头上——这正是阿特顿法官的做法。在美国司法部的认可之下，阿特顿法官同意推迟批准认罪协议，直至欧盟对本次收购亮起"绿灯"。这两件事之间的关联是无可争议的事实，完全推翻了柏珂龙的说辞。其他的一切都不过是假象。

通用电气确实需要一点运气。它还远未获得欧盟委员会的批准。实际上，欧盟方面有所警惕。2015年2月28日，欧盟委员会启动了一项深入调查。布鲁塞尔的专家担心交易会对欧洲能源市场产生影响，尤其体现在大型燃气汽轮机的相关市场上：本次收购前，通用电气就是这类设备的最大制造商，阿尔斯通的市场份额在全球市场中排行第三。一旦阿尔斯通被收购，通用电气就会在欧洲达到近乎垄断的地位，其重要竞争对手将只有西门子。

欧盟委员会警告称："这种技术垄断不利于创新，并且会推高相关技术的市场价格，而这一技术在应对气候变化方面是必不可少的。"为了劝诱欧洲人，通用电气首席执行官杰夫·伊梅尔特做出了让步。他同意将一部分资产，主要包括几家电厂的维修合同，留给一个规模更小的竞争对手——意大利的安萨尔多公司。这样一来，通用电气对市场的主导地位将会下降，杰夫·伊梅尔特希望借此获得欧盟委员会的同意。但是，谈判仍然没有进展。2015 年 5 月 5 日，杰夫·伊梅尔特亲自到访欧盟委员会，力求推进审批程序。欧盟委员会认为通用电气并没有再次提交更充分和必要的资料，于是在 2015 年 5 月 12 日宣布，将最终做出决策的时间推迟到同年 8 月 21 日。同时，西门子方面也没有放弃努力，他们针对这一收购将会带来的"高度垄断"的危害四处游说。最终，打破僵局的还是法国。2015 年 5 月 28 日，马克龙到访通用电气的贝尔福工厂，这一行程向布鲁塞尔发出了有力的信号，法国政府公开支持美国人收购阿尔斯通。法国政府希望尽早结束这一不光彩的案件。不要忘记，如果收购失败，美国司法部就会重新起诉阿尔斯通。如果它最终起诉了法国最大的企业之一，那对法国将是一个灾难性的结果。法国政府敦促欧盟，尽快同意将法国的龙头企业出售给通用电气。多么精彩的角色转换！在这场对决中，法国简直是一败涂地。

最终，2015 年 9 月 8 日，通用电气获得了期待已久的批准。阿尔斯通也为这些谈判做出了贡献。作为对通用电气将部分资产转让给意大利安萨尔多公司的补偿，柏珂龙甚至同意将收购价格再降低 3 亿欧元。这样一来，集团账上的钱就更少了。一旦做出最后的让步，就再也没有什么能够阻止交易。2015 年 11 月 2 日，这项交易终于尘埃落定。在《回声报》的报道中，杰夫·伊梅尔特对这次"战略性"收购表示庆贺，甚至称其为"整整一代人难得一见的幸事"。只有两手空空的法国眼含热泪，为它失去的国之重器恸哭不已。

2015 年 11 月 13 日，阿特顿法官终于批准了美国司法部与阿尔斯通达成的、早在 11 个月前就已签署的认罪协议。一个值得载入美国《反海外腐败法》历史的独特案例！柏珂龙的命总算保住了，他终于松了口气。当然，背后操纵这一切的必定是通用电气。

这次收购立竿见影的第一个后果是，通用电气领导层向工会公布了一项大规模重组计划。阿尔斯通能源公司在全球的 65 000 个就业岗位中，有 10 000 个就业岗位将会消失。其欧洲公司受到重创，计划裁员 6 500 人。其中德国分公司受到的冲击最大，失去了 1 700 个岗位。其次是瑞士分公司，失去了 1 200 个岗位。最后是在法国的公司，800 个工作岗位受到威胁。2016 年 4 月，有两三千名阿尔斯通的欧洲员工在巴黎举行集会，表达他们的愤怒。集会上可以看到用英语、德语、意大利语和西班牙语写成的标语与横幅。这些阿尔斯通前雇员感觉遭受到公司的背叛。一个员工说：“公布裁员计划时，真可谓当头一棒。我没想到会有如此大规模的重组计划。他们对我们撒了谎。”法国的情况相对要好一些，杰夫·伊梅尔特保证他会对法国分公司的就业岗位损失做出补偿。他宣布在巴黎设立一个数字软件研究中心，承诺“开展针对年轻大学生的培训项目，在金融、人力资源等领域创造 250 个就业岗位”。贝尔福工厂也将建立一个共享服务中心，雇用会讲两三门语言的员工。新岗位如此之多，但整体规划却相当模糊。尤其是到了 2018 年春天，通用电气终于意识到，它根本无法创造 1 000 个真正的就业岗位，违背了对法国政府的承诺。

我对此毫不惊讶，阿尔斯通和通用电气的"蜜月期"过后，显然会出现巨大的社会损失，削减辅助性工作岗位（信息技术相关岗位、会计、出纳等）就是典型的特征。

两家公司的"蜜月期"可谓异常短暂。2016年5月13日，阿尔斯通轨道交通公司（阿尔斯通拆分后的剩余部分）在美国起诉了通用电气。法国人觉得他们被愚弄了。事实上，在出售阿尔斯通能源业务时，美国人已经同意作为补偿，出让通用电气的铁路信号业务。但是不久之后，通用电气却反悔了。美国人不同意原本的收购价格。而且，虽然签署的协议中约定应当由一家法国律师事务所解决争议（以便确定最终价格），但通用电气却向另外一家仲裁机构——国际商会提起了仲裁请求。阿尔斯通轨道交通公司被迫将该争议提交美国法院，请求恢复其应有的权利。这是两家公司在合并协议生效后的第一次冲突。

在法国，通用电气还与另一个重要的合作伙伴法国电力公司发生了冲突。两家公司之间的合作不顺畅绝不是传闻，尽管这件事涉及法国核电站的维护！收购阿尔斯通后，通用电气接手了维护58台正常运行的核能反应堆的汽轮机的工作。然而，已成全球最大能源设备生产公司的通用电气此时却希望修改这份合同的具体条款，尤其是在发生事故时，以便减少自己应承担的赔偿责任，此外它还希望提高备用零部件的价格。通用电气甚至在2016年2月暂停了几天服务，借此向法国电力公司施压。法国电力公司首席执行官让-贝尔纳德·莱维致函杰夫·伊梅尔特表达了自己的愤怒："法国电力公司被迫启用应急计划之外的紧急措施。作为我们曾经的合作伙伴，贵方这种态度是完全不可接受的。"收到这封信后，通用电气不为所动，该公司电力部总经理依然态度强硬，要求法国电力公司在 2016 年 6 月 15 日前必须接受条件。法国电力公司怒火中烧，被迫拿出了撒手锏，提出要中断与通用电气之间所有的商业关系。事件发展到这个阶段似乎停滞了。双方开始对峙，这种局面能持续多久呢？通用电气背后的靠山——美国政府，通过实际控制法国所有的核电站，已经拥有未来的一种大规模杀伤性武器。人们早该想到这些后果！假如法国未来在重大国际政治问题上与美国意见相左，那会有什么结果？类似的情况早在 2003 年法国拒绝参加伊拉克战争时就发生了。法国陆军前参谋长（2002—2006 年在任）亨利·本耶阿特将军在一部名为《幻影战争》（献给阿尔斯通事件）的纪录片中表示，美国决定不再向法国军队供应零部件。"这种情况如果持续下去，"本耶阿特将军说，"我们的戴高乐号航空母舰就无法运行。"

直到 2016 年年中，我这个案子的前景依然晦暗不明。在美国的宣判日期不断延后的情况下，我很难保持一种哪怕是表面上的平衡。此外，还必须处理和阿尔斯通之间在劳资调解委员会的争议诉讼。

我对自己因"擅自离职"而被解雇一事提出异议。此外，前雇主对我毫不手软，似乎已经完全遗忘了拖欠我 90 000 欧元的离职补偿金的事情，我决定将此事提交法院审理。

43. 劳资调解委员会之战

我简直不敢相信自己的耳朵。这么久以来，头一次有一位法官被我的遭遇打动。凡尔赛上诉法院社会法庭的一位顾问对阿尔斯通拖欠我的离职补偿金做出了裁决，阿尔斯通对待我的方式令她气愤不已。听证结束后，在做出裁决前，她问我是否愿意接受调解，我给出了肯定的回答。两天后，阿尔斯通也同意接受调解。

我们开了第一次调解会议。到场人员有调解员、我的律师马库斯·阿斯肖夫、阿尔斯通的顾问、我本人，以及一名来自布鲁塞尔的代表通用电气的女律师。事实上，就在这一天，通用电气刚刚接管了阿尔斯通。

会议开始时，这位女律师说："皮耶鲁齐先生，我们非常同情您的遭遇。我们希望以友好协商的方式找到解决方案。"

友好协商？说得轻巧。我应该告诉她我长期以来受到的折磨吗？

"您知道，我在戒备森严的看守所里待了整整 14 个月。直到法国政府同意通用电气收购阿尔斯通电力和电网部门后，我才被释放。"

她立刻反唇相讥："如果不是贵国政府制造出这么多麻烦，您早就被释放了。"

我大吃一惊，没想到她会如此"坦诚"。就凭这句话，这位律师已经在 4 个人（其中包括两位律师）面前承认，我被拘捕和通用电气收购阿尔斯通之间有着非常明确的联系。简而言之，她承认我被当成了"经济人质"。

至少她还是很坦诚的。但是，一提到钱，她的口气就全变了。这位通用电气的代表立场坚定地表示，公司不欠我任何东西。然后，她用一种理所当然的口吻告诉我：她的雇主——通用电气集团——必须向美国司法部的检察官告知本次调解的结果。我可从没听说过这件事。这是法国雇员与法国公司之间的民事诉讼程序，劳动合同受法国《劳动法》的保护，纠纷由法国法庭审理。美国司法部有什么权力插手？但通用电气的律师却看不出这其中有什么不妥，她解释说："无论如何，如果没有美国司法部的同意，我们公司什么也不会做。"事实上，在我们几次见面的过程中，她每次都会提到，通用电气必须全面征询美国司法部的意见。第三次调解结束后，她煞有介事地向我提出，对我主张的 90 000 欧元"离职补偿金"，他们只愿意支付 30 000 欧元。而且，她补充说，这仅仅是出于"同情"，因为公司认为"根本不必给我一个子儿"。我可不稀罕她的施舍，于是我拒绝了。

拒绝她是正确的。1个月后，我在凡尔赛法院的诉讼取得了胜利：法官承认阿尔斯通有过错。法官判定阿尔斯通须立即支付我 45 000 欧元，同时告诉我，等到该案做出最终判决时，还会给我另一笔相同金额的赔偿。然而，直到 2018 年秋天，这一案件始终没能得到最终的判决。

在我和阿尔斯通开始这场诉讼之前，我的律师已经联系过阿尔斯通，试图达成和解。我们举行过几次会谈，第一次会谈在 2015 年春天举行，阿尔斯通的人力资源部主任亲自到场，并带来了律师，我也有两位顾问陪同，他们是保罗－阿尔伯特·伊文斯和马库斯·阿斯肖夫。会谈开始后，我直言不讳地提出质问，凯斯·卡尔在我前往美国之前那番令人安心的承诺、被捕后我的孤立无援、总部拒绝接待克拉拉、用"擅离职守"的罪名将我解雇、停止支付我的律师费用、在支付离职补偿金这件事上斤斤计较等等。我希望人力资源部主任能向柏珂龙明确转达：我非常清楚柏珂龙极力撇清自己，但我绝不会永远逆来顺受。随后我离开了会场，我的律师留下来与他们谈判。

我因在美国被捕遭受了无法弥补的损失。我只有 47 岁，但从今以后再也不可能担任与我在阿尔斯通工作时相当的职位了。考虑到我还留下了案底，我甚至不清楚自己是否还能找到一份领薪水的工作。

令人惊讶的是，我的老东家在这个时候似乎愿意听取我的意见。几次谈判后，我们就赔偿范围达成了共识，并决定将纠纷提交至一位独立仲裁员裁决。我希望这件事能够尽快解决。几个星期或者几个月后，通用电气就会完成收购交易。到那时，阿尔斯通内部为数不多的、有点良心并且愿意补偿我的人可能就不再掌权了。因此，我们商议决定于2015年6月底或7月初支付补偿金。但是，这件事情就没有下文了，直到9月中旬都没有任何消息。有一天，人力资源部主任通知我，他要离开阿尔斯通，仲裁没戏了，但公司可以支付给我几十万欧元，我可以选择拿钱走人，也可以继续等，但必须马上就决定。虽然这不是个小数目，但远远低于我们此前谈好的赔偿下限。扣掉应交的税款，这笔钱刚好够付我在美国和法国请律师的花销、往来美国的交通费用，以及我应当支付给美国司法部的罚金——人力资源部主任太清楚这些门道了。

为什么他忽然转变了态度？我能想到的唯一原因就是，2015年9月初，欧盟委员会批准了通用电气的收购交易申请。这笔交易已经板上钉钉，不会再有什么事能改变这个事实。美国人认为他们胜券在握，不需要再跟谁虚与委蛇。我拒绝了人力资源部主任的提议。2015年10月底，他离开了阿尔斯通。几周之后，柏珂龙也离开了。最终，谈判完全失败。

我的前雇主拒绝给我应得的补偿。它又一次背叛了我，而且是双重背叛。首先，它让我当替罪羊，却隐瞒真相，不做任何风险提示；其次，在我被捕后，它没有给我丝毫保护，如同遗弃一名在战场上受伤的士兵。最令人发指的是，它完全可以换一种方式为我提供法律援助。我用了一段时间，才弄清楚这种法律援助方式。霍斯金斯（阿尔斯通国际关系部亚洲分部高级副总裁）被调查后，我惊讶地发现他花了很多钱聘请法律顾问，其中包括支付 150 万美元的保释金。可是那时他已经退休多年，我以为他腰缠万贯，后来才获知，霍斯金斯的律师费是由保险公司支付的。我为此瞠目结舌，这才意识到，作为公司高管，我的律师费原本同样可以从保险金中报销。

事实上，阿尔斯通为了保护所有的高级管理人员，早已投保了一份保险。但奇怪的是，在我被逮捕的时候，公司并没有动用它，这是一个令人匪夷所思的决定。这类保险的目的主要是避免雇员与雇主之间的利益冲突，雇员可以受益于独立的律师，避免遭到老板的逼迫或者操纵。现在回想起来，这个制度其实非常合理。但无论是 2013 年 4 月 14 日我被捕时，还是之后几周、几个月的时间里，我始终没有想起我还拥有这项保险。不过，即便我想到它，也只有阿尔斯通才有权启用它。然而，法务总监凯斯·卡尔为什么没有启用这项保险来保护我？为什么他要求阿尔斯通的律师事务所（巴顿·博格斯）去挑选并付钱雇用另一位律师来处理我的案件？这不是又造成了巨大的利益冲突吗？阿尔斯通是不是想以此控制我？

此外，这些保护高级管理人员的保险合同中还含有在美国被收审的专门条款。保险公司非常清楚，被起诉的人基本上都会被迫认罪。因此，即使被判有罪，律师费用同样可以由保险公司承担。

2017 年 2 月，为了调查真相，我参加了在诺曼底的多维尔举行的全球保险公司大会。在会场上，我见到了与阿尔斯通合作的自由保险公司的一位负责人，他对上述保险合同条款的具体情况了如指掌。他向我透露，最后霍斯金斯一案已经使保险公司支付了 300 万美元的法律服务费用。他还证实，我也在被保人员名单之内，但是阿尔斯通从未要求他们为我的事情立案。根据他的说法，如果我的前雇主要求他们提供相应的服务，那我的律师费仍然有机会由保险公司报销。从诺曼底回来后，我就正式写信给阿尔斯通的新任首席执行官普帕－拉法格先生，要求他启用我的保险。我还向集团的法务部门和通用电气同时寄出了信函。然而，我的这些信函都石沉大海。

44. 无法容忍的敲诈

他们偷走了我的生活，而且迟迟不肯把它还给我。他们想堵住我的嘴，时间越长越好。如果这些人有办法把我的判决再推迟几年，那他们真会这么干的。到那时，就没什么人还会对我"爆料"阿尔斯通事件感兴趣了。2016 年夏末，距我回到法国已经过去两年。两年里，审判一直延期，悬而未决。我曾 4 次往返美国，试图确定宣判日期。事实证明，这 4 次往返完全是徒劳的，每次我探听到的都是劳伦斯·霍斯金斯的审判又被推迟的消息。

阿特顿法官认可霍斯金斯的律师提出的一些理由，并撤销了一部分指控。但是，该案很有可能会被转移到美国最高法院的法官手中。这对我来说将是最糟糕的灾难。这意味着我将不得不再等待两年、三年，甚至是五年。我不敢去想！我必须做出反应，否则我会崩溃。我必须想办法，但办法只有一个——请求对我的案件做出判决，寄希望于主审法官能够理解我现在处于多么举步维艰的境地。这是一场冒险，意味着我有可能要回到监狱待上许多年。但无论如何，我都要尝试一下，这是我手里的最后一张底牌。2016 年 9 月 1 日，我向斯坦提出申请，要求对我的案件做出判决。

3 个月后，我即将成功。但就在这时，检察官向斯坦施压，于是他在未经我同意的情况下又撤回了我的判决申请。而我直到 2016 年 12 月中旬才得知此事。我的辩护人无耻地欺骗了我，我感觉自己一下子掉进了黑洞。我对他完全失去了信心，但我没有钱去再请一位新律师。显然，我同隧道的尽头还相距甚远，甚至无法知道是否真的有尽头。我和克拉拉之间的紧张关系也达到了顶点，我们在任何问题上都无法达成共识。这种噩梦般的境况使我们日渐疏远，频频争吵。为了维持表面的和谐，我沉浸于工作、讲座、应酬中，甚至帮助经济学家克劳德·罗歇于 2015 年 11 月在法国国民议会上组织了一场为期半天的研讨会。会议的主题非常明确："阿尔斯通之后，会轮到谁？"我拿着朝圣者之杖帮助这些公司，被来自法国和外国的邀请压得喘不过气来。我去参加各种讲座（当然还是限制在保密范围内），先后到过西班牙、英国、波兰、德国、比利时、斯洛伐克、瑞典、瑞士、荷兰。这些讲座都非常成功，于是我着手创办一家与腐败行为做斗争的企业咨询公司。虽然我还不能从中赚钱，但公司也经营得有声有色。我特殊的经历正是人们需要了解的，我帮助法国人民树立起了这方面的意识。

2016 年 12 月，以法国社会党人、财政部长米歇尔·萨潘的名字命名的《萨潘第二法案》，也就是新的法国《反腐败法》，在法国官方公报中刊出。参考英国政府和美国政府推荐的方式，它要求所有营业额超过1亿欧元，并且雇员超过500名的法国公司都要设置反腐败机制。这项法律还引入了一项《公共利益司法公约》，其灵感来自《推迟起诉协议》，这是一项允许公司在不认罪的情况下承认某些事实的协议。《公共利益司法公约》是法国刑事诉讼中的一次小型革命，虽然这项法律并不完美，但却是保护法国公司免受美国或英国干预的第一步。于是，法国立刻设立了一个反腐败机构。令人遗憾的是，米歇尔·萨潘是在一家地点设在巴黎的美国大型律师事务所和法国－美国联合基金会共同举办的研讨会上，向专业人员介绍这个机构的。他难道找不到更好的场合吗？为何不让法国律师事务所做他的第一批听众呢？大西洋主义，余威犹在。

阿尔斯通最近没有什么新闻，除了因被强制向通用电气出售业务的丑闻重新回到大众视线而成为政治领域里的一个话题。几位总统候选人在第一轮电视辩论中都提到了这个事件，他们竞选班底的一些工作人员也联系过我，但我希望与他们保持距离，不想再被当成工具。我认为这不是一个关于右派、左派、中间派的问题，更不用说极端派，而是关系到法国国家主权和国家安全，应当超越法国党派纷争。当然，还必须具备清醒的头脑，以及最低限度的勇气。

美国方面，检察官把我的判决日期定在2017年秋天。为什么要等这么久？他们想在选举期间让我噤声吗？

在两轮竞选之间的辩论中，玛丽娜·勒庞因幕僚策略失误，对该事件的处理很不妥当。她试图就阿尔斯通事件攻击马克龙，却没有成功。时间飞快地消逝。2017 年 5 月，马克龙当选法兰西共和国总统。2017 年 6 月，共和国前进党在议会选举中胜出。2017 年 7 月，我终于收到了传票。我将在 2017 年 9 月 25 日接受审判。

现在我必须做好准备，完成最后几步，为我的量刑报告全力以赴。负责编写报告的缓刑监督官需要与被告沟通，听取被告对事实的描述，并在考虑相应的量刑准则的前提下，向法官提出刑期的建议，说明被告是否存在再次犯罪的风险，以及需要法官考虑的被告个人情况。这一切是如此合乎情理，为公平正义的美国"神话"添砖加瓦，但是很快，我大失所望！虽然我希望利用这个机会解释我在阿尔斯通内部的具体职责，尤其是说明我在公司的责任等级，但是斯坦阻止了我："如果你这样做，你就是背叛了检察官。缓刑监督官唯一想听的就是，你是个好爸爸、好丈夫、受人尊敬的社区成员，你每周日都上教堂做礼拜。"那就这样吧！电话访问只持续了 20 分钟，缓刑监督官没有问我任何关于塔拉罕项目，甚至关于阿尔斯通的问题。

为了让我的故事被人知晓，现在我只能依靠陈情书来为自己辩护。我要求做出服刑判决，即与我已经服过的刑期（在怀亚特看守所的 14 个月）相对应。斯坦同意了。他认为，我重返监狱的风险"微乎其微"。但是，正当一切似乎都已步入正轨时，几天后情况再次以出人意料的方式出现了反转。

2017 年 8 月底，斯坦向我发出了警告：

"我们有麻烦了。我刚刚收到检方的书面结论。我们需要尽快谈一谈。"

读到这份文件时，我极为愤怒，但更多的是有些惊慌失措。美国检察官对我提出了新的指控。首先，他们认为我从这个案件中牟取了私利。当然，他们知道我从未以任何形式碰过贿款，一分钱都没有！但是现在，他们盯上了公司在塔拉罕项目合同签订那年给我发放的奖金。和任何一位高管一样，我确实得到了奖金，金额相当于工资的 35%。但是，经过核算，我可以确认，在我当年的奖金中，塔拉罕项目的奖金只有 700 美元。如此微薄的一笔钱，还是我工资的一部分，居然被用来指控我。这简直太疯狂！

然而，这还不是全部，最糟糕的还在后头。检察官在他们的结论中重新计算了我的刑期范围。他们给我加了 4 项指控（这可被转化为长达数年的监禁），声称我是这项阴谋的"主谋"。这真是糟糕透了！在持续 4 年的诉讼程序中，他们从来没有提出过这些指控，甚至连暗示都不曾有。相反，诺维克从一开始就指出，我只是犯罪链条上的一环。为什么到了今天，他却来了个 180 度大转弯？"因为他们需要一个主谋。"斯坦解释道。阿尔斯通支付了美国有史以来在腐败案件中数额最大的一笔罚款，因此，在美国检察官看来，在不处罚"主谋"的情况下结案是不可想象的。而现在，他们能够拿来展示的"猎物"还剩下谁呢？罗斯柴尔德？"不可能，"斯坦说，"他通过谈判达成了一项准赦免协议，大概是因为与美国司法部进行了合作。"彭波尼？他都不在人世了。

霍斯金斯？我甚至不知道他究竟还会不会被审判。柏珂龙？他成功地逃脱了美国司法部的严惩。剩下的只有皮耶鲁齐——倒霉的替罪羊。这个案子结束后，检察官可以夸口说他们捉住了犯罪组织的主谋，从而加官晋爵、步步高升。这也能解释他们为何希望我在另一个案件中也被安上同样的罪名，即巴哈二期项目的合同（印度修建的燃煤锅炉工程）。这笔交易是在我离开那个职位两年后才敲定的，而且阿尔斯通根本没有针对该案认罪！卑鄙——我找不到别的词形容我的感受。这一切还有什么道德可言？

但是，面对这样的不公，我又能有什么对策呢？我的回旋余地是零。要么我接受美国司法部官员的"胯下之辱"，祈祷法官主持的庭审尽量顺利；要么我不去参加庭审和宣判，从此溜之大吉。但不去参加庭审的后果会非常可怕，为我提供担保的两位美国朋友将会无家可归，我将成为国际通缉令上的在逃人员。于是，被裹胁与逼迫着，我只能在这起明目张胆的敲诈面前屈服。我同意在 2017 年 9 月底回到美国接受审判。

45. 审判时刻

2017 年 9 月 25 日，距离我的庭审开始还有几分钟，我在法庭里等待着，呆呆地看着墙上挂着的巨幅画像。这是一幅高度超过 1.5 米的肖像画，画的正是美国联邦法官珍妮特·邦德·阿特顿。画中人 70 多岁，身材高挑、纤细，满头金发，仪态优雅，眼神坚定，散发着美国东海岸中产阶级家庭出身的特有气质。她（2015 年两次批准阿尔斯通延期付款）处理我的案件已经 4 年多了，我从来没有见过她。但是，决定我此后人生走向的正是她。我事先打听过，只知道她以前是一位劳工律师，由克林顿提名为联邦法官，她在我老东家的案子中表现得较为通融，甚至显得有些过于宽厚。

尽管斯坦向我保证，诺维克对我们准备的陈情书非常满意，但我还是很害怕，我害怕我可能会再次回到监狱。原因是，虽然陈情书基本就是空洞无物的，但我服从了他们所有的命令。10

点的钟声敲过，珍妮特·邦德·阿特顿宣布我的庭审开始：

"早上好。请坐。皮耶鲁齐先生，你读过缓刑监督官的报告吗？"

"是的。"

"你理解报告的内容吗？"

"我理解，法官大人。"

"就报告的内容，你回复过缓刑监督官吗？"

我非常想告诉她，我对从检察官的结论中复制粘贴过来的每一句话都有异议。我不接受他把我的身份定义为"主谋"，也不接受针对我的我从不知道的印度案件的指控，我从来没有参与过那么多行贿案件……但是为时已晚。如果我胆敢在法庭上冒这种风险，我就要倒大霉，10 年的牢狱之灾将等着我。这时，牢笼开始关闭。我的心紧紧揪成一团，只能小声地回答道：

"是的，法官大人。"

"好，既然如此，那让我们来看看你的具体量刑吧。"

阿特顿开始计算我的"分数"，仿佛是营业结束后盘点进账的杂货店老板。

"行贿罪，12 分。接下来，因为有好几笔贿赂，我们要加 2 分。之后，还要考虑到印度尼西亚塔拉罕项目和印度巴哈二期项目取得的利润，这些是 20 分。由于贪腐人员身处官方职位，要加上 4 分。您是贿赂行为的主谋，这又是 4 分。最后，因为您承认自己负有个人责任，减去 2 分。"

"政府是否同意再给他减掉 1 分？"

"可以。"诺维克检察官回答。

"很好。所以就是 29 分。"

"39 分。"诺维克说。

"对,是 39 分,谢谢提醒。由于皮耶鲁齐先生没有犯罪前科,他属于第一类人,因此刑期应当是 262~327 个月。"

我再一次克制自己不要发怒。我听从了斯坦的建议,接受了控方提出的所有条件,结果却无意间将我的理论刑期大大增加。现在我面临着长达 27 年监禁的风险。

正在这时,一直劝我在司法部面前保持"卧倒"姿势的斯坦开始为我辩护。我非常担心,预感大祸临头。灾祸真的来了:他对自己的辩护毫无信心,说话时语无伦次,犹豫不决。他一次都没有提到案件的具体情况,只提到拘留我的怀亚特看守所条件是多么恶劣。辩护在 6 分钟之内就结束了。只有 6 分钟!这简直不可思议。随后诺维克开口了,但也没有说太久:

"当然,皮耶鲁齐先生并没有参与阿尔斯通所有的非法行为。的确,这家公司内部存在腐败现象,这一点也在阿尔斯通的认罪协议中得到了印证。"

至少,诺维克承认我不是唯一的责任人。一点儿都没错。但是,这个事实并不足以让他对我宽大处理:

"尽管如此,弗雷德里克·皮耶鲁齐的罪行仍然非常严重。正如美国政府方面强调的,这种腐败现象反映在阿尔斯通公司负责人的行为中,他们未能履行道德、伦理和法律赋予的义务。"

随后轮到我朗读一份准备好的文件来进行总结陈词。我承认了自己的罪行，并请求家人和亲朋好友原谅我的行为。整场"法庭辩论"只持续了38分钟，我与法官唯一的"交流"只限于朗读我的忏悔书。阿特顿法官在给我判刑之前，没有问过我任何问题。现在，她独自离开了法庭，思考该用多长的刑期折磨我。半个小时过去了，她还没有回来。在无休止的等待中，我没有跟斯坦说一句话。他知道自己的表现很糟糕，他从不反驳检察官的"策略"，这无异于自取灭亡。

我转身向我的父亲望去。他坚持要陪我参加这次审判。他不太会说英语，听不太懂庭审的内容。但是真的有什么需要听懂的吗？汤姆陪在他身边，为他翻译法庭上的只言片语。他的脸色变得惨白。40分钟后，阿特顿法官回来了，要求所有人坐下来聆听判决结果。那一刻，我已经心如明镜，我肯定要回到看守所里，只是不知道要待多久。阿特顿法官开始宣读判决："皮耶鲁齐先生提到，他深爱他的妻子、他的儿女、他的家人。但令人感到悲哀的是，他丝毫没有考虑自己所作所为产生的后果。"看吧，道德宣讲课开始了。她接着说："那些受贿的官员挪用了自己国家本就不太丰饶的资源。在这些国家建立民主体制的努力，因国际商人不光彩的行径而变得遥不可及。坦白地说，在皮耶鲁齐先生的忏悔书中，没有任何为此道歉的内容，他只关注自己的家人，本庭对此感到失望。"也就是说，阿特顿法官认为，我应当为第三世界国家的腐败现象"道歉"。这可真是滑稽——美国政府扶持苏哈托政权统治印度尼西亚达几十年之久，为其提供军事保护，作为交换，美国能够获取它的主要自然资源，并最终让那里成为腐败猖獗的国家！这位法官堪称完美地体现了美国式虚伪。

但是，现在不是应该愤怒的时候。她终于宣布了判决："这个判决是一种警示，既针对涉案人本身，也针对其他为了项目和利润在第三世界国家牟取好处的商人。皮耶鲁齐先生，请起立。基于以上原因，您被判处 30 个月的有期徒刑。您必须在 10 月 26 日中午到拘留中心报到。美国联邦监狱管理局随后会向您发出通知。"

晴天霹雳！就在昨天，斯坦还信誓旦旦地说我不会再回到监狱，而我最后也被他说服了。我真是个傻子，居然相信他的话。现在，算上在怀亚特看守所度过的时间，还有因表现良好而获得的宽大处理，我还得在监狱里服刑 12 个月！我是被诅咒了吗？我的家人呢，他们是做错了什么，要遭到这样的惩罚？我回头看了看父亲，我的朋友琳达和汤姆正在向他解释判决的内容。我尽力安慰他："别担心，我会挺过去……至少，12 个月之后，我又可以开始新的人生了。"父亲始终沉默着，悲伤地望着我，他被这个消息击垮了。

我怒气冲天。这些都让我感到愤怒。斯坦、检察官、法官、司法体制、阿尔斯通、柏珂龙……都令我生气。特别是，我生自己的气。我怎么能够对美国的司法部门心存侥幸，认为自己能逃过一劫呢？现在我不得不把结果告诉克拉拉……

斯坦与检察官进行交涉，试图让我返回法国，一个月后再回到美国接受监禁。我躲到没人的地方给克拉拉打了个电话，一向坚强的她也崩溃了。

对我的判决异乎寻常地严厉。康涅狄格州此前从未审理过违犯美国《反海外腐败法》的案件，阿特顿法官希望树立一个典型，而为此买单的却是我。为阿尔斯通所有逃脱处罚的人买单的也是我！唯一令人安慰的是，我不再处于"悬而未决"的状态了。四年半以来，我第一次知道自己要去哪儿。当然，我害怕即将到来的牢狱生活，但12个月后，这场噩梦就将永远结束。所以我必须紧紧抓住这个机会……为了我自己，为了克拉拉，为了蕾娅、皮埃尔、加布里埃拉、拉斐拉和所有支持我的人。是的，我并不孤单。有他们在，这是我最大的幸运。

命运的安排多么讽刺：在我被判刑的同一天，阿尔斯通轨道交通公司正式宣布就合并事宜开始与西门子接触。继通用电气收购阿尔斯通的能源部门后，这家德国巨头也想将阿尔斯通的轨道交通业务收入囊中。对此我并不感到惊讶，所有内行的分析师都已经预见到了这次合并。只有柏珂龙相信专注于轨道交通业务的阿尔斯通会有未来。他真的相信吗？那是3年前的事，没有人记得。

46. 再度分离

事态发展迅速。美国司法部准许我返回法国，但我必须在10月12日（入狱前两周）返回美国，所以我只有几天时间安排我离开的这段时间里的事情，这个时间可能比较长，也可能比预期短。在飞往巴黎前，我与法国驻美国纽约副领事杰罗姆·亨利见了一面。当年，他在波士顿任职时，曾经来怀亚特看守所探望我。再次见到我，他很惊讶，他以为我的案子在很久以前就结束了。他坦诚相告："这是我第一次听说，案件能在认罪协议签署后拖4年才判决。这真是不可思议。"值得一提的是，他建议我尽快起草一份管辖权移送申请，争取在法国而不是美国执行我的刑期。他甚至让我在他的办公室填写必要的文件，并立即递交给法国领事馆。"法国方面马上就会同意你的申请，"他说，"另外还需要经过美国司法部的批准，对此，我担心可能会多花一点时间。"但是他很有信心。我满足引渡所需的条件：我的案件判决具有终局效力（由于签署认罪协议，我放弃了上诉权），而且我和美国没有什么联系。他安慰我说："原则上，美国人没有任何理由拒绝你的管辖权移送申请。"我希望他是对的。

如果我能在法国服刑，那我肯定会申请假释。根据我的律师马库斯·阿斯肖夫和保罗－阿尔伯特·伊文斯的说法，我完全有可能很快就被放出去，即使必须戴上电子手铐。如此一来，我就不必和家人分开。

我该怎么向加布里埃拉和拉斐拉解释呢？我和克拉拉为了这事争吵不休。最后，我们达成了共识：克拉拉和我会告诉她们，我必须回到美国，在一个"营地"里待大约6个月，她们没有办法来看望我。但我们不会提到"监狱"这个词。我们决定把实情告诉年龄大一点儿的皮埃尔和蕾娅，以便他们能安慰两个妹妹，缓和气氛。这是我面临过的最糟糕的考验之一。我笨拙地讲述着这个谎言，语言支离破碎，嗓音颤抖着，努力控制着自己的情绪和眼泪。这项任务太艰难了。加布里埃拉号啕大哭，拉斐拉则偏内向一些，她隐藏起自己的情绪，一言不发。加布里埃拉问了一连串问题："你会在那里过圣诞节吗？明年1月我们过生日的时候你会回来吗？以后谁送我们上学呢？什么是营地？是一个夏令营吗？有各种活动吗？我们可以网络聊天吗？为什么我们不能去看你？你在那里有朋友吗？你现在的工作是什么？为什么你以后不能回美国？我喜欢美国人。等我去好莱坞做演员，你会来看我吧？你会来吗？"不过，对于年纪更大的19岁的哥哥皮埃尔和姐姐蕾娅而言，情况完全不同。

2015 年，我曾向他们详尽讲述了我的遭遇。他俩都很聪明，懂的东西比我想象得多。两个小女儿睡下之后，我们决定和两个年长的孩子一起观看讲述阿尔斯通出售交易的纪录片《幻影战争》，它在法国国民议会电视台播出。这部影片没有在观众数量更多的电视台播放，实在是一件憾事。制作团队进行了了不起的调查工作，深入分析了美国司法部对阿尔斯通被收购交易一案的影响。他们抨击了柏珂龙和许多法国政客。根据他们的说法，前总统开办的律师事务所曾为通用电气工作，最重要的是，他们清晰地展示出我作为"经济人质"的命运。对于皮埃尔、蕾娅、克拉拉、朱丽叶特，以及所有看过这部纪录片的朋友来说——即使他们早已知道我的故事——这部纪录片都产生了揭露真相的效果。

我也对我的事业做了妥善的安排，以便在我被迫离开的这段时间里，我一手创立的小公司能够继续经营下去。我得到了同事们的理解。在我前往美国之前的两周内，我还参加了一家CAC40 指数上市公司的会议，有 100 多位管理人员出席。在经济领域，越来越多的人开始理解阿尔斯通事件背后的隐忧。在政治领域也是如此。几个月前，法国国民议会成立了一个由议员卡利娜·伯格（社会党）和皮埃尔·勒鲁什（共和党）牵头的新的工作小组，致力于研究美国法律的域外管辖权。议员们前往美国，会见美国司法部和联邦调查局的官员，并对美国法律域外管辖权的范围之广感到万分震惊。"一家公司只要有一根脚指头踏入美国境内，就会处于美国司法的管辖之下。"卡利娜·伯格愤怒地说。更令人担忧的是,美国当局在法国议员面前直言不讳地承认,他们会毫不手软地使用美国国家安全局能够动用的所有手段进行调查。在美国,国家安全局是一个负责进行所有窃听和电子监控活动的机构。最后,议员们除了列出根据美国《反海外腐败法》被定罪的企业,还整理了因违犯禁运和反洗钱法而被处以重罚的公司名单:前15家公司中,有14家都是欧洲公司![1] 只有1家是美国公司——摩根大通。这两周内,我还分别会见了两位前部长。他们异口同声地表示担心我的人身安全,甚至建议我不要回美国。他们害怕我在监狱里遭遇什么不测。我觉得他们说得有些夸张,这又不是詹姆斯·邦德的电影,至少我希望不是。然而,这样的警告出自前任政府官员之口,着实令人忧心忡忡。无论如何,他们向我承诺,他们会协调法国外交部尽快安排我的引渡事宜。其中一个会向马克龙的外事顾问——菲利普·埃蒂安——递一张便条,详细描述我目前的状况。

距离我动身去美国的日子越来越近。除了家人,我还和过去几年始终支持我的朋友们一一道别。我的朋友安托万和莱拉来探访过我几次,迪迪尔和他的妻子亚历山德拉每次都为我打气,精通多国语言的出庭翻译德尼兹在所有的司法程序中坚持不懈地帮助我,莱斯莉、亚历山大、皮埃尔、埃里克、克劳德、克莱尔等都给予我莫大的帮助。登机前,我还发生了一点儿小波折。我的特别签证和说明函似乎不足以令我顺利过关,其他人都上了飞机,

---

① ① 参见《附录》。

安检员还扣留着我，不让我离开。他收到指令，要求他拨打美国的一个特殊号码。凌晨 5 点，他尝试了几次都没有成功，最后他的上级领导花了近 1 个小时才解决了这个问题。我抵达肯尼迪机场时已经是晚上 11 点，而第二天我必须去见哈特福德法院的一位缓刑监督官，他会告诉我要去哪个监狱服刑。2017 年 10 月 23日，我得到了他的答复：我会被关押在莫斯汉农山谷改造中心。

我立刻开始在网上搜索。结果令人不安：莫斯汉农山谷改造中心位于宾夕法尼亚州中部海拔 1 000 多米的沙漠高原上，被巨型铁丝网层层包围。但幸运的是，我在怀亚特看守所的一个狱友——"运输机"非常了解那个地方。他在那里度过了最后两年刑期。他会把我要去那里的消息告诉他的老伙计们，这样，我就相当于被"特殊关照"，不必担心自己的安全。在监狱里，"名声"是最重要的，远比在外面重要。

2017 年 10 月 26 日上午，我从斯泰特科利奇叫了一辆出租车。就在前一天，我刚刚乘飞机抵达哈特福德。当我们穿过广阔的森林时，司机迷了路，虽然车上有全球定位系统导航，但是他费了很大的劲才找到改造中心。最后，我们终于到了莫斯汉农山谷改造中心的停车场。司机和气地问应该几点钟来接我。我记下了他的电话号码，然后对他说："等出狱之后，我才能给你打电话……"

47. 再度入狱

再度入狱后，我竟没有感到丝毫不适，这可真是不幸。一样颜色的墙壁、一样的家具、一样的安全门、一样的行话、一样的气味、一样的屈辱。四年半之后，我又回到了监狱里！例行的行政文书工作结束后，我脱光了衣服，就像在怀亚特看守所一样，我拿到了 3 条卡其色裤子、3 条短裤、3 件 T 恤。

莫斯汉农山谷改造中心关押着 1 800 多名罪犯，都是刑期低于 10 年的外国人。这座监狱里罪犯的国籍和人种的分布非常具有代表性：其中约有 900 名墨西哥人；500 名多米尼加人；200 名非裔，主要来自尼日利亚、加纳、科特迪瓦、海地；50 名亚裔，包括中国人、印度人、巴基斯坦人；100 多名来自"其他西班牙语国家"的人，如哥伦比亚、古巴、洪都拉斯；此外还有 100 名"国际人"，这是一个极其宽泛的类别，包括其他国家的罪犯，如来自加拿大、欧洲国家、马格里布国家、中东国家的罪犯。改造中心由 GEO 运营，该组织是一家私营的特许经营商，在美国和国外运营着几家类似莫斯汉农山谷改造中心的机构。和世界上所有的企业一样，GEO 致力于赚取尽可能多的利润。因此，GEO 毫不犹豫地将一切服务（伙食、暖气、设施维护、医疗服务）削减到最低限度。GEO 提高服务囚犯的小卖部的商品售价，并将犯人的"居住期限"尽可能延长，例如将囚犯单独关押，使他们失去一些因表现良好而获得减刑的机会。

改造中心有自己的规矩，囚犯也有自己的规矩。这些规矩和怀亚特看守所并不完全一样，我很快就意识到了。首先，在这里，只有墨西哥人、多米尼加人、非裔和"国际人"才有权力，其他人什么都没有。墨西哥人和多米尼加人数量最多，所以他们是头儿，有权力制定这里的规则。

入狱的第一天，我被分到 C6 监区。这个监区只能容纳 49 名囚犯，但事实上，有 72 个人挤在里面。任何能加床的地方都被挤得满满当当，饭桌旁的座位也不够。"国际人"有权分到 1 张桌子，非裔有 2 张，多米尼加人有 4 张，墨西哥人有 6 张。因此，其他人就没地方坐，只能自己想办法解决。而且，谁也甭想做好人，慷慨地邀请别人坐到"自己的"桌子上：敢做这种事的人是要被赶出去的！

幸好，我在怀亚特看守所的狱友提前打好了招呼，我受到了"泰拳"的热情迎接。"泰拳"是一个斯洛伐克人的绰号，他在法国外籍军团服役 5 年后，再度成了一个雇佣兵，参加了许多国家和地区（伊拉克、塞拉利昂、刚果、南斯拉夫）的战争。后来他去了泰国，在泰国成了家，开办了一所泰拳学校，并培养出许多混合格斗冠军。之后，他被逮捕并引渡到美国，因参与贩毒而被判 10 年监禁（这是一起由美国联邦调查局策划的诱捕行动）。第二个"国际人"绰号"好莱坞"，是一名德国人，自称是 C 区"国际人"的头儿。他给了我一个新人礼包，里面有咖啡、糖、肥皂、奶粉、鲭鱼罐头……在我收到小卖部订购的商品之前，这些都是我的必需品。他以前也是个雇佣兵，由于暗杀一名参加打击贩毒行动的美国缉毒警察而被判 10 年监禁（同样是美国联邦调查局策划的诱捕行动）。他带我找到床位，把我安顿下来。"泰拳"和"好莱坞"是在鼎鼎有名的维克托·布特案的附带案件中被起诉的，布特是乌克兰军火商，他的经历被改编成电影《战争之王》，尼古拉斯·凯奇在电影中扮演他。"泰拳"和"好莱坞"与维克托·布特是好哥们儿！我居然能与这些人为伍！不管怎样，他们对我很有礼貌，甚至在桌旁给我留了一个座位。这是隔壁 C5 监区的"国际人"无法享有的特权。他们的头儿是个保加利亚人，对墨西哥人欠下了巨额债务，因此以每个座位 100 美元，共 400 美元的价格把他们的桌子卖给了黑人。我有必要尽快搞懂这个地方的规矩。我自以为经历过怀亚特看守所如同人间地狱般的场景，不知这个改造中心会不会更加可怕。

另外，无论在哪个监狱，都有一个无法改变的事实：这里度日如年，时长是外面的两倍甚至三倍。如果我想在两个月之内回到法国，回家过圣诞节，我就必须加快管辖权移送申请。我以最快的速度联系上监狱里的社工 H 女士。为了能够被引渡回法国，我必须首先获得改造中心的同意，然后才是美国司法部的同意。这看上去不过是一纸申请，然而现实中却复杂得多。引渡程序又一次搁浅了。

2017 年 10 月 28 日，H 女士要求与我见面：

"非常抱歉，我无法完成您的管辖权移送申请。美国与法国的双边协定中规定，提交申请时，您必须至少还有 12 个月的未执行刑期。"

"我知道。但我被判处 30 个月有期徒刑，之前已经在监狱里待了 14 个月，所以还剩下 16 个月。"

"不，如果您因为'表现良好'而获得减刑，就没有这么长的时间。"

"但是不能这么算。我还没有因表现良好而减刑，这只是理论上的可能。"

"我理解您的意思，但我们就是这么算的。我不能违反这个程序！"

就这样，我又听到了这个令人崩溃的词语——程序！那一刻，我明白，再坚持下去也毫无意义。幸运的是，我联系上了驻华盛顿的法国司法联络官玛丽-劳伦斯·纳瓦里，她答应为我进行斡旋。2017 年 11 月 8 日，H 女士再次要求见面，这次她的上司 J 先生也一起来了。

J 先生说："我们上次的计算的确出了点儿错误。即使算上因'表现良好'而获得的减刑，您的出狱日期也是 2018 年 10 月 31 日。"

"所以，你们会递交我的管辖权移送申请吧？"

"不，这是不可能的。今天是 11 月 8 日，所以您看，已经不到 1 年时间了。"

"但当我提出申请的时候是符合时限要求的。如果现在不符合，那也是因为你们搞错了！"

"有可能，但这并不会改变申请结果。"

对牛弹琴。我算是看明白了，如果继续走这套程序，我根本别想从牢里出去，这不过是白费力气罢了。之后我又立刻给法国司法联络官纳瓦里打电话，她对此也愤愤不平，立刻联系了一名美国司法部的工作人员为我主持公道。但是，改造中心的管理人员出于被否决的愤怒，压着我的申请文件迟迟不提交，直到 12 月 6 日，我的申请才提交到美国司法部。因此，我只能在宾夕法尼亚州和狱友们一起过圣诞节。

但是，至少我知道，纳瓦里是支持我的，她很快就到改造中心来探望我。这位司法联络官告诉我，法国大使给美国司法部长杰夫·塞申斯亲自写了一封信，信中表达了法国政府希望我尽早回国的意愿。不过，她也谨慎地提醒我"不要高兴得太早"。她解释说，美国司法部目前正在调查另外几家法国大公司涉及美国《反海外腐败法》的案件。因此，巴黎和华盛顿之间的关系变得非常紧张。此外，她告诉我这其中还有委员会的影响。什么委员会？纳瓦里解释道："法国国民议会近期刚刚对阿尔斯通展开调查，同时还在全球范围内调查美国的不当干涉。调查委员会主席、共和党人奥利维尔·马莱克斯打算让所有证人宣誓做证并接受询问，其中也包括柏珂龙。"终于来了！3 年来我一直为此不懈努力，如今这一调查终于得见天日。同时，我也明白，这对我来说反而是最糟糕的时刻。在这种情况下，美国司法部不太可能让我很快回法国。

48. 暴力及非法买卖

　　我的第一印象是正确的：莫斯汉农山谷改造中心不如怀亚特看守所危险，但囚犯之间的关系却更加紧张。当然，怀亚特看守所关押的都是顽固不化的危险分子，而莫斯汉农山谷只接纳服刑后期且刑期结束后注定要被驱逐出美国的外国囚犯。因此，从理论上讲，这里的囚犯比怀亚特看守所的犯人更安分些。但是，由于这里的安保措施相对松懈，墨西哥人和多米尼加人的帮派成为改造中心犯人的秩序建立者。他们有点儿像黑手党组织，是地下经济的真正头目。

　　简单来说，在莫斯汉农山谷改造中心，一切都得靠买或者租，无论是商品、服务，还是人。例如，贩卖毒品、健身房的"席位"（每周花 5 美元可以保证每天使用 1 小时）、理发师（剪发一次 2 美元）、日用杂货（有个墨西哥人囤积了大量的商品，有些甚至是从厨房里偷的，售价比正常价格高 20%）、文身师、电子技术人员（负责修理有故障的收音机）、清洁工（他们可以转包打扫监区的任务），甚至还有男妓（有几个囚犯为了生存出卖自己的身体）。这里甚至还有经营色情期刊的生意，令人咋舌。这些刊物十分稀有，往往要花几百美元才能买到。虽然赌博被明令禁止，但下注（一般针对篮球或美式橄榄球比赛的结果）和打扑克牌对囚犯来说一直是一项重要的收入来源。许多囚犯因为躲债而宁愿住单人牢房。电话通话时间也可以向需要钱的囚犯购买，使用的货币是"麦克"（一袋价值 1 美元的鲭鱼）。

莫斯汉农山谷改造中心的管理人员对这些伎俩采取睁一只眼闭一只眼的态度。其实，他们并非是在旁观，确切地说，他们是在剥削囚犯。从准备饭菜、打扫厨房，到维护建筑设施（刷墙、清理管道、回收垃圾等）、清理绿化区和项目管理（课程、书店等），所有囚犯每天被迫从事 1~5 小时的工作。而进改造中心的前 3 个月，新人都会被打发去厨房干活，别无他选。

根据岗位和任务要求，工作报酬为 12 ~ 40 美分 / 小时。第一个月，我被分配到厨房洗碗（每天工作 5 个小时，每周工作 3 天）。一个月下来，我才拿到了 11.26 美元（约合 9.8 欧元），而且根本无法逃避。这简直就是现代的奴隶制。事实上，很多私营企业主在这种改造中心里生产标有"美国制造"的产品，其成本之低简直难以想象。由于不是美国公民，在美国政府看来，我们基本上就和"非法移民"差不多。此外，莫斯汉农山谷改造中心的很多囚犯都是因为二次入境（在被美国禁止的情况下）被逮捕的。这些偷渡客被驱逐出境后想再碰一碰运气，但是被发现并被逮捕了。他们没有权利在美国找工作，如今被迫在美国的高墙内工作，工资低得可怜，而这却成了全世界最合法的事情。管理监狱的依据是赫赫有名的《美国宪法》第 13 条修正案，该修正案废除了奴隶制，除非是"作为对于依法判罪的人的犯罪的惩罚"。也就是说，我们都是合法的奴隶！不愿意服从这条规定的人可就倒霉了。他们会被直接送到单人牢房里，然后再被监狱运营公司送去其管辖的其他改造中心。对于负隅顽抗的犯人，还有另外一个特殊的办法，叫作"柴油疗法"：改造中心管理层三天两头就给他们换一次监狱，让他们坐着囚车在美国各地来回颠簸。一番折腾下来，他们就乖乖听话了！最近，在得克萨斯州，GEO 运营的一座监狱里的囚犯组织用暴动来反抗这种管理制度。骚乱引发了火灾，烧毁了一部分建筑，之后那座改造中心就被关闭了。

而在莫斯汉农山谷改造中心，囚犯表达不满的终极手段是"点人头罢工"。监狱里每天要清点 5 次人数，在清点的时候，我们必须安静地站在床边，两个狱警依次走过每个人身边并统计人数，把结果写在一张纸上。如果他们统计出来的数字是对的，他们就会自豪地挥舞着纸张，用灿烂的笑容表达满意。否则，就得从头开始再数一遍。"点人头罢工"的意思是在清点人数时，我们会在监区里不停地走来走去，妨碍狱警清点人数。当然，每个人都有参加这个"活动"的义务，否则就可能被认为是告密者。

为了在这个"平行世界"里生存下去，我继续写作本书。我向马修·阿伦寄出了新的章节，他也正在推进自己的那部分工作。我经常收到很多家人和朋友寄来的信，并定期回复。我还重新开始下国际象棋，监区里有些水平非常高的棋友，彼此之间胜负竞争非常激烈。其中一人叫查克，是"地狱天使"的元老成员，被判 24 年有期徒刑，将于 2019 年被释放。与他下起棋来可真是难逢胜绩。11 月底，另一位优秀的棋手也加入了我们，他是绰号为"足联"的英国人。他于 2015 年 5 月国际足联大会召开前在苏黎世被捕，在瑞士监狱里待了 1 年，然后被引渡到美国。很快，我们两个人就变得惺惺相惜，并经常一起讨论彼此案件的相似之处。据他说，国际足联被曝出丑闻（申办国通过行贿以获得赛事举办权）其实只是美国的报复。因为美国人对 2022 年世界杯在卡塔尔举办感到不满。他说得很认真，虽然没有告诉我任何细节。尽管美国人一直对外做道德说教，但他们的行为和其他大多数国家的人并无两样，他们同样会无所顾忌地出面游说各种联合会。

坚持住，坐稳，尤其是要避免因为表现良好而获得减刑，这会在监狱里受到其他犯人的私下惩罚。囚犯在厨房工作时必须把食物偷出来带回监区，这是一种义务。如果你不这么做，其他囚犯就会来"教训"你。但是如果被抓住，你就得被关进"黑牢"，不仅被取消打电话的资格，而且因表现良好获得的 27 天减刑也会泡汤。之前，有个墨西哥囚犯只因为偷了个鸡腿，就落得如此下场。

我始终保持着警觉。我给自己制定了一个"路线图"——一项我要尽力严格遵守的清单：生活要有规律；保持身体健康；不要自找麻烦；不参与赌博；不欠债；保持谨慎；永远不抱怨；不自我吹嘘；不对自己在外面的情况撒谎；如果其他人违反规矩，不打小报告；不要高声说话；不要生气；永远不要碰到或接触其他囚犯；不要靠近告密者，尽量不与其交谈，对那些因为儿童色情被关进来的囚犯也是如此；不要和另一个群体的囚犯坐在一起；用自己的知识帮助别人，但不要做得太过分；要结交几个盟友，但不要随意接受他人的恩惠，不要欠人情；不要管闲事；看电视的时候不要嚷嚷着换台（这是争吵的主要导火索之一）；千万不要盯着别人看；不要怜悯其他人；最重要的是，要有耐心。

2018 年 1 月 6 日，我的一对龙凤胎儿女皮埃尔和蕾娅满 20 岁。不能和他们一起过生日，我感到很恼火。1 月 14 日，我在监狱里庆祝了 50 岁生日。菲利波，我在怀亚特看守所最后 1 个月里的希腊狱友——我来到莫斯汉农山谷改造中心后又见到了他——为我准备了两个蛋糕，我和 C 区的"国际人"——"泰拳"、"好莱坞"、弗拉德，以及另外两个俄罗斯人、两个格鲁吉亚人、一个罗马尼亚人，还有"足联"——一起享用蛋糕。

1 月 15 日，新的打击来了，而且是更大的打击：司法联络官玛丽－劳伦斯·纳瓦里通知我的妹妹朱丽叶特，告诉她美国司法部拒绝了我的管辖权移送申请。但是纳瓦里并未就此放弃。爱丽舍宫这次似乎坚决要为我提供帮助，根据他们的要求，纳瓦里草拟了一封信，将以马克龙的名义发给唐纳德·特朗普，为我求情。对此，我有些半信半疑，但我还是把它当成最后的救命稻草。

1 月 22 日是双胞胎加布里埃拉和拉斐拉的生日，我可以在电话里和她们聊几分钟。

"是爸爸？你什么时候回来？"

我很久没有听到这个问题了，所有不愉快的往事都浮现在脑海里。

"我不知道，加布里埃拉，但我很快就能回去。"

"你总是这么说，上次假期前就这么说！我听见你和妈妈在说马克龙。你什么时候回来和他有关系吗？"

"这解释起来有点儿复杂。不过，是的，一定程度上吧。你得有点儿耐心，宝贝。"

"如果你再不回家，我就要给马克龙写信，让他把爸爸放回来。否则，我还要和所有的朋友一起罢课！"

挂断电话后，我忽然感觉十分沮丧，我很少会这样。我上一次这么难过，还是在怀亚特看守所里得知阿尔斯通解雇我的时候。当然，在监狱里，在这种时候，不能也不应该把这些事跟别人说，否则你会被当成一个懦夫、一个窝囊废、一个笑话，所以我只能咬紧牙关，照常生活，不露出一点儿异样的神色。但是，这多难啊！

49. 国民议会调查

这段日子以来，我与外界几乎失去了联系，以至于我根本没有注意到时间的变化。时值 3 月中旬，但是还在下雪。莫斯汉农山谷改造中心海拔 1 000 米，天气很冷，几乎是滴水成冰。最不起眼的套头衫和长袖衫在这里都卖出了天价。但现在可不是犹豫不前的时候。几分钟后，我将在探视厅里迎来一场重要的会面。

我翘首以盼这一天的到来已经有 3 年多，他们终于来了，就在我面前。当然，我更希望在其他环境下和这些人碰面，毕竟我有那么多事情要揭露。但不管怎么样，他们确实来了。法国国民议会调查委员会主席奥利维尔·马莱克斯（共和党）和副主席娜塔莉亚·普兹莱夫（共和国前进党），同意长途跋涉 6 000 公里来听我的讲述。我明白，这件事非同小可。马莱克斯说："美国人可没打算让我们轻松。他们拖了一个多月才批准这次探访。"

很快，我就看出这两位议员非常熟悉阿尔斯通案件。我不必费口舌讲解美国正在干涉欧洲大公司的内部事务，他们已经意识到这一点。两年半以前，马莱克斯参加了国民议会的主题为"阿尔斯通之后，会轮到谁？"的专题研讨会，但是这些讨论始终没有触及具体细节。例如，他们并不知道美国的调查是何时启动的，或者阿尔斯通如何通过谈判争取延期支付罚款。我花了几个小时的时间解答他们的各种问题，填补漏洞，理清时间线，并强调某些日期有貌似令人不安的巧合性。

两位议员同样介绍了他们的情况。前一天，他们已经在老熟人卡恩检察官的陪同下，在华盛顿与美国司法部国际关系主任进行了面谈。在成功处理阿尔斯通案件（当然还有我的案件）之后，检察官卡恩得到了提拔，如今他是美国《反海外腐败法》部门的负责人。两位议员自然而然地问起拒绝引渡我的事情，而国际关系主任则闭口不谈，只说他不了解我的案子。这当然不是真话。我知道法国大使和法国司法部都曾直接提醒他们注意我被关押的境遇，但我已经不在乎多一两个谎言。更有趣的是，两位议员还就美国司法部对柏珂龙的宽大处理提出了质疑。"卡恩告诉我，他们没有足够的证据起诉柏珂龙。"马莱克斯说。又是一通谎言。只需看一眼阿尔斯通的认罪协议，就知道这不是事实。两位议员下定决心，等到阿尔斯通前首席执行官在法国国民议会宣誓做证时，他们一定要履行自己的职责，让他"吃点儿苦头"。后来他们也的确信守了这个承诺。

由于地处宾夕法尼亚州腹地的监狱里没有互联网，我只能通过零星的片段来追踪这次调查，信息来源只有家人寄给我的报刊文章。但是仅靠这些也足以了解情况。有篇报道的标题对事件进行了很好的概括，即 2018 年 4 月 5 日《世界报》的标题："通用电气收购阿尔斯通：柏珂龙无法说服议员！"这话说得还算客气。在调查委员会最终报告的前言中，马莱克斯将阿尔斯通前首席执行官提出的论点驳斥得七零八落。他写道："柏珂龙采取的辩护手段显然就是撒谎。2015 年 3 月 11 日和 4 月 1 日，在法国国民议会经济事务委员会举行的两次听证会上，他均否认了出售能源业务与美国司法部的谈判之间有任何联系。但事实并非如此。这一结论是本次调查委员会的主要进展之一。"议员先生总结道："罚款威胁是否曾对柏珂龙先生出售阿尔斯通的决策产生影响？关于这个问题，调查委员会的回答是肯定的。"

在法国国民议会的议员眼中，柏珂龙满嘴谎言。这给他造成了困扰吗？显然没有，在议员面前宣誓后，他声称他从未受到"任何人的施压或要挟，无论是美国人还是其他人"。随后，当被问及我的案件状况时，他（首次在公众面前）承认，我"在本案中从未谋求私利"。议员问他，既然如此，那为什么要解雇我？更重要的是，为什么不给我赔偿金呢？他的答复令人瞠目结舌："我一直没有机会切实地处理这个问题。"他说话的口气带着一种技术官僚特有的冷酷。他根本没有胆量"尽一切可能为我提供援助"。柏珂龙的厚颜无耻是没有下限的，而且他十分镇定。根据他的说法，所有怀疑他和通用电气交易合理性的人，都是在"含沙射影，中伤诽谤"。

多位证人在接受调查委员会询问时给出了与之矛盾的证言。

前任经济部长蒙特伯格宣誓做证，声称他相信"柏珂龙先生受到了实质性的逼迫，曾有人威胁要逮捕他"。阿尔斯通的一位前任高管和蒙特伯格口径一致。皮埃尔·拉波特曾在专门负责电力输送的集团下属子公司阿尔斯通电网部担任法务总监，他向议员汇报了一件可疑的陈年旧事，"2013 年，柏珂龙先生和卡尔先生会见过美国司法部的人。第二天我恰巧碰到了卡尔，他说他在机场打电话给两个儿子，称自己下次出行可能回不来了，因为美国司法部威胁说要逮捕他"。

　　议会调查期间，马莱克斯还透露了阿尔斯通和通用电气的交易中的一个不为人知的事实：两家公司在公关投入、资金配置和法律服务方面，出手可谓极其阔绰。为了这次交易，阿尔斯通聘请了十家律师事务所、两家银行顾问（罗斯柴尔德银行、美国银行美林证券）、两家公关公司（DGM、阳狮集团）。通用电气方面则有三家银行顾问（瑞德集团、瑞士信贷和美国银行），聘请了公关公司汉威士和多家律师事务所。为了这次交易，阿尔斯通总共支付了 2.62 亿欧元的劳务费用，这简直是天文数字！不难想象，通用电气的花销必定也相去不远。马莱克斯在委员会报告的前言中提出了质疑："在这种资源过度利用的情况下，国家和股东是否做出了知情、合理的决定呢？"报告上清清楚楚地写着："在巴黎，难道没有人反对这个决策吗？这样的巨额报酬是不是在以不容争议的方式确认他们的使命和任务呢？这难道不会对决策本身造成影响吗？"这话说得真是太好了。我现在终于明白，为什么出售阿尔斯通时反对声寥寥无几——沉默是"金"！

最后，委员会还指出了马克龙在本案中发挥的"暧昧"作用。2012 年 10 月，他刚被任命为爱丽舍宫副秘书长，就径直去找阿尔斯通的顾问——罗斯柴尔德银行，他要求立刻进行保密调查。指令文件中如此写道："评估股东变动对公司、法国工业和就业的利弊。"这份报告由马莱克斯负责撰写，其依据的是"关于股东变更参考的准确信息"。当时，恰逢持有阿尔斯通 30% 股份的股东布依格打算出让股份。马莱克斯总结道，在那之后，"国家已经掌握了足够的信息，足以启动一项耗资 29.9 万欧元的研究。但他们居然认为继续采取行动、预测公司的未来是无用的。他们所做的仅仅是批准通用电气的收购"。很明显，马莱克斯相信，最早知道这次交易背后阴谋的是马克龙。

我无法判断马莱克斯的分析是否切中了要害。就我本人而言，我只是希望，法国总统马克龙能够写信给特朗普，要求他特赦我。对于这件事，我获知的信息令人有些摸不着头脑。忽而，纳瓦里向我保证，马克龙已经这样做了。继而，又听说这个程序被放弃了。

我们在接待室会面时，马莱克斯承诺会去拜访法国驻美大使、法国总统外事顾问菲利普·埃蒂安，以问清此事目前的状况。马克龙将于 2018 年 4 月 24 日访问美国。自特朗普上任以来，马克龙是特朗普在美国境内会见的第一位外国元首。看来，这两个人（政治履历都不同寻常）是同声共气。说不准，或许我可以从中受益。我开始幻想：马克龙能不能成功争取到我的特赦？也许，我可以和他的行李一起被打包回国？心怀此愿，应该不算异想天开吧？

50. 马克龙到访美国

这种希望是徒劳的。马克龙从未向特朗普传送任何与我有关的信函。但爱丽舍宫还是有所行动的。我身边的所有人都被动员起来：我的家人给总统写了两次信；我的律师，保罗 - 阿尔伯特·伊文斯也发动了他的关系网；许多政治家也公开表示支持我。离开法国广播电台后，马修·阿伦加入了《新观察家》杂志社，几位前部长终于不再沉默，纷纷撰文，在杂志上发表文章。"美国司法部自称有权审理弗雷德里克·皮耶鲁齐的案件"，曾在弗朗索瓦·密特朗总统、希拉克总统手下先后担任工业部、教育部、国防部和内政部部长的让 - 皮埃尔·切韦内恩表示："我赞成将他引渡回法国。"他补充道："必须释放皮耶鲁齐。在这起案件中，他的遭遇已经达到甚至超过人们可以忍受的极限。"皮埃尔·勒鲁什评价道："皮耶鲁齐是一个替人受过的小角色，他做了自己应该做的事情，为所有参与这场交易的人承担了罪责。"

一位曾在弗朗索瓦·菲永任期内负责欧洲和外贸事务的前国务秘书甚至公开表示担心我的安危："我很担心他会有什么不测。美国司法部门只信奉力量对比，强者为王，而且它可动用的资源极为丰富。"蒙特伯格则愤而声称："应该进监狱的根本不是弗雷德里克·皮耶鲁齐，而是阿尔斯通的首席执行官柏珂龙，他才是导致这场惨败的罪魁祸首。"加来海峡省的议员丹尼尔·法斯奎尔更加不留情面地批评："阿尔斯通的领导层对弗雷德里克·皮耶鲁齐的命运毫不在乎。柏珂龙不仅从案件中成功脱身，还得到了一大笔奖金。最让我震惊的是，皮耶鲁齐先生锒铛入狱，而柏珂龙却拿了支票走人。这位船长丢下了他的船，抛弃了船员，自己去逃命了。"

这是我第一次冒险尝试利用媒体公开我的案件。事实证明，这一策略成效显著。当然，马克龙并没有直接要求特赦我，但陪同他前往华盛顿的法国司法部长妮科尔·贝卢贝与美国司法部长杰夫·塞申斯进行了会谈。司法联络官玛丽-劳伦斯·纳瓦里也出席了这次会谈，她为我的案件进行了辩护。"怎么能拒绝引渡弗雷德里克·皮耶鲁齐呢？"她敦促美国政府尽快行动，"这个案件符合所有的要求：不是暴力犯罪案件，不是贩毒案件。皮耶鲁齐在美国没有工作关系，在法国有年幼的孩子，没有针对判决上诉，全额缴纳了 20 000 美元的罚金，一半以上的刑期都是在戒备森严的看守所中度过的……"于是，杰夫·塞申斯同意让我重新提出管辖权移送申请——纳瓦里告诉我，杰夫·塞申斯还承诺会在办理过程中加以关照。这是一种外交措辞，意味着他们将会积极回应。这真是奇迹！但是，这仅仅是通往自由的艰苦斗争的开端。纳瓦里提醒我："您必须等待美国司法部的正式批准。"她详细介绍了流程："在这之后，要向移民法官进行预约（可能需要等待数周），然后您会被转移到布鲁克林或者曼哈顿的监狱（同样，可能需要在监狱里再等待数周）。最后，您才会被送回法国。"但我到达巴黎并不意味着结束。下飞机后，我会被带到一位检察官那里，暂时被关押在法国监狱里，之后才能申请假释。是的，全套流程可能会耗时几个月。但即使我只赢得一天的自由，这场战斗也是值得的。因为，留在这里的每一天都像身处地狱。

我曾希望，随着春天的到来，紧张的气氛会有些许缓和。但是事实相反。昨天，我的一个同伴，一位来自格鲁吉亚的"国际人"，差点儿遭到墨西哥人的群殴。他们斥责他不讲卫生，甚至连前外籍军团成员"泰拳"都未能幸免。他在下午 3 点时想一个人安静地看会儿终极格斗锦标赛（一种武术和搏击运动的结合体），但是墨西哥人锁定了电视频道，根本不让他看别的节目。

是的，2018 年 4 月，一切都变得更加黑暗、更加暴力，或者可能是我自己的忍耐能力下降了。有时候，我非常害怕每夜都被同样的噩梦纠缠……这段无望的日子根本看不见尽头。最重要的是，我害怕被送进单人牢房。

在监狱里，什么事情都瞒不住。很快就有流言说我马上会被引渡，这引起了其他犯人的妒忌。有很多类似的故事流传着。有时出于嫉妒，其他囚犯会花钱雇用身无分文的同伴，让他去殴打快要被引渡的人。最后，这两个人会被关进黑牢，一项针对此事的"调查"（一般会持续 3 个月）也会随即启动，导致引渡被搁置。因此，很多人会隐瞒自己离开监狱的日期，避免被别人找麻烦。

更加糟糕的是，最近一段时间，莫斯汉农山谷改造中心的管理层让我的日子很不好过。是因为他们对法国政府的干预感到不满吗？他们想让我为我得到的支持买单吗？

连续两周，他们都不再向我转交我家人和朋友寄来的报刊。我收到了笺头印着"司法部 / 联邦监狱管理局"的 4 封通告信，写着"信件内容违规"。一般来说，只有在信件里夹带色情图片或者邮票背后藏着毒品的时候，才会收到这样的警告。

于是，我去找管理人员。接待我的人是一个喜欢为了小事刁难囚犯的人，他给了我两个选择：要么由他销毁这些报刊，要么把它们退回给寄件人。但是，要是退回的话，就得由我出钱。我试着跟他讲道理，但是根本没用。很快，对话就演变成了争吵。随后，这个蠢货给我展示了十几张加布里埃拉和拉斐拉度假时拍的照片，这是我的朋友莱拉寄来的。但是他说不能把这些照片给我，因为它们的大小不是美国通行的标准——唯一"合法"的照片尺寸。我竭力向他解释欧洲的照片规格与美国不同，但这是白费口舌的，他什么也不听。面对这样的荒唐与恶意，我怒不可遏。幸好，在我马上要做出挨罚的蠢事之前，另一个狱警及时阻止了我。

运营莫斯汉农山谷改造中心的 GEO 集团管理囚犯的条例堪称傲慢无礼，它也许更应该好好管管自己的工作人员。监狱里有传言说，供应商贿赂了一名管理人员（看来不只是阿尔斯通有这种事），他不得不连夜离职。我不知道这条消息是否准确，但说实话，我觉得这真是可笑！囚犯间流传的另一条消息则更加令人吃惊：4月中旬，在南卡罗来纳州一座与莫斯汉农山谷改造中心相似的监狱里，囚犯间的斗殴造成7人死亡、14人重伤。在发生骚乱的7个小时中，狱警没有出手干预，然而南卡罗来纳州州长亨利·麦克马斯特对此事不以为意。"我们知道，但监狱是安置不守规矩的人的地方。因此，看到他们使用暴力也不足为奇。"他告诉《华盛顿邮报》。他竟如此冷漠无情！一个人无论再怎么可恶，他的性命难道这么不值钱？说这话的麦克马斯特所在的国家拥有全球最高的监禁率——是的，这个国家就是美国，不是印度或沙特阿拉伯。2012年，美国约有220万人被投入监狱，占全球囚犯总数的25%，这个数字让我惊讶，在法国，进监狱的人比美国少1/10。而在美国，1/3的黑人一生中至少会进一次监狱。

同怀亚特看守所一样，莫斯汉农山谷改造中心的许多囚犯几乎不会阅读和书写。因此，我帮助他们撰写行政文书，甚至帮他们制订未来的商业计划。事实上，有的囚犯在原籍国已经买了一些土地，他们希望在被驱逐出美国后从事一些合法的生意。有个墨西哥人希望将杧果出口到加拿大，还有个多米尼加人希望把他的可可种植园中的产品出口到国外，有个加纳人甚至在被捕前就创办了一个有机农场。

我逐渐习惯了和这一群身陷囹圄的"企业家"在图书馆碰面，这让我有事可做，觉得自己还有点儿用处。但我在构思自己的商业计划时却屡屡碰壁。夏天来了，我仍然在等待美国司法部践行向法国司法部长妮科尔·贝卢贝做出的承诺——批准我的管辖权移送申请。我并不确定他们是否会这么做，而且我已经没有律师了。斯坦通知我，我不再是他的委托人。从我被宣判有罪的那一刻起，由于我无力支付律师费，并要求他把账单寄给他的雇主阿尔斯通，所以斯坦认为他没有义务继续为我辩护。事情究竟是不是如此，值得商榷，但想到他给我帮的那些倒忙，我就毫不犹豫地同意了。

51. 终获自由

　　莫斯汉农山谷改造中心关押着 1 800 名囚犯，只有一个法国人——弗雷德里克·皮耶鲁齐。所以，2018 年 7 月 13 日，也就是俄罗斯世界杯足球赛的最后一天，我几乎成了当日的新闻人物。头一次，这里没有出现争夺电视频道的问题，所有人都守在屏幕前。非洲人、俄罗斯人、加拿大人和罗马尼亚人都支持法国队，墨西哥人支持克罗地亚队。当博格巴和姆巴佩进球时，这里爆发出喜悦的欢呼声；当洛里斯失误时，则有一些骚动。最终，法国队迎来了胜利的狂欢。气氛相当不错，这让我回想起 1998 年，那年是法国队第一次获得世界杯冠军，当时我在北京工作，凌晨 3 点和其他法国人相约在一起看直播。此时看完足球赛，我的心情放松了不少，因为月初，我听说美国司法部已经正式批准我返回法国。虽然我感到放松，但还是抱有警戒之心，我总是害怕它会在最后一刻找个借口，把一个新的罪名安在我头上，将我扣留。它也许会判我"缓刑"，强迫我在美国再待 1 年。虽然在此前类似的案件中没有先例，但如今，无论它对我做出什么匪夷所思的事情，我都不会感到惊讶。

我最害怕的是那些"告密者"——为美国联邦调查局工作的囚犯，他们一个接一个出现在莫斯汉农山谷改造中心。我在短短 15 天内发生了两次危险。第一次是一个格鲁吉亚人，由于一桩发生在纽约的重大毒品交易案而被逮捕，刚刚住进我们牢房。我的两个狱友抓到他在翻阅我的文件。俄罗斯人近来出现在 C5 监区的次数越来越多，他们马上展开调查，向监狱外面的联系人求证，证实这个人的确是美国联邦调查局的线人。"国际人"的代表通知了管理员，格鲁吉亚人立即就被调去另一个监区。一周之后，我们又发现另一个围着我不停乱转的"告密者"。这一次，管理人员为了使他不被迫害，很快把他送进黑牢。这还没完。我收到了一封奇怪的信，是怀亚特看守所的一名囚犯寄来的，当时我们被关押在一起。我以前的狱友不可能不知道囚犯之间通信是被严格禁止的。他的信只会让我受到惩罚。他为什么要把我置身危险之中呢？他的动机是什么？难道他也是个"告密者"吗？停下，算了吧，不要草木皆兵……不要变成偏执狂！不要变成偏执狂！但万一我已经是了呢？我必须赶快从这里出去。

7 月 25 日，我通过视频通话联系了一位移民法官，向他确认我希望被引渡的意愿。接下来，就只需等待动身日期的到来（一般需要等 3~6 周）。但是就在最后一刻，我产生了一丝动摇。美国行政机关工作效率低下（我相信他们是故意的），我直接等到刑期结束不是更好吗？10月底或11月初我就可以出狱了，至少，可以免除我再去法国监狱走上一遭，更关键的是，犯罪记录里也会留下一笔。我慢慢恢复了理智——还是不要犯傻了，走吧，走吧，越快越好……继续留在莫斯汉农山谷改造中心，我一定会疯掉的！

2018年9月9日下午，我怀着焦急的心情，去牢房走廊上查看出狱人员名单，我的名字赫然在列！这真是巨大的解脱。不过，我恐怕还得继续耐心等待。美国联邦监狱管理局将用尽办法，尽可能拖延我的引渡时间。但是，万事皆有尽头。即使最糟糕的噩梦也终会结束。明天早上8点，我就要出发了！

黎明时分，狱警要求我们脱光衣服。前外籍军团成员"泰拳"也要离开了，他将被遣返回斯洛伐克。在被转运的过程中，我们必须穿着囚服：短袖T恤、卡其色的裤子、帆布凉鞋。我们和另外5名囚犯戴着手铐，拖着脚镣，一起在倾盆大雨中上了一辆大巴。幸运的是，考虑到去纽约的旅程大约需要8个小时，他们没有在我们的手腕间放置会割伤皮肤和关节的小钢棍。大巴上的空调温度设置得很低，我们冻得瑟瑟发抖，尽管我们一再要求，狱警还是舒舒服服地裹着派克大衣，始终拒绝调高温度。快到中午时，我们的车队停在了军队常用的哈里斯堡机场的货运区稍事休整。跑道边缘停靠着15辆相似的大巴车、许多辆运动型多功能车，以及很多小型运输车，它们都在等待着飞机到来。这里每周会有一天变成中转分类平台，所有被转移到美国各地监狱的囚犯都会来到这里。当一架飞机缓缓停下时，数十名手握步枪、穿着防弹背心、全副武装的警察围着舷梯站成一圈。

夜幕四合，大雨如注，镣铐加身的我只穿着凉鞋，在狱警的骂声中缓缓前进。在滑溜溜的走道上，每走 1 米我都感觉随时要摔倒。这简直就是恐怖片里的场景。就在我步履蹒跚地朝飞机走去时，有个狱警在最后一刻把我从队伍里拽出来，推上一辆大巴。与我的预想相左，我并不是要登上飞往纽约的飞机。车子很快开动了，一个狱友（他经历过这种阵仗）告诉了我新的目的地：位于宾夕法尼亚州东北部戒备森严的迦南监狱。我们在傍晚时分抵达了迦南监狱。进入监狱的过程痛苦而漫长，持续了将近 4 个小时。最后，我们瘫倒在牢房里，又饿又渴——我们从早上开始就没喝过水。醒来后，我了解到，我们必须在这个地方等待 24 小时，然后才能去纽约曼哈顿。我现在几乎没有关于迦南监狱的记忆了。我什么都吃不下，因为食物都是臭的，囚犯们互相提防。2011 年，这座监狱发生了美国历史上最严重的沙门氏菌中毒事件：300 多名囚犯，甚至包括狱警，都在吃了鸡腿后中毒。

晚上 10 点左右，我们又重新上路，朝布鲁克林看守所方向驶去。凌晨 1~5 点，一行人做了短暂的休息，我们和其他 36个人（4 个拉美裔、32 个非裔）挤在一起，被关在一个像牲口棚一样的笼子里。我和"泰拳"是仅有的两个白人。终于，这段令人难以忍受的行程结束了。不到 400 公里的行程，我们用了 3 天时间才走完。

2018 年 9 月 12 日，我来到曼哈顿南部的大都会改造中心，仍然戴着手铐，拴着铁链。我惊呆了：2013 年 4 月 14 日被美国联邦调查局逮捕并经历第一次审讯后，正是在这个监狱里，我度过了第一个地狱般的夜晚。那是五年半以前的事情。

大都会改造中心和怀亚特看守所一样，是个安保极其森严的监狱。美国媒体称它为"纽约关塔那摩"。这里关押着等待被审判或引渡回国的穷凶极恶的罪犯。在监区里，我的正对面关押着一个身负 3 条人命的谋杀犯。左边的囚室里是一个孟加拉人，几个月前他因携带炸药意图炸毁纽约地铁而被逮捕。楼下的囚室则关着绰号为"矮子"的墨西哥毒枭华金·古兹曼的两名副手：其中一名是被控谋杀 158 人的杀手；另一名则是古兹曼的"银行家"，负责把毒品交易得来的赃款洗白。古兹曼则被单独关押在楼上的牢房里。

幸好，我还没来得及安顿下来，会见室里就有人找我。有个大惊喜在等着我。法国驻纽约副领事杰罗姆·亨利和社会服务部门的负责人伊莲娜·林戈特女士提出要求，要在我到达大都会改造中心后，第一时间见到我。由于度过了两个不眠之夜，我一直没能洗澡，非常狼狈。但无论如何，看到他们，我就放心了。我们商议了将我引渡回法国的所有操作细节。由于移民官员"不慎弄丢"了我的护照，他们被迫给我签发了一张特别通行证。杰罗姆·亨利还给我送了些衣服（虽然这听起来很傻）。这些衣服是克拉拉在网上下单购买的，直接寄到了领事馆。当时，我只穿着一件 T 恤，经过 3 天的奔波，衣服已经脏得没法看，仅有的一双帆布凉鞋也扯坏了，我只好光着脚走路。事实上，我还要在大都会改造中心再等8天，也就是9月21日才能回到法国。我不得不在这个挤满了可怕的杀手和恐怖分子的"臭水沟"里再熬上一周。之所以叫它"臭水沟"，是因为这里的卫生条件极其恶劣。整座监狱都很潮湿，所有的水管都在漏水，而大多数淋浴设备已经年久失修，根本不能使用。厕所永远是堵的。我们这一层有一间牢房的门关不上，因此被废弃了，成为一个垃圾场，散发着令人作呕的气味。但最可怕的还是晚上，凶残的老鼠成群结队地出现，它们会毫不犹豫地啃咬囚犯的脸或额头，把人从梦中惊醒。因此，所有人睡觉的时候都用毯子把头蒙住。而且，我身无分文。食堂账户里的余额没有从莫斯汉农山谷改造中心转到大都会改造中心，所以我什么都买不了。我没有碗、没有杯子、没有勺子，也没有鞋。由于其他囚犯也都面临着相同的情况，我们只能将就。最后，我们好不容易搞到了一双凉鞋，4个人轮流穿。这真是度日如年，时间仿佛永无尽头。为了消磨时间，我开始做数学题。我还辅导了一位来自海地的年轻人，他希望有一天能通过GED考试（相当于法国的高考）。

9月21日终于到了。法国监狱管理机关的工作人员必须直接到大都会改造中心接我，严密护送我前往肯尼迪机场，带我登上一架飞往戴高乐机场的飞机。然而，直到最后一刻，我都担心我的引渡会被突然取消。那天正好是墨西哥毒枭华金·古兹曼接受审判的日子，数百名美国警察封锁了大都会改造中心和布鲁克林大桥附近的街区，如此大规模的人员部署令人印象深刻。最后，航班起飞前 3 个小时，我被人从牢房里揪了出来，被从头到脚拴着镣铐扔进警车。我们的车队穿过纽约的街道，为了按时抵达机场，车速飞快，警笛声大作。直到上了登机舷梯，我才算被正式移交给法国政府。

最后，我登上了法国航空公司的飞机，有 3 位监狱工作人员押送我。他们在巴黎调查过我的情况，知道我并不危险，所以我的手铐很快就被摘掉了。我们坐在最后一排，互相交谈，我甚至有了一种作为自由人旅行的感觉。

凌晨 5 点 30 分，飞机降落在戴高乐机场，我简直想跪下来亲吻法国的土地。离开机场后，他们把我带到博比尼法院，作为移交引渡罪犯的例行程序，我被交给一位法国检察官。之后，我被关押在一间牢房里，等待量刑官决定我的命运。那一刻，我迫切希望能够在当天就被释放。不幸的是，没有能够处理这件事的值班法官。在牢房里等待了 20 个小时后，我被带到维勒班特的一个拘留所。我至少要等到过完周末，寄希望于下周一有法官来审查我的案件。在拘留所，我受到了非常专业的"接待"。为了保证安全，他们提出为我安排一间单人牢房，我欣然同意。在集体宿舍住了 1 年之后，我终于可以一个人待着了！终于可以有点儿隐私了！终于生活在稍微舒适点儿的地方了！牢房很宽敞，有电视和独立卫生间，伙食非常不错，警卫也很有礼貌。毫无疑问，我享受到了"特殊"优待。此外我还听说，负责阿尔斯通事件的法国国民议会调查委员会主席奥利维尔·马莱克斯在我抵达法国当晚就去了维勒班特的拘留所，希望见我一面。但那时我还困在博比尼法院的牢房里。

周一早上，也就是我回到法国 72 小时后（对于司法程序来说这是非常短的时限），量刑官花了一些时间来处理我的案件。他很快批准了我的假释申请。

2018 年 9 月 25 日，星期二，下午 6 点，距我在肯尼迪机场被捕已经过去了五年半时间。在美国监狱里被关了 25 个月——其中 15 个月是在高度警戒的监区内——之后，我出狱了。

我终于重获自由。

尾 声

和马修一起完成本书后，我有了 5 周的空闲时间。我的家人、同事和朋友都建议我好好休息，远离人群，去放松一段时间。但现在还不是时候。我不想像那些被监狱生活击垮的人一样，缩在角落里恢复元气，或者迷失在突然开始的新生活面前，试图忘却往事，变成一个全新的人。我并不想"翻篇"。我只想继续战斗，我要贡献出自己的力量，因为这是一场真正的战争。

密特朗在总统任期快结束时，曾对乔治－马克·本阿姆说过这样一段具有前瞻性的话："法国还浑然不知——但我们已经与美国开战了，是的，这是一场持久的、至关重要的战争，一场经济战，一场表面上没有伤亡，却生死攸关的战争。"

这并非我一个人的战争。这是一场关系到我们所有人的战争，一场比军事战争更加复杂、比工业战争更加阴险的战争，一场不为公众所知的战争：这是一场法律战争。法国恐怖主义分析中心的专家已经确切地描述了这种被称为"法律战"的新型冲突，即利用法制（法律）体系，将敌人——或被"锁定"为敌人的目标——塑造成违法分子，以此给对方造成最大程度的损害，并通过胁迫手段迫使其服从。"9·11"事件发生后不久，同年12月美国陆军上校查尔斯·邓拉普提出的这一概念初见雏形，此后便被美国新保守主义的许多研究人员援引，并主张扩大其适用领域。事实上，在各方共同关注的许多议题上，美国已经成功地向其同盟国及它们的企业施加了一套自己的准则，例如打击恐怖主义、反对核扩散、打击腐败、反洗钱。这些合法和必要的战斗使美国人自诩"世界警察"。凭借强势美元（国际商业往来的手段）和技术（允许通过美国的电子邮件系统在全球范围内传输数据）的力量，美国不仅成了全球唯一能够颁布域外法的国家，还成了唯一能够执行域外法的国家。罗网是这样织就的：自20世纪90年代末以来，欧洲各国逐渐默认服从美国法的管辖。而直到如今，它们仍然无力设置类似的机制用以自卫或者进行反击。或许，我们该问问：这些国家真的想过反击吗？

近20年来，欧洲各国一直心甘情愿地忍受"勒索"。德国、法国、意大利、瑞典、荷兰、比利时、英国的公司相继因贿赂、银行犯罪或者违犯禁运令而受到制裁，数百亿美元的罚款落入了美国财政部的口袋。仅法国企业就缴纳了130多亿美元的罚款，更不要说未来还将遭到处罚的其他公司——这是不可能幸免的。首当其冲的就是法国两家至关重要的跨国公司：空中客车和阿海珐（已改名为欧安诺），这两家公司也都因涉嫌行贿成了美国司法部的"猎物"。

这种"勒索"——这个定义恰如其分——规模是前所未有的。

转眼到了 2019 年初，我仍然对阿尔斯通及其员工的遭遇感到愤怒。通用电气的首席执行官杰夫·伊梅尔特在收购阿尔斯通时所做的承诺丝毫都没有兑现。那些被吹捧的、虚假的所谓"合营企业"已经露出了真面目：这不过是空想罢了。此外，通用电气不仅没有实现在法国创造 1 000 个就业岗位的承诺，反而决定裁撤格勒诺布尔 800 个岗位中的 354 个。而在贝尔福，分包商们也意识到，通用电气承诺的订单从来不曾变成现实。很快，自 2019 年起，阿尔斯通前雇员将不再受通用电气在欧洲做出的大规模重组计划的保护（目前已宣布裁员 4 500 人，占雇员总数的 18%）。而这可能还仅仅是个开始。2018 年 10 月 30 日，通用电气上任近一个月的新首席执行官拉里·卡尔普宣布，第三季度的亏损额达到 200 亿欧元，并公布了重组能源部门的计划。柏珂龙曾在所有电视频道和广播节目中大肆吹捧这个"伟大的工业项目"，承诺这次收购将"挽救就业"，将其称为"能源行业的重大发展"，描绘了一个充满希望的未来。这些似乎是很久远的往事了。但仍有些评论家跃跃欲试，打算替柏珂龙洗白。有人认为，通用电气遭受的挫折证明出售阿尔斯通的决策是明智的。他们认为，柏珂龙拥有非同一般的远见卓识，他比其他人都更早地看透了未来会发生什么，甚至让通用电气"跌了个大跟头"。

他们是在糊弄谁呢？首先，为了挽救一家陷入困境的公司而换一个新老板，"新官上任三把火"，宣布重大损失都是由前任的糟糕决策造成的，从而显示自己到来后的显著成效——这种情况简直太普遍。所有这个行业的专业人士都心知肚明，能源市场的起伏本来就具有周期性，但从长远来看，总体上始终是上升的。所谓"评论家"对这家美国巨头面临的困难的解读，至少是过于想当然。不，通用电气的困境并不是收购阿尔斯通能源业务之后才出现的，大错特错！

自 2000 年 9 月以来，通用电气的股价已经缩水 75% 以上。2008 年次贷危机爆发后，受到金融子公司（通用电气金融服务公司）的影响，通用电气已经濒临破产。自那之后，通用电气就背负了巨额债务，主要原因是无法摆脱这个垂死挣扎的金融业务部门。

另外，如果我们仔细研究卡尔普宣布的 200 亿欧元亏损，就会发现，事实上他要了个纯粹的会计把戏，这些亏损完全是由整个电力部门的资产折旧导致的，不会对现金流造成任何影响，更不是因为 2014 年收购了阿尔斯通能源业务！更何况，通用电气的电力部门还拥有极为充足的、价值 990 亿美元的积压订单，这意味着两年半都不愁没有业务。因此，通用电气从阿尔斯通并购过来的电力部门，经营状况并不像通用电气原有的能源部门那样糟糕。真正的原因需要再分析寻找，恐怕重点还是要从技术和工艺方面多加考虑。通用电气于 2018 年 9 月公布其生产的汽轮机存在氧化问题，55 台新式燃气汽轮机因此受到影响，而这些设备已经交到客户手里了。

对阿尔斯通来说，路已经走到了尽头。2019 年，其轨道交通部门正处于被西门子收购的谈判过程中。

阿尔斯通集团寿终正寝。

我为之奉献了 22 年的公司轰然解体，而这绝不是一个偶然事例。看看伊朗的局势。我们怎么能够眼睁睁地看着我们最大的工业集团放弃在伊朗辛苦打拼得来的巨大市场呢？仅仅因为美国贸然决定退出伊核协议，对德黑兰实施经济禁运，全世界就都要照着它做吗？道达尔集团控制着全球最大的天然气矿藏的 50%，标致雪铁龙集团原本计划每年在伊朗制造 20 万辆汽车，它们都不得不忍痛退出。它们如果胆敢继续与伊朗开展贸易，就会被美国司法机构起诉。我清楚地看到，各国都在对此努力做出反抗。德国通过外交部长海科·马斯发声，敦促其欧洲伙伴采取美元之外的支付系统，避免遭到联邦调查局的追查。法国经济部长布鲁诺·勒梅尔也奋起抨击美国政府。2018 年 5 月，他在谈到伊朗问题时称："我们真的想成为美国的附庸吗？"现在应该是从言语走向实际行动的时候了。

特别是在如今这个威胁日渐严重的紧要关头。美国人近来颁布了"云法案"，这一法案使美国情报机构能够便捷地追踪存储在美国境外的个人数据。从电子邮件到在线聊天记录、照片、视频、公司机密文档，所有这些信息都可以用于政治和经济战略层面，为美国行政部门搜集"档案"添砖加瓦。用勒梅尔部长的话说，如果我们不想"成为附庸"，领导人就必须展现出政治勇气。试想，如果法国或者另一个欧洲国家因逃税罪囚禁美国谷歌公司的管理者，美国方面会有什么反应？难道我们必须采取这样的极端措施才能赢得尊重吗？当心——如果我们继续消极面对，其他国家也会纷纷颁布各自的境外法律。

因此，必须在欧盟尽快采取行动。例如，采纳前任总理、退休后成为律师的贝尔纳·卡泽纳夫的建议，建立一个欧洲反腐败办公室。这将是唯一足够强大、能够与美国司法部在同等层级上展开对抗的法律追究手段。

我们不能上当受骗。不管谁当美国总统，无论他是民主党人还是共和党人，华盛顿都会维护少数工业巨头的利益：波音、洛克希德·马丁、雷神、埃克森美孚、哈里伯顿、诺思罗普·格鲁曼、通用动力、通用电气、柏克德工程、联合技术等等。只不过美国法会显得时紧时松而已。我们忘记了，或者说我们视而不见的是，对全世界进行道德说教的美国在其势力范围内也一手造成了腐败横生的市场，现成的例子就是沙特阿拉伯和伊拉克。但是，如今的状况与以往有些不同：梦醒的时候到了，我们不能放过这个时机。这既是为了欧洲，更是为了法国。要么是现在，要么将永无机会，奋起反抗，为自己赢得一份尊重。

这是最后关头！

后　记

阿兰·朱耶 [1]

经历过法国巴黎银行一案、道达尔一案的新闻，这场发生在阿尔斯通与美国司法部之间的纠纷，引发了新闻界的广泛评论与质疑。法国国民议会和参议院组成了由议员参加的调查委员会，试图查明法国是怎样将"工业明珠"拱手让给美国的。阿尔斯通首席执行官一边发表一些带有安抚意味的声明，一边还在不停地揭露他人，他声称有一场针对他个人的阴谋活动。的确，在整幅事件拼图中，我们还缺少很多碎片。因为无论是阿尔斯通的管理层，还是通用电气的管理层，都在回避向各自的董事会和法国的调查委员会披露全部细节。阿尔斯通犯下了错误，而且正如我们在这本书中看到的那样，它罔顾危险、一错再错，这令我们万分痛心。

---

[1]　法国对外安全总局前情报总监，经济情报前高级负责人，法国经济情报研究院院长。

读了这本书，我们会更加容易理解，阿尔斯通管理层为何如此畏畏缩缩，因为需要他们承认的，恰恰是他们不可能承认的。当他们意识到，因向外国公职人员行贿或共谋行贿而有可能被检方起诉时，有些人便试图以牺牲他人为代价保全自己。

然而现实却是，十几年来，欧洲企业一直是美国司法部的打击对象。这些企业不仅被处以天价罚单，还被置于美国的"监管"之下——美国并不满足于将巨额罚款收入囊中，它们还想在未来数年里，在这些企业内部强行安插"督察"。

这群"督察"由美国人任命，却要由法国公司支付薪水，其职责就是确保公司遵守合规制度。只是，这些制度虽然符合大西洋彼岸的标准，却未必和法国的企业道德观一致，更不用说法国的总体道德观。那么就让我们一起期待，随着《萨潘第二法案》的出台，在深入打击腐败行为的同时，法国的企业也能受到保护，逐步使局面步入正轨。

读过这本书后，法国国有企业和私有企业的管理者便能掌握相关知识，真正理解美国为了赢得胜利、实现本国目标所采取的各种方法与手段。事实上，通过颁布一系列法案，美国已经逐步拓宽了反腐败的斗争范围和斗争内容。美国凭借自己的情报机构，发动了战争机器，可以起诉任何不遵守美国单方面法规的人。的确，依靠美国国家安全局的窃听技术，美国作为"世界警察"，行动更加方便！

诚然，任何人都不能无视法律。但在反腐败斗争方面，美国法律具有域外管辖权的特点，这也是一直饱受争议的。尤其是考虑到这种域外管辖权并不对等，国际上许多法学家都认为，这属于滥用司法权，强制执行。不仅美国《反海外腐败法》是这样，在其他问题上也是这样。正如马德琳·奥尔布赖特所说，面对所有优先从美国的对手那里购买军火的人、面对所有想要和受到美国制裁的国家做生意的人，美国作为一个超级大国，会毫不犹豫地对其加以制裁。

面对这样一套倚仗军事实力、司法武器和信息技术的帝国主义逻辑，其他国家没有反抗的余地：要么屈服，要么合作，要么消失。面对美国的这种行径，我们必须放弃幻想，着眼现实。我们所处的环境，既非小布什总统说的"硬实力"，也非克林顿总统说的"巧实力"，更非奥巴马总统说的"软实力"。我们正处于美国"韧实力"的控制下，而这仅仅是故事的开始。对此，法国政府和欧洲其他国家的政府居然毫无反抗手段，这正常吗？难道我们已经变得如此弱小？忍辱负重、退缩不前难道是我们的唯一出路？

弗雷德里克·皮耶鲁齐的经历，和他用精妙笔法讲述的这一切，其意义胜过一部小说，因为这是一个发生在 21 世纪的真实案例。但愿皮耶鲁齐的噩梦就此终止，如果其他法国企业仍然对此不以为然，对国际竞争的残酷现状视若不见，对某些国家的行径置若罔闻，那么这些企业依旧会任人宰割。但愿这本书能让它们睁开双眼，开始思考。只有这样，皮耶鲁齐遭受的苦难才没有白费。

附　录

1. 美国对欧洲各银行下达的罚款

过去 10 年中，大多数由于不遵守美国经济制裁令做出的处罚都针对欧洲银行：因违犯制裁令而受到"轻微"处罚的美国银行似乎只有摩根大通。

2009 年以来，欧洲各银行已经向美国政府缴纳了 160 亿美元的各类罚款。在表 1 中，还有必要加上法国兴业银行。2018 年 6 月，它被迫向美国司法部和商品期货交易委员会支付超过 10 亿美元的罚款，解决涉及操纵伦敦银行同业拆借利率和在利比亚行贿的两起案件。2018 年 11 月，因违犯对古巴的禁运令，法国兴业银行向美国司法部和联邦储备委员会支付了 13 亿美元罚款。

美国陷阱

表 1　因违犯美国国际制裁令及／或反洗钱法规而受处罚的最大数额罚款

企业名称	国家（违法行为发生时的总部或总公司所在国）	全球罚款总额（美国财政部海外资产控制中心，美国司法部，及／或美联储，及／或美国政府，及／或纽约州）（单位：百万美元）	交易年份
法国巴黎银行	法国	8 974	2014
汇丰银行	英国	1 931	2012
德国商业银行	德国	1 452	2015
法国农业信贷银行	法国	787	2015
渣打银行	英国	667	2012
荷兰国际集团	荷兰	619	2012
瑞士信贷	瑞士	536	2009
荷兰银行／苏格兰皇家银行	荷兰	500	2010
劳埃德银行	英国	350	2009
巴克莱银行	英国	298	2010
德意志银行	德国	258	2015
斯伦贝谢	法国／美国／荷兰	233	2015
明讯银行	卢森堡	152	2014
瑞银集团	瑞士	100	2004
摩根大通	美国	88	2011

资料来源：摘自国民议会外交和社会事务委员会，针对美国域外立法管辖权的资料报告。2016 年 10 月 5 日。

2. 通用电气如何掩盖自己的行贿事实

2008 年，通用电气消费品工业部的法务人员安德烈娅·科克对自己的上级发出了警告。她发现公司内部有一套偷逃增值税的系统，并揭露销售部门的管理人员在巴西进行了一些可疑行为（行贿）。她的顶头上司是如何做的呢？他们向这位法务人员表达了感谢，然后就把她辞退了！后来，当媒体追踪这起丑闻时，以"反腐败斗士"自诩的通用电气，拿出了支票簿并与科克达成协议，使她对此事缄口不言。

另外，还有一个相似的案例：以通用电气伊拉克分公司总裁的名字命名的阿萨迪事件。2010 年夏天，哈立德·阿萨迪反对公司聘用伊马姆·马哈茂德，一位与伊拉克电力部副部长关系密切的女性。阿萨迪拒绝为了获得价值 2.5 亿美元的合同，而帮她在公司内部安排一个合规官的岗位。在向上级汇报此事后，阿萨迪拥有了和科克相同的命运：他被公司推出大门，上级强迫他辞职。

随后，阿萨迪将通用电气告上法庭，认为本案应当适用美国制定的保护举报人的《多德－弗兰克法案》。但是美国司法部驳回了他的诉求。美国司法部的依据如下：由于案件事实发生在国外，《多德－弗兰克法案》不适用于本案。也就是说，美国认为自己拥有域外管辖权，可以追究其他公司，但不是用来保护举报人的。

3. 因违犯美国《反海外腐败法》向美国政府支付罚款 (>1 亿美元) 的公司

表 2　因违犯美国《反海外腐败法》向美国政府支付罚款 (>1 亿美元) 的公司

序号	企业名称	国家	时间	美国罚款金额（司法部和证券交易委员会）（单位：百万美元）	受到刑事追诉的雇员数量
1	西门子	德国	2008	800	8
2	阿尔斯通	法国	2014	772	4
3	瑞典电信	瑞典	2017	691.6	0
4	美国凯洛格·布朗·鲁特公司/哈里伯顿公司	美国	2009	579	2
5	泰华制药	以色列	2016	519	0
6	奥式资本	美国	2016	412	0
7	英国航空航天系统公司	英国	2010	400	0
8	道达尔	法国	2013	398.2	0
9	维佩尔通讯	荷兰	2016	397.5	0
10	美国铝业公司	美国	2014	384	0
11	埃尼集团/斯纳姆普罗盖蒂公司	意大利	2010	365	0
12	德希尼布	法国	2010	338	0
13	法国兴业银行	法国	2018	293	0

续表

序号	企业名称	国家	时间	美国罚款金额（司法部和证券交易委员会）（单位：百万美元）	受到刑事追诉的雇员数量
14	松下	日本	2018	280	0
15	摩根大通	美国	2016	264	0
16	奥迪布莱切特公司/巴西国家化学公司	巴西	2017	260	0
17	荷兰 SBM 海洋系统与服务公司	荷兰	2017	238	2
18	日挥株式会社	日本	2011	218.8	0
19	巴西航空工业公司	巴西	2016	205.5	1
20	戴姆勒	德国	2010	185	0
21	巴西石油	巴西	2018	170.6	0
22	劳斯莱斯	英国	2017	170	3
23	韦瑟福德	瑞士	2013	152.6	0
24	阿尔卡特	法国	2010	138	2
25	雅芳	美国	2014	135	0
26	凯佩尔	新加坡	2017	105	1

注：欧洲：53.39 亿美元；美国：17.74 亿美元；其他国家：17.59 亿美元。总计：88.72 亿美元。

资料来源：由 IKARIAN 进行的分析摘要。

4. 道琼斯 30 指数和 CAC40 指数上市公司因违犯美国《反海外腐败法》而得到的不同待遇

表 3　道琼斯 30 指数和 CAC40 指数上市公司
因违犯美国《反海外腐败法》而得到的不同待遇

道琼斯 30 指数	CAC40 指数
司法部：3 家公司	司法部：5 家公司
·强生，2011 年 ·辉瑞，2012 年 ·摩根大通，2016 年	·德希尼布，2010 年 ·阿尔卡特，2010 年 ·道达尔，2013 年 ·阿尔斯通，2014 年 ·法国兴业银行，2018 年
证券交易委员会：2 家公司	证券交易委员会：1 家公司
·国际商业机器，2000 年及 2011 年 ·陶氏化学，2007 年	·赛诺菲，2018 年
没有雇员被提起刑事诉讼	6 名雇员被提起刑事诉讼
罚款总额：3.43 亿美元	罚款总额：19.65 亿美元

资料来源：由 IKARIAN 进行的分析摘要。

致　谢

感谢我的母亲和罗兰、我的父亲和安妮－玛丽、我的妹妹和妹夫。在这漫长的 5 年中，他们放弃了个人生活，向我施以援手，全力支援我的妻子和孩子们。

格外感谢琳达和保罗、迈克尔和夏拉。没有他们，就没有我 2014 年 6 月的自由。他们接受了一个让人难以想象的请求：将自己的房屋抵押，为我保释。我将无以回报。鉴于他们的慷慨和信任，我希望他们能够接受我诚挚的谢意。

同样感谢在这场灾难中支持我的朋友们。

感谢塔米尔的真挚情谊，感谢他在 2014 年对我的热情款待；感谢安托万和克莱尔、莱拉和斯坦尼、迪迪尔和亚历山德拉，在这场变故中，他们一直忠实地给予我支持，并陪伴在我家人身边；感谢保罗－阿尔伯特的四处奔走和出谋划策；感谢马库斯的职业操守，感谢他坚定地站在我身边，忘我地付出；感谢皮埃尔，他无时无刻关照我，给我以真诚的关心，还有，感谢他"徒步"到莫斯汉农山谷改造中心去看望我；感谢莱斯莉、埃里克、洛伊克和克劳德，他们敢为人先，将这桩丑闻公之于众，感谢他们对我在道义上的声援；感谢德尼兹丰富的沟通经验和对我的宽容及耐心；感谢让－米歇尔始终对我的情况积极关注，感谢他专门写信联络阿尔斯通的前辈们；感谢菲利普，他是阿尔斯通执行委员会中唯一没有抛下我的人；感谢弗朗索瓦和艾米，在几乎没有人愿意出头的时候，他们给我提供无条件的帮助；感谢吉勒斯和泰乐信律所团队的所有成员，在与他们合作的两年里，他们一直信任我，为我提供"专业托管"服务。

感谢洛朗·拉丰的信赖，感谢保罗·佩莱斯的认真编辑和校对。

我尤其感谢奥利维尔·马莱克斯对案件的深入研究，感谢他和议会调查委员会副主席娜塔莉亚·普兹莱夫一道，出色而顽强地主持调查委员会的工作。他俩不远万里，到莫斯汉农山谷改造中心对我进行访问。

感谢这些部长，阿尔诺·蒙特伯格、皮埃尔·勒鲁什、让－皮埃尔·切韦内恩，也感谢议员丹尼尔·法斯奎尔和雅克·米亚尔给我的支持。

感谢所有在各自岗位上得知我的情况，并能给予我宝贵支持的人，尤其是以下几位：

玛丽－劳伦斯·纳瓦里，她坚忍不拔、任劳任怨、效率颇高。

希琳娜·特里皮安娜，她为我的案件积极奔走。

杰罗姆·亨利，感谢他长期以来的支持，感谢他的高效工作，能迅速把握我的情况；伊莲娜·林戈特、西蒙·西克莱拉，他们的工作为领事岗位增光添彩。

感谢经济情报小组部际代表克劳德·雷维尔。

感谢议员玛格丽特·德普雷－奥德拜和斯特凡妮·凯尔巴赫。

感谢给我写信、前往怀亚特看守所和莫斯汉农山谷改造中探望我的人，感谢鼓励过我的妻子和孩子们的人：米谢勒修女，我的姑姑与婶婶们吉纳维芙、玛丽翁妮、玛丽－露丝和弗朗索瓦丝，还有菲利普、卡罗尔、弗朗索瓦、亚历山大、皮埃尔－埃马纽埃尔和劳伦斯、让－卢克和凯蒂、塞西尔、让－菲利普、菲利浦、阿兰和达茜、劳伦，等等。

同样感谢 IKARIAN 的每位客户，他们信任我，帮助我的职业生涯重新起航，从今以后我会一直热爱这份工作。

最后，诚挚感谢我不幸的狱友们。依靠他们的支持与慷慨，仰仗他们高尚的品格，我才能够在相对舒适的条件下度过这 25 个月的监狱生活：乔治、尼可、格雷格、吉米、"赫比"、雷纳托、"泰拳"、菲利波、桑切斯、弗拉基米尔、安德烈兹、萨沙、"足联"、萨姆、蒂姆、凯等等。我永远不会忘记他们。

人名索引

---

① 本页码为该人名在正文中首次出现的页码，以下类同。

美国陷阱

本书译者团队

翻 译 刘子琦 胡晓雪 孙克乙 孙小涵

校 译 史宝良 詹华忠 万 一 孔 元 江 涵

感谢北京大学法治研究中心－耀寰研究基金的支持